新家庭教育导论

XIN JIATING JIAOYU DAOLUN

毕诚 著

中原出版传媒集团
中原传媒股份公司

大象出版社
·郑州·

图书在版编目(CIP)数据

新家庭教育导论/毕诚著. — 郑州：大象出版社，2023.3
ISBN 978-7-5711-1746-7

Ⅰ.①新… Ⅱ.①毕… Ⅲ.①家庭教育-研究-中国 Ⅳ.①G78

中国国家版本馆 CIP 数据核字(2023)第 025823 号

本书为国家社会科学基金"十四五"规划 2021 年度教育学重大课题"学校家庭社会协同育人机制研究"（课题批准号 VFA210004）主要成果。

新家庭教育导论
毕　诚　著

出版人	汪林中
策划编辑	刘慧静
责任编辑	陈　洁　刘丹博　赵晓静
责任校对	陶媛媛　倪玉秀　李婧慧
版式设计	付锬锬
封面设计	刘　民
责任印制	郭　锋

出版发行　大象出版社（郑州市郑东新区祥盛街 27 号　邮政编码 450016）
　　　　　发行科　0371-63863551　　总编室　0371-65597936

网　址	www.daxiang.cn
印　刷	河南龙华印务有限公司
经　销	各地新华书店经销
开　本	787 mm×1092 mm　1/16
印　张	14.5
字　数	277 千字
版　次	2023 年 3 月第 1 版　2023 年 3 月第 1 次印刷
定　价	49.00 元

若发现印、装质量问题，影响阅读，请与承印厂联系调换。
印厂地址　河南省获嘉县亢村镇纬七路 4 号
邮政编码　453822　　　　电话　0373-6308296

前　言

党的十八大以来，习近平总书记站在国家前途与命运的高度发表了一系列注重家庭家教家风建设的重要论述，推动我国家庭教育模式发生了重大变革。根据我国家庭教育的新变化、新特征、新要求、新任务，从理论与实践两个方面探讨新家庭教育的性质、特征、作用与意义，对牢固树立新家庭教育理念，健全学校家庭社会协同育人机制，具有重大的学术价值和指导意义。

一、新家庭教育的社会背景

家庭教育是父母与其他监护人为促进未成年人全面健康成长，对其实施的道德品质、身体素质、生活技能、文化修养和行为习惯等方面的培育引导和影响。广义的家庭教育是指发生在家庭成员之间有意识的相互影响，具有"前喻""互喻"和"后喻"的迭代性。狭义的家庭教育则是指在家庭生活中由父母或其他年长者在对其年幼子女进行的直接或间接影响，具有垂直性、单一性、主导性的特点。不同国家和民族的家庭教育都具有自己的文化特色，因此也形成了不同的教育理论与实践模式。

新家庭教育是指与我国现代社会家庭结构和生活方式相适应

的家庭教育新形态、新模式，是现代家庭教育与现代学校教育、社会教育相融通的协同育人新模式。本书是康丽颖教授主持的国家社会科学基金"十四五"规划2021年度教育学重大课题"学校家庭社会协同育人机制研究"（课题批准号VFA210004）的主要成果，着重探讨了新时代家庭教育变革的基础理论问题，旨在为新家庭教育实践创新提供理论支撑。

党的十一届三中全会以来，中国共产党团结带领中国人民进行改革开放新的伟大革命，极大地激发了广大人民群众的创造性，极大地解放和发展了社会生产力，极大地增强了社会发展活力，人民生活显著改善，综合国力显著增强，国际地位显著提高。我国社会和家庭从此发生了深刻变化。

党的十八大以来，以习近平同志为核心的党中央带领全党全军全国各族人民自信自强、守正创新，开创了中国特色社会主义伟大事业全新局面，取得了一系列具有重大现实意义和深远历史意义的成就。党的十九大报告指出，中国特色社会主义进入了新时代。中国特色社会主义进入新时代，意味着近代以来久经磨难的中华民族迎来了从站起来、富起来到强起来的伟大飞跃，迎来了实现中华民族伟大复兴的光明前景。习近平总书记在党的二十大报告中强调，从现在起，中国共产党的中心任务就是团结带领全国各族人民全面建成社会主义现代化强国、实现第二个百年奋斗目标，以中国式现代化全面推进中华民族伟大复兴。

新时代，我国的人口结构正在悄然发生变化。第七次全国人口普查数据显示，2020年全国总人口为14.4亿多。大陆31个省、自治区、直辖市和现役军人人口为14.1亿多，其中居住在城镇的人口约9亿，占63.89%；居住在乡村的人口约5亿，占36.11%。平均每个家庭户的人口为2.62人。城镇化和人口流动推动我国城乡人口结构和生活方式发生了历史性变化，呈现出家庭规模小型化、家庭人际关系简单化的新特点。

我国家庭结构和生活方式变革存在迭代性，社会人口重心和生活方式主流已由农村转移到城镇,社会主要矛盾已经转化为人民日益增长的美好生活需要和不平衡不充分的发展之间的矛盾。"美好生活需要"对物质文化生活和家庭精神生活提出了刚性需求。

二、新家庭教育的文化使命

新家庭教育,要承载起加强家庭伦理建设的文化使命,努力使家庭成为国家发展、民族进步、社会和谐的重要基点。

近百年来,我国社会发生了四次重大转型:第一次是辛亥革命推翻了封建帝制,结束了封建社会宗法制度;第二次是1949年中华人民共和国成立,建立了社会主义制度;第三次是改革开放,建立了中国特色社会主义市场经济体制;第四次是中国特色社会主义进入新时代,全面建成小康社会。这四次变革推动我国文化、教育、伦理由传统走向现代。

随着社会转型,我国家庭文化也发生了重大变革。一是家庭生活方式变革。个体社会价值凸显,人户分离人口日增,使世代同堂的大家庭让位于父母与未成年人为主的核心家庭,以传统家规、家训、家法维护家庭伦理关系的时代一去不复返了,族亲凝聚力显著减弱。二是家庭情感与精神生活方式变革。结婚率下降、离婚率上升,重组、单亲、丁克、留守和空巢老人等家庭增加。与此同时,随着市场化、信息化、城镇化和高科技在家庭生活领域的广泛应用,传统家庭的部分生活与教育功能向社会溢出。家庭伦理是社会道德秩序的基础,完善家庭伦理道德体系,已经成为当今社会家庭文明建设的核心问题。

新家庭教育要根据我国家庭文化的新变化,通过家庭家教家风建设完善家庭伦理规范,推动形成爱国爱家、相亲相爱、向上向善、共建共享的社会主义家庭文明新风尚。

三、新家庭教育的本质特征

新家庭教育的本质特征，反映了我国社会发展的变化和人的发展的需要，推进家庭家教家风建设，旨在满足人民群众对美好生活的需要和人的全面发展的需要。

目前，我国教育已经迈向高质量体系建设新阶段。促进家庭教育转型发展，健全学校家庭社会协同育人机制，以创新家庭教育模式为突破口，激发教育生态系统的内生力和原创力，是高质量教育体系建设的时代要求。

尽管传统大家庭围炉夜话式说教已经成为过往，但家庭依然是人们生活的主要依托，家庭的生活功能、教育功能、社会功能依然存在，以家为本的家庭文化传统依然深刻而广泛地影响着人们的物质生活和精神生活。因此，社会变迁越剧烈，社会道德秩序建设就越依赖家庭稳定，文化越进步，越多元化，提升个体精神生活和道德品质就越重要。

现代学校制度是大工业生产的产物，重在培养有知识技能的合格劳动者和专门人才，普及化、规范化、专业化、标准化是其主要特征。我国现代教育发展历史不长，在新中国成立以前教育普及率极低，文盲人口数量约占80%。新中国建立了以人民发展为中心的社会主义教育制度，特别是改革开放后，学校教育事业迅猛发展，国民教育体系不断完善，高等教育实现了大众化，促进了社会、经济、文化、人口素质发生深刻变革。随着中国特色社会主义进入新时代，以高科技、人工智能为主要特征的劳动力市场对就业者学历、能力的要求不断提高，学业竞争和注重实用技术的教育价值追求愈演愈烈。这一方面促进学校教育空前发展，另一方面因劳动力市场对人才的创新能力和综合能力的要求越来越高，使得学历主义风潮日趋低落。现代家庭教育已成为培养复合型人才的起点。家庭教育投入能力和家教质量不仅对个体人生发展的影响日益凸显，而且对人口繁殖方式、人口出生率也产生了深远影响。

四、新家庭教育呼唤协同创新

新家庭教育是我国教育由量变到质变的必然产物。促进家庭教育与学校教育、社会教育深度融合，是高质量教育体系建设和重塑协同育人文化生态的客观要求。

创新家庭教育理论、机制、政策法规和实践模式，2020年被正式纳入国家"十四五"和2030年长远计划思考的范围。2021年，新家庭教育迈出关键的第一步。《习近平关于注重家庭家教家风建设论述摘编》正式出版发行，标志着我国新时代家庭教育事业有了根本遵循。2021年7月，中宣部等七部委联合印发《关于进一步加强家庭家教家风建设的实施意见》，凸显了健全学校家庭社会协同育人机制的重要意义。党和国家出台了系列政策，新家庭教育上升到国家战略地位，其性质、属性、方向、目的、作用等定位更加清晰。2021年10月，我国第一部家庭教育促进法正式颁布，标志着家庭教育事业发展步入法治化轨道并进入了协同创新的新阶段。

健全学校家庭社会协同育人机制是新家庭教育模式的本质体现。本书内容围绕新家庭教育理论和实践协同创新问题展开，内容结构如下。

第一编"我国家庭教育事业进入新时代"，重点探讨了新家庭教育的新特征、新问题、新需求、新任务，为国家"十四五"期间推进我国家庭教育事业变革提出了健全学校家庭社会协同育人机制的政策建议。同时，根据新时代家庭教育变革特点，对习近平总书记关于注重家庭家教家风建设重要论述从理论层面开展了研究。

第二编"社会变迁与家庭伦理变革"，着重介绍了李大钊在新文化运动中提出的"道德四问"和他用马克思主义基本原则对社会伦理变革的科学阐释；回顾总结了在中国共产党领导下的百年文化变革与德育变革，重在认识新时代家庭教育变革与文化演变、德育变革的关系。

第三编"家庭教育变革的文化使命"，根据我国家庭教育变革必须承担加强家庭伦理建设文化使命的客观需要，对家庭教育历史变革的社会动力、实践主体、主导力量以及家文化变迁等问题进行了历史反思，介绍了不同历史时期主流社会阶层在家文化变革中特别是重大历史转型期引领家庭伦理建设的示范作用，阐述了当今领导干部家庭教育变革的文化使命。

第四编"协同育人与'三风'建设"，从文化和教育的关系，探讨了家风、校风、社会风俗变革与伦理道德变革的相互制约性和促进性，旨在为健全学校家庭社会协同育人机制，促进校风、家风、社风有机融合和建设和谐健康的协同育人文化生态，确立一条以引导人性向上向善为主线的文化价值选择原则。

第五编"新家庭教育与育人文化生态"，基于家庭教育回归与家庭教育变革的文化生态问题、实施"双减"与协同育人问题研究，探讨了学校、家庭、社会三大教育系统的属性、作用、责任和界限问题，剖析了我国教育生态系统发育不成熟与学校、家庭、社会三大教育子系统发展不均衡的内在关联性。针对实施"双减"政策后的新问题，提出了以促进学校、家庭、社会三大教育平衡发展来构建健康教育生态的新对策。

第六编"新家庭教育的五大必修课"，根据我国家庭教育变革面临的完善教育价值体系和家庭伦理体系两大任务，提出了新家庭教育必须注重伦理角色、学会交游、培养情趣、生命健康、食品安全五大必修课和加强课程体系建设的意见。

第七编"新家庭教育模式问题探索"，围绕健全学校家庭社会协同育人机制这一主题，结合2021年以来党和国家出台的家庭教育政策法规，着重探讨了新家庭教育理论模式和新家庭教育实践模式。

2022年10月16日，党的二十大胜利召开，习近平总书记在党的二十大报告中明确指出："提高全社会文明程度。实施公民道德建设工程，弘扬中华传统美德，加强家庭家教家风建设，加强和改进未成年人思想道德建设，推动明大德、守公德、严私德，提高人民道德水准和文明素养。统筹推动文明培育、文明实践、文明创建，推进城乡精神文明建设融合发展，在全社会弘扬劳动精神、奋斗精神、奉献精神、创造精神、勤俭节约精神……"新家庭教育要服务新时代公民道德建设需要，其社会性、文化性、教育性的特征，必将在文化自信自强中得到综合体现；其特殊功能和作用，必将在推动优秀传统家文化的创造性转化、创新性发展中充分体现。在全面建设现代化强国的新阶段，新家庭教育要努力推动形成爱国爱家、相亲相爱、向上向善、共建共享的社会主义家庭文明新风尚，努力使家庭成为国家发展、民族进步、社会和谐的重要基点。

本书仅作为新家庭教育理论与实践探索的初步成果，敬请广大读者批评指教。

毕 诚

目 录

第一编　我国家庭教育事业进入新时代

第1章　我国家庭教育事业发展与改革对策　　002
第2章　新时代家庭教育变革的根本遵循　　019
第3章　领导干部要带头建设好家风　　029

第二编　社会变迁与家庭伦理变革

第4章　李大钊"道德四问"与家庭伦理建设　　046
第5章　百年文化变迁与家庭教育变革　　054

第三编　家庭教育变革的文化使命

第6章　家文化变革与伦理建设　　064
第7章　当今家庭教育变革的文化使命　　080

第四编　协同育人与"三风"建设

第8章　家庭教育与家风建设　　090
第9章　风俗教化与校风建设　　101
第10章　校风建设与家风变革　　111

第五编　新家庭教育与育人文化生态

第11章　家庭教育变革的文化思考　　122
第12章　家庭教育变革推动教育生态系统改造　　131
第13章　实施"双减"促进协同育人发展　　137

第六编　新家庭教育的五大必修课

第14章　认清伦理角色是学会做人的教育起点　　148
第15章　学会交游是适应社会的基本需要　　158
第16章　生活情趣是涵育情操的重要滋养　　168
第17章　生命健康是协同育人的永恒主题　　176
第18章　加强青少年儿童食品安全教育　　183

第七编　新家庭教育模式问题探索

第19章　新家庭教育理论模式探索　　192
第20章　新家庭教育实践模式探索　　204

后　记　　217

第一编

我国家庭教育事业进入新时代

第1章

我国家庭教育事业发展与改革对策

> 党的十八大以来，我国家庭教育进入机遇与挑战并存的重要战略机遇期和重要转型期。解决家庭教育模式落后和家庭教育资源短缺两大问题，是促进家庭教育变革的突破口。本章遵循习近平总书记关于注重家庭家教家风建设重要论述的精神，在分析我国家庭教育事业发展的现状与问题的基础上，对家庭教育变革与发展形势做了基本判断，提出了有关促进新家庭教育的政策建议。

党的十八大以来，我国家庭教育事业在习近平总书记关于注重家庭家教家风建设重要论述精神的指导下取得了重大进展。当前，建设高质量教育体系和人才培养模式变革的发展主题日益凸显。如何解决家庭教育变革的新问题、新需求、新矛盾，如何从家庭教育变革中找到提升整个教育质量的突破口，已经成为家庭教育理论研究的重大课题。

一、我国家庭教育事业发展的现状、问题与形势分析

自古以来，中华民族便是由千千万万个小家庭组成的大家庭。孟子曰："天下之本在国，国之本在家。"这句话既蕴含着当时以家为本的政治理念，也体现出户籍管理制度的文化基础。时至今日，随着个体社会价值的凸显，我国居民的身份明确，但家庭的生活依托不可替代，家庭的社会功能不可替代，家庭的育人功能不可替代，家庭的养老作用不可替代。

随着我国全面建成小康社会总体目标的实现,社会发展转型,城镇化不断加速,家庭结构和生活方式发生深刻变革,人口生育政策调整以及人民群众对美好生活有了新期待,促使传统家庭教育模式与社会变革的矛盾日益凸显,呼唤新家庭教育成为社会发展的必然。遵循习近平总书记关于注重家庭家教家风建设重要论述精神,推动家庭教育事业发展适应新时代发展需要,促进家庭教育理论与实践模式创新,必须以多角度认识我国家庭教育的基本问题为前提。

1. 社会发展变化要求家庭教育事业做出适应性调整

(1) 城乡社会结构变革催生家庭教育转型。我国是一个农业大国,社会长期存在城乡二元结构,农村人口是社会主体。改革开放以来,城镇化进程不断加快,城乡人口结构、家庭结构和社会组织形式随之发生了深刻变革。这种变革所引起的家庭内部结构与家庭外部环境的改变,给传统的家庭家教家风建设带来巨大冲击,家庭教育模式进入重要的转型期。

新型城镇化建设使城市人口和家庭数量不断增加。根据国家年度统计,城市社区居委会数量在稳步上升:2013 年为 94 620 个,2015 年为 99 679 个,2018 年为 10 7869 个,2021 年约为 11.6 万个。2021 年 12 月 4 日,民政部副部长王爱文答记者问时说,中国有 11.6 万个居民委员会。我国城市社区居委会管理的是居民家庭,现在的居民家庭以核心家庭为主,传统大家庭不复存在,父母对孩子的教育负全责。

与此同时,农村人口结构和社会结构也发生了深刻变化。改革开放之初,人民公社建制取消,生产大队变为村、小队改为组。根据国家年度统计,农村村委会数量不断减少:2013 年为 588 547 个,2015 年为 580 856 个,2018 年为 542 019 个。2019 年,中国民政部公布的第四季度数据显示,全国村委会为 53.3 万个。2021 年,民政部在《中国的民主》白皮书发布会上公布,中国有 49.2 万个村民委员会。农村村委会数量锐减源自农村人口向城镇转移。

2021 年 5 月 11 日,第七次全国人口普查结果公布,从人口迁徙流动情况看,人口流动活跃,人口的集聚效应进一步显现。普查结果表明,居住地与户籍所在地不一致的现象已相当普遍,2020 年我国人户分离人口达到 4.93 亿,约占总人口的 35%。其中,流动人口占 3.76 亿,十年间增长了近 70%。从流向上看,人口持续向沿江、沿海地区和内地城区集聚,长三角、珠三角、成渝城市群等主要城市群的人口增长迅速,集聚度加大。农村青壮年劳动力长期在城市务工,在农村生活的实际人口主要是老人和学龄儿童,家庭教育严重缺失是导致城乡新生代教育差别的重要因素。

2016年，民政部摸底排查数据显示，我国16岁以下农村留守儿童达902万人，其中由祖父母、外祖父母监护的有805万人，无人监护的有36万人。民政部儿童福利司数据显示，2020年全国农村留守儿童643.6万名。创新农村家庭教育指导服务体系，建立市、县、乡、村四级农村留守儿童工作责任体系，特别是构建、完善农村基层教育和管护机制，是缩小城乡家庭教育差距的有效途径。

（2）社区建设亟须增强教育服务功能。在城市规模快速发展的过程中，学校教育受到重视，但家庭教育一直是社区管理的盲点。传统的城市管理以街道为主，社区里的文教科、妇联、计生办是分管家庭教育的科室，科室之间缺乏统筹与协调机制，造成了教育在社区事业中应占有的位置含混不清，管理的统筹、整合功能也较差的现象。

随着社会经济的发展和社区人口集聚度不断增高，实现社区化管理已经成为社会管理现代化和国家管理体系现代化的重要标志之一。以北京市为例，2001年，北京市开始计划推进社区化管理，原有居（家）委会大量压缩，管理人员逐步年轻化和专业化。同年，社区管理服务中心基本建设项目启动，全市的社区管理服务中心建筑总面积达到较大规模。2014年，北京市社区共有2549个，2021年度仅人口抽样调查涉及的340个街道和乡镇，就有3791个社区居（村）委会。北京市社区数量仍处于动态变化中，社区功能化定位原则日益明确，分化快速。自2020年开始，北京市的特色化、智能化社区数量剧增。推进社区化管理，社区功能不断细化，促进了社区环境、文化、经济的发展，但总体说来社区教育服务功能，特别是在家庭教育方面尚缺乏有效举措。加强和完善家庭教育服务功能，是当前我国城市社区建设亟待补齐的短板。

2. 家庭教育事业发展进入新阶段

改革开放前，社会结构和家庭结构变化不大，家庭教育以传统的模式为主，发展较为缓慢。改革开放以后相当长一段时间，家庭教育仍大多被视作家庭的"私事"，主要由妇联主管。

党的十八大以来，习近平总书记始终强调在时代变革中要注重家庭家教家风建设。他的系列重要讲话，科学地阐释了推进家庭教育变革的重要性和必要性。在2018年全国教育大会上，习近平总书记明确提出"办好教育事业，家庭、学校、政府、社会都有责任"，"教育、妇联等部门要统筹协调社会资源支持服务家庭教育"。由此，我国家庭教育事业管理体制得到重大调整，并在融入整体教育事业共同发展的政策推动下进入新阶段，新家庭教育的属性、任务和方向日益明确。

（1）家庭教育变革有了根本遵循。家庭是社会的基本细胞，家庭的前途命运同国家和民族的前途命运紧密相连。进入新时代，为加快教育现代化、建设教育强国、办好人民满意的教育，习近平总书记从兴国安邦、确保党和国家事业后继有人的战略高度出发，精辟阐释了新时代家庭教育所肩负的时代使命，为推进家庭教育历史性变革提供了根本遵循。

第一，家庭教育是人生的起点。习近平总书记指出："无论过去、现在还是将来，绝大多数人都生活在家庭之中。"[①] 朝夕相处的血缘亲情，父母和长辈们的世界观、人生观、价值观渗透在生活之中，潜移默化地影响着后代子孙的价值判断和行为准则。家庭要为孩子人生的发展和成长奠定根基，关键在于父母是否能够加强自身修养和搞好家风建设。他提出的"三个注重（注重家庭、注重家教、注重家风）""四个第一（家庭是人生的第一所学校、家长是孩子的第一任老师、要给孩子讲好'人生第一课'、帮助扣好人生第一粒扣子）"清晰地告诉人们：家庭教育是人生的起点，做人的基础，影响人生全过程；家庭教育最重要的是品德教育，教孩子学会做人是家教的根本；家庭、家教、家风三者之间相互依存，相得益彰，加强家庭家教家风建设是落实家教"四个第一"的基础。

第二，家庭教育肩负国家发展使命。国家的前途命运同家庭教育紧密相关。习近平总书记在2015年春节团拜会上指出："不论时代发生多大变化，不论生活格局发生多大变化，我们都要重视家庭建设，注重家庭、注重家教、注重家风，紧密结合培育和弘扬社会主义核心价值观，发扬光大中华民族传统家庭美德，促进家庭和睦，促进亲人相亲相爱，促进下一代健康成长，促进老年人老有所养，使千千万万个家庭成为国家发展、民族进步、社会和谐的重要基点。"[②] 这一重要观点，深刻阐述了国家、民族与家庭进步的关系，家庭教育，既是家事，更是公事、国事，为定位新时代家庭教育的目标、任务、使命开辟了新的视野。

第三，家庭教育是家事，也是国事。天下之本在国，国之本在家，故治国理政的起点从治家开始。治家即古人所谓的"齐家"，齐家之道在"修身"。修身之要在树立良好的家风，以促进以家为本的人伦关系道德化。家庭和睦则社会安定，家庭幸福则社会祥和，家庭文明则社会文明。家风是一个家庭的精神内核，也是一个社会文明与进步的缩影。因此，家风不仅与社风、政风相通，而且是构成一个国家

---

① 习近平：《论党的宣传思想工作》，中央文献出版社，2020，第281页。
② 中共中央党史和文献研究院编：《习近平关于注重家庭家教家风建设论述摘编》，中央文献出版社，2021，第3页。

精神品质和民族品格的重要元素。

第四，家风家教关系着干部队伍建设。习近平总书记关于注重家庭家教家风建设的重要论述是其治国理政思想在家庭教育层面的具体展现，吸纳了中国古代儒家政治伦理学的思想精华，强调以家为本、家国合一的政治伦理精神。儒家认为人生价值追求与实现在于践行"大学之道"。大学之道，"在明明德，在亲民，在止于至善"。向善向上的德治，国家长治久安。德治必先齐家，齐家必先修身，修身之道在于以身作则，以身示范。习近平总书记高度肯定齐家修身的政治意义，多次强调"三个注重"，要求领导干部要为全社会做表率，率先搞好家风建设。"领导干部的家风，不是个人小事、家庭私事，而是领导干部作风的重要表现。"只有领导干部"做家风建设的表率，把修身、齐家落到实处"，"教育督促亲属子女和身边工作人员走正道"[1]，才能成为称职的领导干部。所以，他反复告诫各级领导干部要带头注重家庭家教家风建设，"把家风建设作为领导干部作风建设重要内容"[2]。他说："我们每个人都有自己的家庭。健康的家庭生活，可以滋养身心，激励领导干部专心致志工作。反过来，领导干部的思想境界和一言一行，又直接影响着家庭其他成员，在很大程度上决定着自己的家风家貌。"[3]

第五，家庭教育是社会事业。习近平总书记强调，家庭的社会功能、文明作用不可替代，要"认真研究家庭领域出现的新情况新问题，把推进家庭工作作为一项长期任务抓实抓好"[4]。习近平总书记要求努力构建新时代德智体美劳全面培养的教育体系，家庭教育必须适应人才培养模式变革，将视野从私领域转向公领域。这就要求政府、学校、社会、家庭都要从人才强国、实现中华民族伟大复兴中国梦的高度，重视家庭教育的战略地位和作用，要从国家立法、政府职能、教育投入、部门责任、社会分工、舆论宣传等方面，为家庭教育事业提供保障。只有家庭教育与学校教育、社会教育相互协同、相互融合、相互促进，才能形成强大的教育合力，形成整体性、系统性、一体化的协同育人体系，才能牢固树立社会主义核心价值观。

---

[1] 中共中央党史和文献研究院编：《习近平关于注重家庭家教家风建设论述摘编》，中央文献出版社，2021，第34页。
[2] 中共中央党史和文献研究院编：《习近平关于注重家庭家教家风建设论述摘编》，中央文献出版社，2021，第34页。
[3] 中共中央党史和文献研究院编：《习近平关于注重家庭家教家风建设论述摘编》，中央文献出版社，2021，第52页。
[4] 中共中央党史和文献研究院编：《习近平关于注重家庭家教家风建设论述摘编》，中央文献出版社，2021，第6页。

（2）构建家庭教育指导服务体系的政策目标逐渐清晰。推进新家庭教育，必须要有新思想、新举措。从国家政策层面看，从提出"构建覆盖城乡的家庭教育指导服务体系"到"健全学校家庭社会协同育人机制"，经历了一个从思想认识突破到指导思想明确、家庭教育属性与责任到位、政策法规日益完善的发展过程。

国务院印发的《国家教育事业发展"十三五"规划》《中国妇女发展纲要（2011—2020年）》《残疾人教育条例》《国务院办公厅关于规范校外培训机构发展的意见》等重要文件，反复强调加强家庭教育和社会教育的重要性。人们认识到必须创建一种有别于传统家庭教育的指导服务体系。

2019年，国务院发布《关于深化教育教学改革全面提高义务教育质量的意见》提出"重视家庭教育。加快家庭教育立法，强化监护主体责任。加强社区家长学校、家庭教育指导服务站点建设，为家长提供公益性家庭教育指导服务"，明确指出深化义务教育阶段的教育教学改革，学校要为家庭教育提供指导服务。

2019年，《中共中央关于坚持和完善中国特色社会主义制度 推进国家治理体系和治理能力现代化若干重大问题的决定》首次明确提出"构建覆盖城乡的家庭教育指导服务体系"，夯实家庭建设根基、促进社会治理体系现代化建设的政策目标进一步明确、清晰。

2020年年初，中央教育工作领导小组下达了"十四五"家庭教育规划政策调研任务。10月，中国共产党第十九届中央委员会第五次全体会议通过了《中共中央关于制定国民经济和社会发展第十四个五年规划和二〇三五年远景目标的建议》，明确提出"健全学校家庭社会协同育人机制"是建设高质量教育体系的重要途径，家庭教育正式纳入新时代高质量教育体系建设。

2021年，中国家庭教育事业发展进入前所未有的新阶段。3月，《习近平关于注重家庭家教家风建设论述摘编》正式出版发行，标志着我国新时代家庭教育事业有了明确的指导思想。7月，为深入贯彻习近平总书记关于注重家庭家教家风建设重要论述精神，中宣部、中央文明办、中央纪委机关、中组部、国家监委、教育部、全国妇联七部委联合印发了《关于进一步加强家庭家教家风建设的实施意见》，标志着我国家庭教育事业发展正式上升到国家战略。

2022年，党的二十大报告提出，"健全学校家庭社会育人机制""加强家庭教育家风建设"要落实在科教兴国战略和文化强国战略中，服务家庭建设、高质量教育体系建设和公民道德建设的需要。家校社协同育人、家庭教育的任务进一步明确。

（3）家庭教育事业发展由政策指导转向法治化建设。由政策指导转向法治化建设，是我国家庭教育事业发展的必然要求。2018年两会期间，全国人大代表、全国妇联副主席邓丽联名代表共同提交了《关于将制定家庭教育法列入全国人大五年立法规划的议案》，建议全国人大"将制定家庭教育法列入下一轮五年立法规划"，通过加快立法来提升家庭教育地位，强化家长家庭教育主体责任，规范家庭教育指导服务，为家庭教育提供支撑和保障，对父母或其他监护人、家庭教育指导服务机构不履职和不当履职提出罚则。在全国人大的重视与支持下，2018年8月，家庭教育立法正式列入十三届全国人大常委会五年立法规划第三类立法项目。2020年两会期间，家庭教育立法再次受到热议。全国人大代表周洪宇指出："目前我国家庭教育的立法状况与其在现代国民教育和终身教育体系中的重要地位不相适应。"与学校教育和社会教育的法治建设相比，家庭教育的法治建设明显滞后。他呼吁必须加快家庭教育法治建设。

人大代表的呼吁代表了民意，反映了家庭教育变革的客观需要。在国家层面尚未出台专门的家庭教育法律的情况下，一些地区已经先行出台了家庭教育方面的地方性法规。2016年，重庆市率先通过《家庭教育促进条例》。随后贵州、山西、江西、江苏、浙江、福建、安徽、湖北等10省份出台了《家庭教育促进条例》，加强家庭教育法治化，强化国家干预，成为家庭教育变革的必然趋势。2021年年初，十三届全国人大常委会第二十五次会议对《中华人民共和国家庭教育法（草案）》进行了审议。10月，《中华人民共和国家庭教育促进法》正式通过，标志着我国家庭教育事业发展正式步入法治化轨道。"法与时转则治，治与世宜则有功"，加强和改进家庭教育环境与家庭教育指导服务，由政策指导转向法治化管理，是新家庭教育的重要标志。

3. 家庭教育变革正处于重要的战略机遇期

2020年以来，我国家庭教育实践呈现出若干重大转变，要走出传统模式，开辟家庭教育事业发展的新境界，必须抓住"十四五"期间的重要战略机遇期。抢抓机遇，顺势而上，全力推进家庭教育发展模式转型，势在必行。

（1）家庭教育由"家务事"开始走向社会中心。家庭教育由"家务事"走向社会中心，既是现代教育本质属性决定的，也是家庭教育不可替代的奠基性、早期性、持久性、全民性特征不断凸显的结果。

在传统社会中，以儒家伦理为原则的家训、家规广泛存在和流行，公权力几乎不干涉家庭私域。而现代社会以核心家庭为主，家庭成员的个体利益和发展权利不再受族规、族长乃至家长的制约，一切行为规范，既要符合社会道德要求，更要遵纪守法。在家庭生活中，传统大家庭因家人长期生活在一起，每个人的言行举止容易被家人关注，其嘉言懿行会得到肯定，不端言行会得到纠正，所以不管传统家庭有多大，私德领域都是家长管教的范围。现代社会家庭成员的学习、生活、工作，主要在学校和社会，家庭教育的部分内容和功能向社会溢出，社会化倾向日益凸显。

（2）家庭教育要切实健全学校家庭社会协同育人机制，必须落实党委领导、政府主导、专业引领、学校指导、家庭实施、社会协同、法律问责。

国家"十四五"规划纲要首次设立"加强家庭建设"专节，党的十九届六中全会将"注重家庭家教家风建设"写入《中共中央关于党的百年奋斗重大成就和历史经验的决议》。党的二十大又将"健全学校家庭社会育人机制""加强家庭家教家风建设"列入报告中，无一不显出党和政府对家庭教育建设的重视和决心。

（3）家庭教育由经验型、放任型转向专业化、规范化。在父母学历提高、家庭教育重视度高、家庭少子化的时代背景下，我国家庭养育模式发展已经由粗放型转向精致化。精致化的发展趋势使得传统的家教经验难以应对今日养育子女的需要，从而推动了家庭教育从经验型、放任型转向专业化、规范化。国家和政府对家庭教育的高度关注与对主体责任的明确界定，进一步增强了家庭家教家风建设的紧迫感，强化了家庭教育的责任意识，明确了学校指导家庭教育的目标与任务。

专业化、规范化，是新家庭教育的主要特征，也是推进家庭教育高质量体系建设的重要途径。随着新家庭教育实践不断深入，广大人民群众对搞好家庭、家教、家风建设的科学化、制度化、规范化的要求必然会不断提高。我们要以科学研究为基础，参考借鉴专业化程度高的发达国家的家庭教育经验，推进家庭教育人才培养专业化、质量管理标准化、指导服务体系化、课程平台网络化、教育资源优质化，让新家庭教育走出中国特色发展的新路径。

（4）家庭教育由政出多门、无序推进转向教育主导、多方协同推进。由于家庭功能具有多样化的特点，家庭教育事业管理必然涉及各政府部门之间的协同。长期以来，全国妇联、教育部、中央文明办、民政部、文化和旅游部、国家卫生计生委、国家新闻出版署、中国科协、中国关工委等部门都积极扶持家庭教育事业。我国大多数城市社区、乡镇建立起具有公益性的家庭教育管理和指导机构，家庭教育网络在城乡也呈现出纵横交错状态。但因政出多门，各行其道，存在各部门责任主体不明、政策导向混乱、课程资源和专业人才匮乏、政府投入不到位、无问责机制等问题。

2018年全国教育大会之后，家庭教育管理体制机制的具体事务改由教育部主导、多方协同，此举考虑了它的复杂性，重在提升其专业性。"十四五"期间，构建核心价值正确、主体责任明确、主体多元化、结构层次化、质量标准化、资源共享、优势互补的家庭教育体制机制是深化家庭教育体制改革的正确方向。

二、家庭教育事业发展面临两大突出问题

知易行难，从提高认识到付诸行动，从基本构想搭建到具体目标实现，无法一蹴而就。我国家庭教育发展的问题和困难很多，变量复杂，其中最突出的问题有两个：一是家庭教育模式滞后。理念、内容、方法、价值以及体制机制难以适应家庭结构、生活方式变化，无法满足新生代家长对专业化知识和方法的需要；二是现代家庭教育资源短缺。我国有数千年家庭教育历史，但基本都是"前喻"教育模式，以长辈传递经验为主。现代家庭教育纳入现代国民教育体系中，注重专业化、规范化、法治化、平台化以及协同性，这与传统家庭教育存在质的区别。

事实上，政府所提供的主要是政策资源，而落实政策主要靠教育专业资源的有力支撑，所以要切实建立起覆盖城乡的家庭教育指导服务体系，必须以问题为导向，采取有力措施，着力解决家庭教育模式和家庭教育资源问题。

1. 家庭教育模式滞后问题

教育模式，即在一定社会历史条件下，用一定的教育思想或教学理论指导建立起来的较为稳定的教育活动结构框架和活动程序。家庭教育模式是社会的产物，受社会形态、政治体制、生产关系、家庭结构和教育资源等多种因素制约。如在我国古代社会，人们聚族而居，聚族而教，在家庭（家族）的家风、家训、家规中，人伦道德教育凸显。随着经济与社会的发展变化，传统乡土社会和家庭构成走向解体，不仅一些家风、家训、家规失传，而且维系和实施家庭教育的重要载体之一的亲情关系也濒临解构。改革开放以来，传统的聚族而居、邻里守望的家庭教育模式几经变革，大家庭（家族）模式基本退出历史舞台。同时，社会结构、家庭结构、生活方式急剧变革，家庭教育对学校的依赖性日益增强，且"学校化"倾向明显，呈现出如下特征。

（1）知识化。"唯学校教育是教"的理念使我国教育价值体系由多元转向单一。家庭教育几乎窄化为"知识学习"，家庭教育的本质属性被学校教育同化，全面依附、配合学校进行作业辅导，制造了家庭的"教育烦恼"。

（2）市场化。家庭教育乏力，家长以"购买"教育服务代替了家庭教育，将孩子推向了校外培训机构。这与我国家庭教育功能向社会外溢有关。在实施"双减"政策之前，校外培训机构总规模庞大，这种市场化的教育培训组织在线上线下野蛮

生长，让家庭教育成为资本的竞技场。

（3）功利化。校际"鸿沟"的事实存在，使得当今中小学生家庭"为择校而学"。这种做法把内涵丰富、精神高扬的优秀中华传统家教、家风抛弃在一边，热衷于"分数至上"的"竞争优势"，过早地将孩子绑上了升学竞争的战车。

（4）无序化。新家庭教育需要多主体参与。目前，妇联、关工委是家庭教育的主要供给主体，但一些所谓的民间家庭教育培训机构热情有余，专业性不足，且由于管控不严和无政府主导，部分机构假借家庭教育之名，大行敛财之实，严重污染了家庭教育的社会环境。

（5）虚名化。由学校组织的家长学校里中小学教师难堪家庭教育指导重任。在实施"双减"政策以前，不少家长学校既无专业的家庭教育教师指导，更无专业的课程教学资源可用，无法帮助家长掌握科学的家庭教育理念和方法，转而通过举办家长开放日、鼓励家长为学校做义工等活动完成工作，家长期盼的高质量专业性指导难以满足。

2. 家庭教育资源短缺问题

目前，我国教育生态系统发育尚不成熟，家庭教育资源匮乏，不仅制约了家庭教育模式向现代化转变，而且加剧了学校教育的"内卷化"危机。

（1）家庭教育理论薄弱。从1950—2019年的文献检索中发现，有关家庭教育的学术研究在理论基础上局限于传统心理学、学校教育学，缺乏对中国家庭教育传统的创造性继承和创新性发展的研究，缺乏联系社会学、人类学、经济学、政治学、家政学、教育基本理论的协同支撑；在研究方法上局限于文献收集和小范围调查，缺乏多学科文献挖掘和大规模、全口径及有主题的大数据调查；在研究取向上存在经验介绍、"开药方"等现象，缺乏事实调研、机理分析，总体而言批判大于建设；在研究方式上习惯于单兵作战，跨学科、跨部门、跨地域协作较少。没有科学理论基础的家庭教育概念是模糊的。家庭教育的性质、对象、目的、目标、内容、职责不明，也是政策法规缺乏创新活力的重要原因。

（2）家庭教育精神缺失。何谓家庭教育精神？简单地说就是以家为本的积极向善的育人文化。家文化是规范家庭成员人伦关系的行为准则、家庭观、人生观、价值观和生活态度的总称，家文化是人生教养的根基所在，其精神内核往往由家训、家规、遗训来体现，其外在表现为家风。家庭教育主要是品德教育，一个家庭有无向善向上的精神追求，关系到家风的好坏。习近平总书记针对腐败官员案例的共性问题指出："从近年来查处的腐败案件看，家风败坏往往是领导干部走向严重违纪违法的重要原因。"①

家风建设重在精神培育。涵育科学、理性、向善、向上的家文化，是今天家风建设的根本。一个家庭是否将人格气节、志向抱负、情怀志趣、审美能力、道德境界、处世智慧等蕴含于家庭生活和人生价值追求之中，对于家庭成员的人生观影响深远。如果一个家庭过分追求物质享受，缺乏对高质量的家庭生活方式和精神层面的追求，就可能会出现精神生活空虚、亲情淡漠等问题。

（3）家庭教育师资匮乏。在2020年年初，本研究通过20万份调查问卷发现，政府和学校中服务家庭教育工作的专业人员比例极少，无证上岗是普遍现象。与此同时，还有一些无资质的教育培训机构以营利为目的举办"家庭教育指导师"培训，滥发"家庭教育指导师"证书，而非立足现代家庭教育专业对受训者进行规范性指导，对提高家庭教育师资水平毫无益处。一个合格的家庭教育指导师需经过专业化的培养，既掌握家庭、家教、家风建设的专业知识和技能，又能成为爱国爱家、向善向上、相亲相爱、尊老爱幼、知情达理、修身齐家等方面的示范。因此，加强专业化师资培养，是解决家庭教育供给侧结构性改革的重点。

（4）家庭教育课程指南空缺。从世界各国高校设置家庭教育专业的情况看，教育对象、课程内容、教学方式、科研方法、实施原则和质量评价标准是配套的。家庭教育、学校教育、社会教育，三者既有明确的性质区别，也有内在关联，相互融通不等于可以模糊界限。根据家庭教育专业建设和实际管理需要，科学设计家庭教育专业课程体系和实际工作者培训课程体系，从指导原则上规定家庭教育的课程标准，对于培养专业人才和从业教师，对于务实推进家庭教育都是非常必要的。

因此，家庭教育课程标准应该由国家层面统一制定，以立德树人为根本任务，充分体现国家意志。家庭教育对教化风俗，加强各民族家庭文化融合具有不可替代的作用。例如，汉代倡导以孝治国，朝廷颁布《孝经》为家庭教育的教材，孝道之风盛行。我国目前尚无统一规范的家庭教育教材，地方政府可以组织有关部门编写或者采用切合当地实际的家庭教育指导读本，并制定相应的家庭教育指导服务工作规范和评估规范。

（5）家庭教育质量标准空白。社会形态决定教育形态，家庭教育也是这样。我国家庭教育尚未建立有科学依据的质量标准，只有同类相比较的经验性评判。人类

---

① 中共中央党史和文献研究院编：《习近平关于注重家庭家教家风建设论述摘编》，中央文献出版社，2021，第55页。

已走过传统农业社会、工业社会，进入了信息化和人工智能时代，以云计算、大数据、人工智能等为代表的现代信息技术正以惊人的速度改变着人们的学习方式，仅仅依靠传统家庭教育模式已无法应对未来挑战。要凸显教育质量主题，就必须制定与现代教育特征相匹配的质量标准和相应的评估办法。

（6）家庭教育法治体系还不够完善。加强法治化管理是推进家庭教育变革的重要条件之一。二战结束以来，世界教育发展经历了四次改革浪潮，每一次改革都把提高家庭教育能力纳入法治化建设的轨道。在20世纪80年代的家庭教育改革运动中，很多国家和地区都颁布了家庭教育法。

2021年年初全国人大审议通过的《中华人民共和国家庭教育法（草案）》明确规定了政府、学校和家庭的主体责任，强调国家干预。经过广泛征求意见，《中华人民共和国家庭教育促进法》于同年10月正式颁布。健全学校家庭社会协同育人机制，必须对多主体责任有明确的法律规定。但除了遵循国家大法，各地还应结合自己的实际制定相应的地方政策法规，在家庭教育实践中不断完善法治体系建设，让家庭教育法治化不留死角。

三、家庭教育事业变革的时代课题

扎根中国大地办教育，构建覆盖城乡的家庭教育指导服务体系，建立具有中国文化和中国精神特征、满足全民终身学习需要的家庭教育体系，是国与家共同发展对家庭教育事业改革提出的新任务、新要求、新课题。明确基本任务，厘清基本思路，形成基本共识，解决基本问题，是回答这一时代课题的前提。

1. 家庭教育变革的五大原则

"十四五"时期是我国家庭教育适应时代变革的转型关键期。以习近平总书记关于注重家庭家教家风建设论述为根本遵循，落实立德树人根本任务，为完善德智体美劳全面培养的育人体系，健全学校家庭社会协同育人机制，必须明确家庭教育变革的基本原则。

（1）坚持政府主导。突出政府主导作用，将家庭教育建设作为教育事业发展的基础工程，纳入国家和地方"十四五"时期经济社会发展规划，保障家庭教育财政经费投入逐年增加。建立和完善社区（村委会）家庭教育指导服务中心的运行体制机制，建设长期、稳定的教育活动场所，开展家庭教育指导服务活动，建立家庭教育督导制度。

（2）坚持依法治教。完善国家和地方家庭教育政策法规和管理制度，制定家庭教育质量评估标准，推进规范化、科学化管理。发展家庭教育，学校、家庭、社会、政府都有主体责任和义务，必须建立多元主体责任年度考评制度。

（3）坚定文化自信。将社会主义核心价值观和爱国主义教育浸润在家庭教育的全过程，注重中国文化、中国精神、家庭美德在家庭生活中的渗透。落实家长在家庭教育中的主体责任，指导家庭生成新时代尚德向善的家训，促进家庭伦理观和婚姻观变革，促进儿童身心健康发展，关注老年人身心健康和个人需求，营造积极向善、向雅的家庭环境，促进家庭文明、和睦、幸福。

（4）坚持科学引导。家庭教育变革的核心是促进教育内容和教育方式变革，要将社会主义核心价值观和爱国主义教育浸润在家庭教育的全过程。要组织多方面科研力量，制定适于学校、家庭和社会构建合作学习共同体的课程体系，编制家庭教育课程指南，提高家庭教育必修课程内容与课程实施的科学性。

（5）坚持公益原则。家庭教育事业是国家公益性事业，坚决抵制家庭教育市场化行为。加强政府主导，通过社区（村委会）促进政府相关部门、社会组织、师范院校与企事业单位合作，依靠"互联网＋教育平台"整合，推进优质教学资源共建共享。关注困境儿童和特殊家庭的家庭教育，促进家庭教育资源合理配置，帮助落后的农村与边远地区提升家庭教育水平。

2. 厘清家庭教育变革的基本思路

习近平总书记说："我反复强调要注重家庭、注重家教、注重家风，是因为我国社会主要矛盾发生了重大变化，家庭结构和生活方式也发生了新变化。"[1] 家庭教育变革，其本质是对社会主要矛盾、社会结构、家庭结构和生活方式变革的积极回应。习近平总书记指出："当前城乡家庭规模日趋变小，家庭成员流动频繁，留守儿童、空巢家庭等现象日益突出。要积极回应人民群众对家庭建设的新期盼新需求，认真研究家庭领域出现的新情况新问题，把推进家庭工作作为一项长期任务抓实抓好。"[2]

推进以家为本的社会治理，必须注重家庭家教家风建设，对推动营造良好社会风尚、维护社会和谐安定的特殊作用。党的十九届四中全会通过的《中共中央关于坚持和完善中国特色社会主义制度 推进国家治理体系和治理能力现代化若干重大问

---

[1] 中共中央党史和文献研究院编：《习近平关于注重家庭家教家风建设论述摘编》，中央文献出版社，2021，第5页。
[2] 中共中央党史和文献研究院编：《习近平关于注重家庭家教家风建设论述摘编》，中央文献出版社，2021，第6页。

题的决定》中指出:"注重发挥家庭家教家风在基层社会治理中的重要作用。"这是推动我国家庭教育变革的出发点和落脚点。

(1) 认清家庭教育变革的使命。我国家庭教育改革是教育与社会综合改革的客观要求,其文化使命是满足人民对高质量的家庭生活和精神追求的新需要,以培育和提高整体国民精神素质。注重家庭家教家风建设的根本任务是推动形成爱国爱家、相亲相爱、向上向善、共建共享的社会主义家庭文明新风尚。过分诠释狭义的家庭教育概念和功能,将热点、重点完全聚焦于中小学的家校合作,很难走出传统的以学生为本的范式。客观上中小学学生是家庭教育的重点对象,但不是注重家庭家教家风建设的根本目标,而且要让受教育者受到良好的家教,必须让教育者先受教育,必须营造一个积极向上、充满正能量的家庭教育环境和社会教育环境。

习近平总书记反复强调:"努力使千千万万个家庭成为国家发展、民族进步、社会和谐的重要基点。"[①] 我国社会主义现代化建设正处在百年未有之大变局中,机遇与挑战并存。要大力推进家庭教育事业发展,就必须让家庭教育变革承担起精神文明建设和人才培养的双重任务。新家庭教育理论、政策、制度建设,必须有大格局,凸显时代精神建设主题,弘扬中国家庭、家教、家风传统美德,将家庭的学习能力转化为实现中华民族伟大复兴的创新发展活力。习近平总书记指出:"要发扬优良传统,承担历史使命,把党和国家确定的奋斗目标作为自己的人生目标,以民族复兴为己任,自觉把人生理想、家庭幸福融入国家富强、民族复兴的伟业之中,做新时代的追梦人。"[②] 这是新时代赋予家庭教育建设的重大使命。

(2) 尊重家庭教育改革的历史逻辑。首先,必须清醒地认识家庭教育发展的内在逻辑。家庭教育变革要尊重历史,守正创新。我国家庭教育历史、家国一体的社会治理模式以及由此凝结而成的家国一体情怀,修身、齐家、治国、平天下的理想,人生智慧与传统美德早已融入中国人的血脉,成为中华民族生生不息、薪火相传的重要精神力量,成为新时代加强家庭家教家风建设、加强和创新基层社会治理的丰厚文化滋养。加强家庭家教家风建设,既要尊重历史、延续文脉,更要对中华优秀传统文化进行创造性转化,守正创新,从中萃取精华、汲取能量,为现代社会治理提供丰厚的文化滋养。

[①] 中共中央党史和文献研究院编:《习近平关于注重家庭家教家风建设论述摘编》,中央文献出版社,2021,第3页。
[②] 中共中央党史和文献研究院编:《习近平关于注重家庭家教家风建设论述摘编》,中央文献出版社,2021,第6页。

其次，必须根据教育发展逻辑认知家庭教育变革问题。第一，不同时期的教育改革对象与发展主题是由社会发展到一定阶段时人民新增长的教育"刚需"决定的。满足人民群众对家庭教育的新需求，必须解决"刚需"问题。第二，家庭教育变革是教育生态系统变革倒逼出来的"刚需"。教育是一个生态系统，学校教育的改革与发展不是孤立的，提高学校教育质量的基础是高质量的家庭教育。家庭教育变革要突出品德教育主题，为人生发展打好基础，必须加强与学校教育、社区教育合作，主动融入充满生机活力、协同育人的生态系统之中。

（3）让协同育人的理解走出误区。大力发展家庭教育事业，既要凸显时代性，又要注重结合实际需要。2021年以前，国家多部委曾共同研制并连续出台了大量文件，但成效甚微。分析其原因，主要存在三大误区。

其一，教育属性不明。长期以来的家庭教育指导性政策文件存在家庭教育与学校教育属性不明、"学生中心论"等现象，家庭教育的品德教育属性得不到充分体现。党的十八大以来，相关部门在学习、研究、宣传习近平总书记关于注重家庭家教家风建设论述等方面做得还不够。因此，广大群众对家庭教育的教育属性问题还缺乏清晰的认知。

其二，核心资源短缺。长期以来，我国家庭教育专业课程、师资、科研以及质量标准等核心资源不足。家庭教育专业化核心资源建设必须由政府主导，财政投入方能到位。否则，构建覆盖城乡的家庭教育指导服务体系，健全学校家庭社会协同育人机制，都会变成空谈。

其三，家教主体错位。家庭教育的主体责任在家庭、家长，学校应该向家庭提供专业化的指导服务。但在过去的家庭教育指导性文件中，虽然关注构建家校合作学习共同体，更多的是突出家庭、家长配合学校辅助学生完成课外课业。此外，实施"双减"政策后，健全学校家庭社会协同育人机制的本义是以构建一种健康的现代教育生态系统为指归的，但不少地方由教育部门出台的文件，家庭教育主体意识仍未转变过来，将健全学校家庭社会协同育人机制窄化为"德育一体化"，制约了健全社会教育资源有效开发配置的政策体系创新。

要走出以上误区，必须进一步解决如下问题：一是旗帜鲜明地贯彻习近平总书记关于注重家庭家教家风的重要论述精神，以此作为家庭教育政策创新的根本遵循。二是明确政府主导责任，健全社会教育资源有效开发配置的政策体系，促进学校、家庭和社会教育资源融合，解决"断档""脱节"问题，"形成育人全链条"[①]。三是明确区分学校教育、家庭教育、社会教育的不同属性、功能与边界，加强家庭教育核心资源建设，为高质量教育体系建设共同发力。

四、发展家庭教育事业的政策建议

新时代家庭教育改革，重在模式创新，关键是健全学校家庭社会协同育人机制。县级以上地方人民政府要以满足人民群众对提高家庭家教家风建设能力的"刚需"作为重点，帮助家庭、家长落实家庭教育责任与义务，有效提高家庭生活质量和精神追求；帮助学校有效推进人才培养模式变革营造良好的家庭、社会环境；加强社会基层文化建设，切实做好社区家庭教育指导服务中心工作。

1. 健全学校家庭社会协同育人机制

（1）明确协同育人的多主体责任。将家庭教育纳入国民经济和社会发展规划，就是为了办好人民满意的教育，包括家庭教育。我国家庭教育促进法已经对政府、家庭、学校、社会以及个人作为协同育人机制上的主体做了明确的定位。家庭承担主责，国家支持，社会协同，各有法律责任。在健全学校家庭社会协同育人机制的实践中，要让各部门之间在具体工作和行动中明确分工、落实责任，必须由县级以上地方人民政府组建家庭教育指导机构，并在家庭教育五年发展规划中列出各部门的责任清单。

（2）强化社区家长学校的组织服务职能。社区是人们共同生活的社会实体，所有家庭的生活过程基本是在社区中完成的。现代城市社区的管理水平、公共服务配套设施、生活与学习环境、社区文化精神风貌等对于社区成人和学生认识社会性质、遵守社会规则、承担公民义务都具有深刻而具体的影响。家庭、学校、社区是同在一个区域范围内活动的社会主体。建立目标一致、资源共享的合作育人新机制和社区家庭教育指导中心，重在创设融通式社区育人环境，充分利用如图书馆、博物馆、科技馆、纪念馆、运动场、少年宫、儿童活动中心等公益设施，组织安排相关社区教育活动，提供社会化课程服务；还可以举办家长培训班、家庭读书会、文明家庭经验交流、专题报告会等各种家庭教育活动，为提高社区家长的家庭教育能力提供

[①] 中共中央党史和文献研究院编：《习近平关于注重家庭家教家风建设论述摘编》，中央文献出版社，2021，第70页。

各种有益服务。

2. 发展家庭教育事业的主要措施

新时代家庭教育事业是在大力推进国家治理体系和治理能力现代化建设的新格局中踏上新征程的。新时代的大背景、大格局、大思维，为我国家庭教育事业发展确立了高起点。"十四五"期间，要以构建覆盖城乡的家庭教育指导服务体系为基础，以构建高质量教育体系为目标，健全学校家庭社会协同育人机制，集中精力解决家庭教育事业发展的主要矛盾。

（1）加强家庭教育科学研究。建议在"十四五"期间将家庭教育科学研究确立为国家社会科学重点课题，推动家庭教育研究重点项目，纳入国家和地方社科基金项目或哲学社会科学研究攻关项目。以国家教育科研机构、部属六所师范大学为研究主体单位，集中人力和科研资源，实行专项攻关，尽快形成一批高质量研究成果，诸如家庭教育学科体系建设、中外家庭教育法规比较研究、新时代家庭教育体制机制建设、构建立体融通式合作学习共同体、家校共育框架下的学生核心素养必修课程指南、家校社合作学习共同体建设指南、家庭与家风建设指导手册、家庭教育专业指导机构建设标准、家庭教育指导师专业技术标准、家庭教育示范区（县、校）建设标准等。同时，应规范市场行为，鼓励有教育情怀、有教育实用技术研发能力的公司和研究机构共同参与科研和产品制作。

（2）加强家庭教育专业人才队伍建设。专业人才队伍是推进家庭教育科学化、规范化的必要条件。鼓励高等师范院校和有条件的高等院校加强家庭教育学科建设，开设家庭教育专业，培养专业人才，并为中小学培养和培训骨干教师。国家和地方教育财政应做出专项预算，支持家庭教育专业人员培训和学科建设。中小学家庭教育专业骨干人员培训应纳入教育部实施的骨干教师国培计划。国家出台相关政策，设立家庭教育指导服务人员从业标准，鼓励社会工作者及优秀大学毕业生投身社区和乡镇的家庭教育事业。

（3）加强家庭教育事业组织保障。健全协同育人实施机制，坚持党对家庭教育事业的全面领导，坚持政府"一把手"负责制，由各级政府主导，组织协调各部门共同参与，在家庭教育工作领导小组的统一安排下，有计划、分步骤推动规划实施。加大财政投入力度，推动家庭教育经费纳入地方财政预算，保证家庭教育机构运转、教学活动场所建设、网络平台建设、专业人员培训与业务交流、学习课程与设备配置等获得必要的财力支持。规范政府、社区、学校和家庭的职责，鼓励社会力量参与。

第2章

新时代家庭教育变革的根本遵循

> 家庭教育已纳入高质量教育体系建设。《习近平关于注重家庭家教家风建设论述摘编》的出版，标志着新时代中国家庭教育的历史性重大变革有了明确的指导思想，这些重要论述为指导新家庭教育实践与人才培养模式变革提供了根本遵循。

家庭教育是一切教育的基础，更是家庭文明建设的基础。习近平总书记关于注重家庭家教家风建设的论述，为认识我国家庭教育变革的时代特征、属性、任务和发展方向，为指导新家庭教育实践与人才培养模式变革提供了根本遵循。

一、家庭教育从边缘走向国家战略，需要全面变革

百年大计，教育为本。进入新时代，我国正在从大国向强国目标奋进，坚持以人为本，激发教育创新活力，关键是加快教育现代化建设步伐。将家庭教育从边缘提升到国家战略，是家庭教育的历史性变革，也是教育现代化的必然要求。要把握这一变革的方向，明确性质、目标和任务，需要科学的指导思想。

1. 推进家庭教育变革是教育生态系统建设的重大举措

我国学校教育已从单项改革走向整体综合改革，从点的突破转向高质量体系建设。2019年以来，党和国家为变革人才培养模式，所出台的提升整体教育质量的系列重大改革政策都提到了家庭教育。

习近平总书记指出："社会是大课堂，生活是教科书。现在，校外活动场所不足，

教育载体缺乏，有效活动少，家庭教育、学校教育、社会教育之间出现'断档'、'脱节'现象，没有形成育人全链条。要健全社会教育资源有效开发配置的政策体系。"①补齐家庭教育短板，加强家庭教育子系统建设；规范社会培训机构，推动形成"育人全链条"，健全学校家庭社会协同育人机制，是我国新时代教育生态系统建设的重大举措。切实注重家庭家风家教建设，从点的突破迈向系统能力提升，必须以习近平关于注重家庭家教家风建设论述为根本遵循。

2. 推进家庭教育变革是实施人才强国战略的必然要求

培养创新型人才是国家、民族长远发展的大计。当今世界的竞争，说到底是人才竞争、教育竞争。党的十九大以来，为提升国家创新体系整体效能，党中央针对我国科技事业面临的突出问题和挑战，明确科技强国战略目标，出台了一系列重大改革举措。强化国家战略科技力量，提升国家创新体系整体效能，教育必须肩负起培养创新人才的历史使命。

我国是世界上教育人口数量庞大的国家，但拔尖人才相对欠缺。要解决人才培养模式价值单一化、窄化的难题，不仅要改革升学考试制度，更要从国家利益的高度革新育人模式，健全学校家庭社会协同育人机制，构建开放创新的教育生态。习近平总书记强调要以培养担当民族复兴大任的时代新人为着眼点，弘扬科学精神，"在家庭工作中找准立德树人的切入点"②。

二、《习近平关于注重家庭家教家风建设论述摘编》中的重要思想

2021年3月，中共中央党史和文献研究院根据习近平总书记自2012年11月15日至2020年12月28日期间的报告、讲话、谈话、说明、答问等60多篇重要文献，编辑了《习近平关于注重家庭家教家风建设论述摘编》，并由中央文献出版社正式出版发行。这是新中国成立70多年来，国家最高领导人首次站在国家和民族的前途与命运的政治高度，系统论述家庭、家风和家教的重要著作，这标志着新时代中国家庭教育的历史性重大变革有了明确的指导思想。

这一著作共有107段论述，分为七个专题：一是"努力使家庭成为国家发展、

---

① 中共中央党史和文献研究院编：《习近平关于注重家庭家教家风建设论述摘编》，中央文献出版社，2021，第70页。
② 中共中央党史和文献研究院编：《习近平关于注重家庭家教家风建设论述摘编》，中央文献出版社，2021，第19页。

民族进步、社会和谐的重要基点";二是"中华民族历来重视家庭";三是"家庭教育最重要的是品德教育";四是"以千千万万家庭的好家风支撑起全社会的好风气";五是"把家风建设作为领导干部作风建设重要内容";六是"各级领导干部要严格要求亲属子女,过好亲情关";七是"推动形成爱国爱家、相亲相爱、向上向善、共建共享的社会主义家庭文明新风尚"。这七个专题的内容涵盖了家庭、家风、家教三个方面,其中前三个专题主要论述家庭;第四、第五专题主要论述家风;第六、第七专题主要论述家教。

习近平总书记始终把抓好家庭家教家风建设作为新时代党中央的一项长期工作。家庭、家教、家风,这三者是一个有机整体。家庭是社会的细胞,家庭是国家之本,家庭的前途命运同国家和民族的前途命运紧密相连;家风是家文化的重要表征,家风与社会文明、党风和政风息息相关,是育人的软环境;家庭教育是所有家庭成员包括家长和孩子之间的相互影响,家庭教育的根本任务就是促进家庭、家风建设。认识这三者的辩证关系,是正确理解习近平总书记家庭教育论述精神实质的前提。

三、家为国之本,家庭教育要为家庭、家风建设服务

习近平总书记指出,中华民族历来重视家庭,"天下之本在国,国之本在家"。家庭是社会的细胞,"无论时代如何变化,无论经济社会如何发展,对一个社会来说,家庭的生活依托都不可替代,家庭的社会功能都不可替代,家庭的文明作用都不可替代"[1]。

习近平总书记指出:"家庭的前途命运同国家和民族的前途命运紧密相连。我们要认识到,千家万户都好,国家才能好,民族才能好。国家富强,民族复兴,人民幸福,不是抽象的,最终要体现在千千万万个家庭都幸福美满上,体现在亿万人民生活不断改善上。"[2] 他指出:"我反复强调要注重家庭、注重家教、注重家风,是因为我国社会主要矛盾发生了重大变化,家庭结构和生活方式也发生了新变化。"[3]

---

[1] 中共中央党史和文献研究院编:《习近平关于注重家庭家教家风建设论述摘编》,中央文献出版社,2021,第3页。
[2] 中共中央党史和文献研究院编:《习近平关于注重家庭家教家风建设论述摘编》,中央文献出版社,2021,第4页。
[3] 中共中央党史和文献研究院编:《习近平关于注重家庭家教家风建设论述摘编》,中央文献出版社,2021,第5页。

什么变化？一是家庭结构变化，城乡家庭规模日益变小，家庭成员流动频繁，留守儿童、空巢家庭问题日益突出；二是在生活物质条件改善之后，人民群众热切期盼高质量的家庭生活和精神追求，孩子能受到更好的教育，老人能得到更贴心的照料。说到底，"三个注重"是党中央针对家庭结构和生活方式变化带来的新问题、新需求，坚持以人民发展为中心、以家庭为本位的务实举措。

习近平总书记明确指出，做好家庭家教家风建设的根本任务就是"积极回应人民群众对家庭建设的新期盼新需求"①。这是当今我们认识新时代家庭教育变革原因的前提，也是明确家庭教育性质与任务的前提。家庭教育要"紧密结合培育和弘扬社会主义核心价值观，发扬光大中华民族传统家庭美德，促进家庭和睦，促进亲人相亲相爱，促进下一代健康成长，促进老年人老有所养，使千千万万个家庭成为国家发展、民族进步、社会和谐的重要基点"②。

四、立足中国家文化特质，为家风建设推进家庭教育变革

习近平总书记对我国家文化的丰富内涵和民族特点也有重要论述，对我们认识中国家文化优秀传统、弘扬中华民族家庭美德、搞好家风建设提供了重要指导。

1. 中国家文化具有家国一体的本质特征

自古以来，中华民族奉行"天下之本在家"的治国原则，"正家，而天下定矣"。中华民族自古就牢固树立了"国家好，民族好，家庭才能好"的义利观，所以中国家文化基因富有浓厚的家国情怀特色，爱家和爱国永远是统一的。

培养具有家国情怀的家风，是家庭教育变革的重要任务和目标。习近平总书记指出："要发扬优良传统，承担历史使命，把党和国家确定的奋斗目标作为自己的人生目标，以民族复兴为己任，自觉把人生理想、家庭幸福融入国家富强、民族复兴的伟业之中，做新时代的追梦人"③，"把实现家庭梦融入民族梦之中，心往一处想，劲往一处使，用我们四亿多家庭、十三亿多人民的智慧和热情汇聚起实现'两

---

① 中共中央党史和文献研究院编：《习近平关于注重家庭家教家风建设论述摘编》，中央文献出版社，2021，第6页。
② 中共中央党史和文献研究院编：《习近平关于注重家庭家教家风建设论述摘编》，中央文献出版社，2021，第3页。
③ 中共中央党史和文献研究院编：《习近平关于注重家庭家教家风建设论述摘编》，中央文献出版社，2021，第6页。

个一百年'奋斗目标、实现中华民族伟大复兴中国梦的磅礴力量"①。

2. 中国家文化根植于农耕文明，具有大道自然、天人合一的生态伦理特点

从宅院村落到农业景观，从节庆活动到民间艺术，从耕读传家、父慈子孝的祖传家训到邻里守望、诚信重礼的乡风民俗，这些文化都承载着华夏文明生生不息的基因密码。

传承和弘扬中国家文化注重生态伦理的传统，促进人与自然、人与社会、人与自我的和谐，促进家庭和谐幸福，是家庭教育变革的必修课。对于中国家文化，习近平总书记指出："尊老爱幼、妻贤夫安、母慈子孝、兄友弟恭、耕读传家、勤俭持家、知书达礼、遵纪守法，家和万事兴等中华民族传统家庭美德，铭记在中国人的心灵中，融入中国人的血脉中，是支撑中华民族生生不息、薪火相传的重要精神力量，是家庭文明建设的宝贵精神财富。"②

3. 中国家文化有重亲情、重真情、尚大义的特点

中华民族自古以来就重视家庭、重视亲情。这源自我国古代家庭（家族）宗法制度注重亲子血缘关系的伦理文化传统。中国家文化的这一特质，为儒家政治伦理哲学的建立和以"明人伦"为目的的家庭教育创造了条件。古代中国注重家庭、家风的传统，是通过家教培养个体在家庭关系中的角色意识以及责任与义务而形成的。温情脉脉的人伦关系扩散在社会人际关系中，构成了中国人情社会的特点。

习近平总书记将搞好家庭教育、促进家风建设作为党风建设的重要举措。他说："好的家风引领人向上向善，不良的家风却会败坏社会风气，贻害无穷。从近年查处的案件看，出问题的干部普遍家风不正、家教不严。"③为了警醒全党同志注重家风、廉洁自律、管好家人，他列举了毛泽东、朱德、周恩来、刘少奇等老一辈革命家，党的好干部焦裕禄、谷文昌、杨善洲等同志，全国道德模范甘祖昌将军夫人龚全珍以及自己成长过程中父母之教的案例，以具体的事例为全党同志阐释家庭教育、家风建设的重要意义。2017年12月，他在中共中央政治局民主生活会上强调："中央政治局的同志都应该明史知理，不能颠倒了公私、混淆了是非、模糊了义利、放

---

① 中共中央党史和文献研究院编：《习近平关于注重家庭家教家风建设论述摘编》，中央文献出版社，2021，第4—5页。
② 中共中央党史和文献研究院编：《习近平关于注重家庭家教家风建设论述摘编》，中央文献出版社，2021，第10页。
③ 中共中央党史和文献研究院编：《习近平关于注重家庭家教家风建设论述摘编》，中央文献出版社，2021，第25页。

纵了亲情,要带头树好廉洁自律的'风向标',推动形成清正廉洁的党风"[1]。

注重亲情和过好"亲情关"是领导干部家庭教育的主课。习近平总书记强调"推动形成爱国爱家、相亲相爱、向上向善、共建共享的社会主义家庭文明新风尚"[2],必须"正确认识和处理人际关系,做到既有人情味又按原则办"[3]。同时,他引用古语"不为爱亲危其社稷,故曰社稷戚于亲",反复告诫中央领导同志和中央委员、中央军委和高级将领要过好"亲情关"。"领导干部特别是高级干部要明大德、守公德、严私德。"[4]所有党员、干部都"要把家风建设摆在重要位置,廉洁修身,廉洁齐家,防止'枕边风'成为贪腐的导火索,防止子女打着自己的旗号非法牟利,防止身边人把自己'拉下水'"[5]。

习近平总书记强调,反腐倡廉,要从家庭教育入手,要把修身齐家落到实处。他在中央军委"三严三实"专题教育民主生活会上,针对"家""冢"二字提出:"它们很像,区别就在于那个'点'摆在什么位置。这就像家庭建设一样,对家属子女要求高一点才能成为幸福之家,低一点就可能葬送一个好家庭。"[6]

4. 中国家文化的女性角色至关重要

在中国,母亲备受尊重,这归因于母亲在家庭家风家教建设方面的特殊作用,关系到家庭和睦、社会和谐以及下一代健康成长。

习近平总书记指出:"中国人一直赞美贤妻良母、相夫教子、勤俭持家,这些是中华民族传统优秀文化的重要组成部分。"[7]妇联要"做好家庭工作,发挥妇女在社会生活和家庭生活中的独特作用,发挥妇女在弘扬中华民族家庭美德、树立良好家风方面的独特作用,以小家庭的和谐共建大社会的和谐,形成家家幸福安康的生

---

[1] 中共中央党史和文献研究院编:《习近平关于注重家庭家教家风建设论述摘编》,中央文献出版社,2021,第37页。
[2] 中共中央党史和文献研究院编:《习近平关于注重家庭家教家风建设论述摘编》,中央文献出版社,2021,第61页。
[3] 中共中央党史和文献研究院编:《习近平关于注重家庭家教家风建设论述摘编》,中央文献出版社,2021,第32页。
[4] 中共中央党史和文献研究院编:《习近平关于注重家庭家教家风建设论述摘编》,中央文献出版社,2021,第38页。
[5] 中共中央党史和文献研究院编:《习近平关于注重家庭家教家风建设论述摘编》,中央文献出版社,2021,第38页。
[6] 中共中央党史和文献研究院编:《习近平关于注重家庭家教家风建设论述摘编》,中央文献出版社,2021,第35页。
[7] 中共中央党史和文献研究院编:《习近平关于注重家庭家教家风建设论述摘编》,中央文献出版社,2021,第9页。

动局面"①。

为发挥妇女在家庭家风家教中的特殊作用,习近平总书记指出:"广大妇女要自觉肩负起尊老爱幼、教育子女的责任,在家庭美德建设中发挥作用。"②针对不良社会风气对妇女的影响,他要求全国妇联:"要教育广大妇女发扬中华民族吃苦耐劳、自强不息的优良传统,树立正确的世界观、人生观、价值观,千万不要去追求奢华享受,千万不要去追求不义之财,自觉抵制腐朽的生活方式,坚决反对拜金主义、享乐主义、极端个人主义和封建迷信、黄赌毒等社会丑恶现象,追求积极向上、文明高尚的生活,促进形成良好社会风尚。"③

五、家庭教育最重要的是品德教育

近年,因受传统家庭教育观念和旧模式的影响,家庭教育的属性、家校共育的责任与分工等问题含混不清,出现了五花八门的说法。诸如"家校教育界限模糊论""儿童中心论""读书中心论""心理健康论""习惯养成论""亲子教育论""学校补充论",凡此种种说法下的实际操作,绝大多数还是以校外补课、心理辅导、课外阅读、知识说教、亲子活动为主。

传统家庭教育模式,包括观念、经验和方法,已经不能适应新时代家庭教育。家庭教育最重要的内容是什么?家庭教育的责任主体是谁?家庭教育的内容和方法是什么?如何健全学校家庭社会协同育人机制?这些问题必须作出回答。

1. 家庭教育最重要的是品德教育

习近平总书记说:"有什么样的家教,就有什么样的人。家庭教育涉及很多方面,但最重要的是品德教育,是如何做人的教育。也就是古人说的'爱子,教之以义方'。"④家庭教育以立德树人为根本,旨在促进人生发展,不是为了学科考试得满分,这和学校教育存在本质区别。

---

① 中共中央党史和文献研究院编:《习近平关于注重家庭家教家风建设论述摘编》,中央文献出版社,2021,第5页。
② 中共中央党史和文献研究院编:《习近平关于注重家庭家教家风建设论述摘编》,中央文献出版社,2021,第15页。
③ 中共中央党史和文献研究院编:《习近平关于注重家庭家教家风建设论述摘编》,中央文献出版社,2021,第23页。
④ 中共中央党史和文献研究院编:《习近平关于注重家庭家教家风建设论述摘编》,中央文献出版社,2021,第18页。

2. 家庭教育的责任主体是父母

习近平总书记指出:"养不教,父之过。家长应该担负起教育后代的责任。家长特别是父母对子女的影响很大,往往可以影响一个人的一生。"① 家长特别是父母是家庭教育的责任主体。孩子品质好不好,关键在于父母是否尽到了教育责任。

关于家庭教育的对象、方法、内容,习近平总书记明确指出:"广大家庭都要重言传、重身教,教知识、育品德,身体力行、耳濡目染,帮助孩子扣好人生的第一粒扣子,迈好人生的第一个台阶。要在家庭中培育和践行社会主义核心价值观,引导家庭成员特别是下一代热爱党、热爱祖国、热爱人民、热爱中华民族。要积极传播中华民族传统美德,传递尊老爱幼、男女平等、夫妻和睦、勤俭持家、邻里团结的观念,倡导忠诚、责任、亲情、学习、公益的理念。"② 简而言之,家庭教育对象是所有家庭成员,方法即父母言传身教于生活点滴之中,育品德是根本。其内容一是涵育家国情怀,二是培养合格公民。

3. 家庭教育变革要推动形成家庭文明新风尚

伟大时代呼唤伟大精神。教育不仅要传承文明,更要促进精神建设。每个人都生活在家庭中,家庭教育变革重在促进所有人"在为家庭谋幸福、为他人送温暖、为社会作贡献的过程中提高精神境界、培育文明风尚"③。

习近平总书记指出:"办好教育事业,家庭、学校、政府、社会都有责任,谁都不是旁观者,谁都不能置身事外。家庭是人生的第一所学校,家长是孩子的第一任老师,要给孩子讲好'人生第一课',帮助扣好人生第一粒扣子。"④ 他要求各级党委和政府要充分认识家庭文明建设的重要性,负起领导责任,切实把家庭文明建设摆上议事日程。领导干部要把对党忠诚纳入家庭家风家教建设,严格家风家教,为全党做出表率;要健全社会教育资源有效开发配置的政策体系;要加强家校合作,健全学校家庭社会协同育人机制,"推动形成爱国爱家、相亲相爱、向上向善、共

---

① 中共中央党史和文献研究院编:《习近平关于注重家庭家教家风建设论述摘编》,中央文献出版社,2021,第18页。
② 中共中央党史和文献研究院编:《习近平关于注重家庭家教家风建设论述摘编》,中央文献出版社,2021,第19页。
③ 中共中央党史和文献研究院编:《习近平关于注重家庭家教家风建设论述摘编》,中央文献出版社,2021,第19页。
④ 中共中央党史和文献研究院编:《习近平关于注重家庭家教家风建设论述摘编》,中央文献出版社,2021,第69页。

建共享的社会主义家庭文明新风尚"①。

六、开创同中华优秀传统文化相结合的新境界

党的十八大以来,中国特色社会主义进入新时代,以习近平总书记为主要代表的中国共产党人,坚持把马克思主义基本原理同中国具体实际相结合、同中华优秀传统文化相结合,创立了习近平新时代中国特色社会主义思想,实现了马克思主义中国化新的飞跃。

习近平总书记站在全面建成小康社会的新起点上,立足新时代中国发展实际,根据我国社会经济发展、家庭结构和生活方式变化的实际情况,向全党全社会提出要在继承和弘扬中华优秀传统文化的基础上注重家庭家教家风建设。他强调扎根中国大地办教育必须牢固树立文化自信,让立德树人的根厚植在中华优秀传统文化的沃土中。

家庭教育主要是基于家文化的品德教育。其中,人伦之教是核心。中国传统家文化,是儒家以"孝"为本建构的家国一体的人伦道德体系。国以家为本,家以国为归。家庭和睦,人丁兴旺,则社会和谐,国泰民安。相反,民风浇薄、宵小横行,则政风混浊,社会混乱。党的十八大以来,在反腐倡廉的教育中,习近平总书记反复告诫党的高级干部,要从治乱兴衰的中国历史经验教训中"明史知理",要推动形成清正廉洁的党风,必须与领导干部"树立好的家风家规"②紧密结合。他肯定了源自农耕文明的中国传统家文化特有的育人特质、化俗功能、精神价值,肯定了注重家庭建设对国家民族的前途命运的特殊意义,反映了新时代中国共产党人的政治哲学与"修身齐家"优秀传统文化的高度融合。

习近平总书记指出,我们要重视家庭文明建设,努力使千千万万个家庭成为国家发展、民族进步、社会和谐的重要基点,党员领导干部要把对党忠诚纳入家庭家教家风建设,把家风建设作为领导干部作风建设重要内容,各级领导干部都要成为引领家风建设的模范。

具有深厚积淀的传统家文化是中国传统文化的根基所在。在数千年历史进程中,

---

① 中共中央党史和文献研究院编:《习近平关于注重家庭家教家风建设论述摘编》,中央文献出版社,2021,第61页。
② 中共中央党史和文献研究院编:《习近平关于注重家庭家教家风建设论述摘编》,中央文献出版社,2021,第37页。

中国家文化和家庭教育不仅为建构人伦道德体系、社会道德秩序和国家政治秩序等做出过重要贡献，而且为推动形成东亚儒家文化圈也做出过重大贡献。今天，要厚植中华民族复兴的文明根基，必须筑牢中华民族文化自信。习近平总书记在关于注重家庭家教家风建设的论述中充分肯定了中国传统家文化的精神特征和教育价值，端正了百年来中国人对中华优秀传统文化价值的认知，是中国文化发展观的一次重大变革。习近平总书记特别强调立德树人要同中华优秀传统文化相结合，这不仅为新家庭教育实践创新开示了文化发展方向，也昭示着我国家庭文明建设已经进入了新时代，迈上了新征程。

第3章

领导干部要带头建设好家风

> 加强领导干部家庭教育，不仅是我国家庭教育变革的新课题，也是干部教育变革的新任务。党的十八大以来，习近平总书记围绕新时代干部队伍建设和家庭文明建设的需要，提出了一系列注重家庭家教家风建设的重要论述。领导干部要认真学习这些论述，以良好家风建设的表率作用引领全社会家庭文明建设。

领导干部是指在各级党政机关、人民团体和军队中担负领导职责的干部和国有企事业单位的领导人员。党的十八大以来，习近平总书记反复强调："每一位领导干部都要把家风建设摆在重要位置。"[1]"领导干部特别是高级干部要明大德、守公德、严私德，做廉洁自律、廉洁用权、廉洁齐家的模范。"[2]习近平总书记关于领导干部注重家庭家教家风建设的重要论述是新时代干部教育理论创新的重大突破。深入学习贯彻习近平总书记关于领导干部家庭教育的重要论述，正本清源，对坚定家庭教育变革指导思想，明确家庭教育属性、作用和目的，推动形成社会主义家庭文明新风尚具有重大的理论价值和实践意义。

---

[1] 中共中央党史和文献研究院编：《习近平关于注重家庭家教家风建设论述摘编》，中央文献出版社，2021，第34页。
[2] 中共中央党史和文献研究院编：《习近平关于注重家庭家教家风建设论述摘编》，中央文献出版社，2021，第38页。

一、家风建设是干部作风建设的重要内容

在百年追梦进程中,艰苦奋斗始终是我党干部教育的主要内容。早在抗日战争时期,毛泽东就告诫全党:"政治路线确定之后,干部就是决定的因素。"①在党的七届二中全会上,毛泽东要求全党"务必使同志们继续地保持谦虚、谨慎、不骄、不躁的作风,务必使同志们继续地保持艰苦奋斗的作风"②。

新中国成立后,毛泽东等老一辈革命家为了防止各级领导干部脱离人民,防止在腐败堕落中被"和平演变",建立了党员干部政治思想教育制度。在改造干部作风、反对特权、反对贪污浪费、反对官僚主义和形式主义等方面采取了民主监督、有罪必惩等措施,纯洁了党风、政风和民风,保证了为人民服务宗旨在政治实践中得到充分体现。

改革开放后,我国经济社会快速发展,社会物质财富快速增长。在这种形势下,一些手握实权的领导干部成为国内外敌对势力的"权力围猎"对象,其中一些干部就禁不住各种诱惑,产生了贪污腐败行为。面对这种现象,党中央坚持经济建设的同时,高度重视社会主义精神文明建设,加大了对干部教育、纪律检查的力度,严肃查处各种违纪违法行为。

党的十八大以来,以习近平同志为核心的党中央坚定不移地把反腐倡廉建设引向深入,出台了中央八项规定,制定了国家监察法,还在全国范围内掀起了一场以"反腐倡廉"为主题的干部教育活动。关于这场教育的目的,习近平总书记讲得很清楚:"我们着眼于以优良党风带动民风社风,发挥优秀党员、干部、道德模范的作用,把家风建设作为领导干部作风建设重要内容,弘扬真善美、抑制假恶丑,营造崇德向善、见贤思齐的社会氛围,推动社会风气明显好转。"③

习近平总书记殷切期望"各级领导干部要保持高尚道德情操和健康生活情趣,严格要求亲属子女,过好亲情关"④。他指出:"从近年来查处的腐败案件看,家风

---

① 毛泽东:《毛泽东选集(第二卷)》,人民出版社,1991,第526页。
② 毛泽东:《毛泽东选集(第四卷)》,人民出版社,1991,第1438—1439页。
③ 中共中央党史和文献研究院编:《习近平关于注重家庭家教家风建设论述摘编》,中央文献出版社,2021,第34页。
④ 中共中央党史和文献研究院编:《习近平关于注重家庭家教家风建设论述摘编》,中央文献出版社,2021,第55页。

败坏往往是领导干部走向严重违纪违法的重要原因。"① 治腐败必治家风。他引用宋人赵湘"将教天下，必定齐家，必正其身"②的名言，提出以问题为导向，追根溯源，以因家风败坏、家教不严而导致的腐败案例为鉴，要求领导干部加强家风建设，"要做到廉以修身、廉以持家，培育良好家风，教育督促亲属子女和身边工作人员走正道"③。

党的十八大以来，习近平总书记严格要求领导干部注重家庭家教家风建设，旨在让反腐倡廉成为领导干部的自觉，这是干部教育内容的重大变革，既是对领导干部的真心爱护，也是对其亲属子女的真情爱护。

二、家风建设是家庭教育的重中之重

习近平总书记提出"把家风建设作为领导干部作风建设重要内容"，是对干部教育理论与实践的创新，也是对中国优秀家文化的继承与弘扬，助益于党风政风建设。

我国古代，家国一体，社会民风教化以吏为师，官员言行是百姓的表率。《礼记·缁衣》中记载，孔子说："君子道人以言，而禁人以行。故言必虑其所终，而行必稽其所敝，则民谨于言而慎于行。"意思是君子要用言语引导人们向善，用制度防止人们学坏，所以有德之人说话必须考虑社会影响，个人行迹要经得住稽查。只要官员作出表率，老百姓就知道谨慎讲话、规范行为了。

习近平总书记说："领导干部要努力成为全社会的道德楷模，带头践行社会主义核心价值观，讲党性、重品行、作表率，带头注重家庭、家教、家风，保持共产党人的高尚品格和廉洁操守，以实际行动带动全社会崇德向善、尊法守法。"④这段话很有深意，即领导干部要成为道德模范，关键在于表里如一，不做两面人，不能外面一套家里又一套，台上一套台下又一套。如果自己在工作上讲党性、讲社会主

---

① 中共中央党史和文献研究院编：《习近平关于注重家庭家教家风建设论述摘编》，中央文献出版社，2021，第55页。
② 中共中央党史和文献研究院编：《习近平关于注重家庭家教家风建设论述摘编》，中央文献出版社，2021，第55页。
③ 中共中央党史和文献研究院编：《习近平关于注重家庭家教家风建设论述摘编》，中央文献出版社，2021，第34页。
④ 中共中央党史和文献研究院编：《习近平关于注重家庭家教家风建设论述摘编》，中央文献出版社，2021，第65—66页。

义核心价值观，只是作为一种职务角色讲给别人听，而回到家里给家人讲的又是另一套，这就是没品行的"两面人"。领导干部要有崇高的信仰，这种信仰是发自内心的，并且要实实在在地落实到家庭、家教、家风建设中，用共产党人的高尚品格和廉洁情操带动家人，带动社会。榜样的力量是无穷的，其核心作用是促进风俗趋向高雅，趋向高尚。伟大时代呼唤伟大精神，伟大精神呼唤道德楷模。进入新时代，我国社会结构和家庭结构正在快速转型，社会伦理建设，家庭家教家风建设，党风、政风和民风建设，亟须领导干部为新时代社会主义家庭文明建设做出榜样。

《论语》记载，鲁国宰相季康子问政于孔子。孔子说："子欲善而民善矣。君子之德风，小人之德草。草上之风，必偃。"有德君子的道德风范如风，百姓的德行就随风感化。为政者要想社会风气好转，最好的办法是做好自己。《礼记·缁衣》中记载，孔子说："下之事上也，不从其所令，从其所行。上好是物，下必有甚者矣。故上之所好恶，不可不慎也，是民之表也。"官为民之表，上行下效，身教重于言教，自古皆然。老百姓不仅要听领导干部如何说，更要看他们如何做。

习近平总书记说："群众看领导干部，往往要看领导干部亲属和身边工作人员，往往从这里来判断领导干部是否廉洁奉公，进而从这里来看党风廉政建设的成效。中央政治局同志的家庭，国内外关注度很高，甚至有人专门收集这方面情报，时不时来一点'爆料'。同时，官做大了，近的远的亲戚都可能找上门来。能不能过好亲情关特别是家属子女关，对我们每个人都是很现实的考验。'积善之家必有余庆，积不善之家必有余殃。'那些搞违纪违法的人，本想着福星高照，结果家破人亡。"[①]

习近平总书记多次引用宋代学者赵湘的话"将教天下，必定其家，必正其身"教育领导干部，旨在告诫大家要以身作则，克己奉公，严家教，正家风，杜绝"家庭式腐败"上演，注重以家教家风带动淳朴的民风，继而促进整个社会形成风清气正的良好政治生态。古今社会不同，人民的地位迥异，监督方式和力度也有别，但违纪违法者必被惩戒，古今一辙。习近平总书记指出，领导干部的治家能力、家风品质、家教成败，亲属子女是一面镜子，不仅中国百姓关心，国际舆论也很关注，任何领导干部都要有敬畏心。

---

① 中共中央党史和文献研究院编：《习近平关于注重家庭家教家风建设论述摘编》，中央文献出版社，2021，第52页。

三、家庭教育变革重在加强亲情伦理建设

注重人情关系，是中国家庭伦理向社会人际关系延展的本质体现。领导干部家庭教育变革，重在教育家人"明人伦"时端正公私关系，加强亲情伦理关系建设。

社会关系人情化具有多重性。从负面看，它是从政者的巨大包袱。为政者处理不好就会被裙带关系、官场人脉和"面子"所左右，或被"人情大于法、人情大于天"的陋习拉下水。从古至今，有许多能臣武将栽倒在亲情、友情之中，教训惨痛。从正面看，注重人情关系却是一笔特殊的教育资源。以家为本、家国一体，正是亲情决定了中国政治制度以家为根的伦理本质。习近平总书记说："中华民族历来重真情、尚大义。'感人心者，莫先乎情。'一句'回家过年'，牵动着亿万中国人最温馨的情愫。"[①] 在中国的法定节假日制度中，最重要的是春节、清明节、端午节、中秋节这四大中华民族传统佳节。"中国人自古以来就具有家国情怀，国是第一位的，没有国就没有家，没有国家的统一强盛就没有家庭的美满和个人的幸福。"[②] 古往今来，最受爱戴且名垂青史的人，都是重真情尚大义，舍小家顾大家，为促进国家、民族统一团结和繁荣昌盛的贤达。

官民关系自古就有亲情伦理品质。古代"父母官"之说，出自儒家经典《礼记·表记》："使民有父之尊，有母之亲，如此，而后可以为民父母矣。"当政者能让老百姓像尊敬父亲一样爱戴自己，像亲近母亲一样亲近自己，然后才配做父母官。"父母官"的本意，揭示了中国古代政治伦理的亲情特质。官民亲情是建立在官为民办实事的过程中。儒家认为"口惠而实不至"，是激怒民怨、招惹灾难的祸端，那些只知谋私利、"吃独食"的政客，必遭万民唾弃。

中国共产党坚持马克思主义，提出了以人民为中心的发展思想。立党为公，执政为民，坚持人民利益至上，为人民谋幸福，为群众办实事。毛泽东、朱德、周恩来、刘少奇、邓小平等老一辈革命家都把自己视为"中国人民的儿子""人民的公仆"。这不仅是共产党人的家国情怀，而且是对官民伦理关系的生动阐释。

建党百年来，中国共产党人在组织动员人民群众时尊重人民的感情，善于将思

[①] 中共中央党史和文献研究院编：《习近平关于注重家庭家教家风建设论述摘编》，中央文献出版社，2021，第10页。
[②] 中共中央党史和文献研究院编：《习近平关于注重家庭家教家风建设论述摘编》，中央文献出版社，2021，第6页。

想政治教育寓情于理，情理交融，由此凝聚成中华民族的无限伟力。纵观百年风云激荡的中国近代史，唯有中国共产党为万民景仰，一声号令，可激发出排山倒海的磅礴力量。历史一次次证明，注重亲情，热爱人民，是中国共产党赢得人民真心拥护的制胜法宝。

全心全意为人民服务是中国共产党的根本宗旨，廉洁自律是共产党人为官从政的底线。习近平总书记说："人都有三亲六故，但我们是共产党人，不能搞'一人得道、鸡犬升天'那一套。"[①]"正确认识和处理人际关系，做到既有人情味又按原则办……是对领导干部一个很现实的考验。"[②]亲情伦理是人之常情、常理，谁也无法摆脱三亲六故的亲情眷恋，但领导干部以服务人民为天职，自家的亲情伦理必须服从国家利益，服从人民利益。若把自家的私人情、家伦理摆在国家、人民利益之上，利用手中权力为亲属子女谋私利，用裙带关系搞利益输送、权钱交易、"衙内腐败"，或者"越格提拔"亲朋故友和身边工作人员，就是"一人得道、鸡犬升天"那一套，党纪不许，国法不容。因此，领导干部的家风建设，必须加强亲情伦理关系建设，公私分明，彻底肃清宗法制度和旧官场幕僚制度余毒的影响。

其实，处理好亲情与原则问题并不难，难的是心中有无执政为民的政治信仰。习近平总书记说："中央政治局的同志都应该明史知理，不能颠倒了公私、混淆了是非、模糊了义利、放纵了亲情，要带头树好廉洁自律的'风向标'，推动形成清正廉洁的党风。要勤于检视心灵、洗涤灵魂，校准价值坐标，坚守理想信念。要增强政治定力、道德定力，构筑起不想腐的思想堤坝，清清白白做人、干干净净做事。要管好家属子女和身边工作人员，坚决反对特权现象，树立好的家风家规。"[③]

鲁迅说过："无情未必真豪杰，怜子如何不丈夫？"注重亲情是人的本性，真正的政治家是有血有肉、有人性有感情的。《礼记·缁衣》有载："故君民者，子以爱之，则民亲之。"管理社会，服务人民，如能像爱护自家孩子一样善待之，人民就会像亲人一样亲近有德君子。孔子说："君子笃于亲，则民兴于仁；故旧不遗，则民不偷。"[④]当政者对亲眷忠厚深情，老百姓就会兴起仁爱之风；当政者怀念故人

[①] 中共中央党史和文献研究院编：《习近平关于注重家庭家教家风建设论述摘编》，中央文献出版社，2021，第56页。
[②] 中共中央党史和文献研究院编：《习近平关于注重家庭家教家风建设论述摘编》，中央文献出版社，2021，第32页。
[③] 中共中央党史和文献研究院编：《习近平关于注重家庭家教家风建设论述摘编》，中央文献出版社，2021，第37页。
[④] 杨伯峻：《论语译注》，中华书局，2017，第113页。

之情,老百姓就不会薄情寡义。

对领导干部来说,注重亲情不是包袱,而是动力,是责任,是为人本色。一个人对家人亲情都不顾,怎么会对老百姓有深情的爱?注重亲情不是过错,关键要分清公私,明辨是非,守住底线,爱之有道,教之有方。习近平总书记在中央军委民主生活会上指出:"如果连家人都管不好,甚至后院起火,还怎么抓工作、带部队?"[①]

习近平总书记指出,家风败坏往往是领导干部走向严重违纪违法的重要原因。他反复告诫高级领导干部要注重家庭家教家风建设,既要做称职的领导,更要做称职的家长。"家长应该担负起教育后代的责任。"他用古训警示广大干部:"天下之本在国,国之本在家","不为爱亲危其社稷"。家教不严,家风不正,既害了亲属子女,更害了国家和人民。

为此,习近平总书记要求领导干部要继承老一辈革命家注重家风建设的优良传统。"在培育良好家风方面,老一辈革命家为我们作出了榜样。每一位领导干部都要把家风建设摆在重要位置,廉洁修身、廉洁齐家,在管好自己的同时,严格要求配偶、子女和身边工作人员。"[②]"防止'枕边风'成为贪腐的导火索,防止子女打着自己的旗号非法牟利,防止身边人把自己'拉下水'。"[③]

习近平总书记强调领导干部要以共产党人倡导的亲情伦理搞好家庭家教家风建设,可谓语重心长,亲情满满,殷切之至。

四、关于领导干部家庭教育的十大要点

党的十八大以来,以习近平同志为核心的党中央坚持党要管党、全面从严治党,以整治"四风"为突破口,以雷霆万钧之力反对腐败,党风政风建设取得明显成效。党风政风与家风息息相关,互为因果。所以,党的十九大将家庭教育提升到国家战略,对指导全社会积极行动起来,注重家庭、注重家教、注重家风,努力使千千万万个家庭成为国家发展、民族进步、社会和谐的重要基点,具有重大的政治意义。

习近平总书记站在治国理政的政治高度,将家庭的前途命运同国家和民族的前

[①] 中共中央党史和文献研究院编:《习近平关于注重家庭家教家风建设论述摘编》,中央文献出版社,2021,第56页。
[②] 中共中央党史和文献研究院编:《习近平关于注重家庭家教家风建设论述摘编》,中央文献出版社,2021,第34页。
[③] 中共中央党史和文献研究院编:《习近平关于注重家庭家教家风建设论述摘编》,中央文献出版社,2021,第38页。

途命运紧密相连,关于领导干部家庭教育的重要论述,视野广阔,立意深远,内涵丰富,思想深刻。概而言之,其内涵可归纳为十大要点。

1. 珍惜节操,廉洁治家

节操是志气、骨气、人格的集中体现。中国历来注重做人的节操,这是礼义廉耻的基础。人无志不立。一个没有节操的人,何以谈道德,何以做官从政?一个人的节操培养起来很难,而毁掉则在一念之间。习近平总书记告诫中央领导同志:"要像珍惜生命一样珍惜自己的节操,做一个一尘不染的人。要带头廉洁治家,带头反对特权。"①

习近平总书记说:"作为父母和家长,应该把美好的道德观念从小就传递给孩子,引导他们有做人的气节和骨气,帮助他们形成美好心灵,促使他们健康成长,长大后成为对国家和人民有用的人。"②普通百姓都要这样做,领导干部更要做出示范。

宋代文教发达,家教非常注重节操和骨气培养。耳熟能详者,岳飞之母在其背上刺上"尽忠报国"四字,教他抗金保宋;范仲淹从小丧父,饱受寄人篱下之苦,在其母教育下涵养"先天下之忧而忧"的情怀;欧阳修之母画荻教子,教他长大做官要学其父为官持节;苏轼与苏辙之母,教他们读《范滂传》,鼓励他们学习东汉范滂为民整治贪官,宁死不屈。培养孩子做人的节操和骨气,就是帮助他们形成美好心灵,促使他们健康成长。

习近平总书记反复强调家庭教育要明确任务,"家庭教育涉及很多方面,但最重要的是品德教育,是如何做人的教育"③,"在家尽孝、为国尽忠是中华民族的优良传统"④。党员领导干部要忠诚于党和人民的事业,同时也要把这种忠诚纳入家庭家教家风建设,"引导亲属子女坚决听党话、跟党走"⑤。

2. 遵纪守法,过好"三关"

领导干部要管好自己,就是要遵纪守法。首先要明白:自己是为谁从政?人生

---

① 中共中央党史和文献研究院编:《习近平关于注重家庭家教家风建设论述摘编》,中央文献出版社,2021,第41页。
② 中共中央党史和文献研究院编:《习近平关于注重家庭家教家风建设论述摘编》,中央文献出版社,2021,第18页。
③ 中共中央党史和文献研究院编:《习近平关于注重家庭家教家风建设论述摘编》,中央文献出版社,2021,第18页。
④ 中共中央党史和文献研究院编:《习近平关于注重家庭家教家风建设论述摘编》,中央文献出版社,2021,第71页。
⑤ 中共中央党史和文献研究院编:《习近平关于注重家庭家教家风建设论述摘编》,中央文献出版社,2021,第40页。

价值追求到底是什么？有无崇高的政治理想？为党和人民从政与为个人家庭经商有什么本质区别？在步入从政之路前，是否坚定了理想信念？是否校准了人生价值坐标？是否有足够的政治定力、道德定力构筑起抵御腐败的思想防线？习近平总书记明确告诫领导干部："当官发财两条道，当官就不要发财，发财就不要当官。要始终严格要求自己，把好权力关、金钱关、美色关，做到清清白白做人、干干净净做事、坦坦荡荡为官。要加强对亲属和身边工作人员的教育和约束，要求他们守德、守纪、守法。"①

要把好"三关"，关键是节操修养。生活节操、伦理节操、为政节操，其本质都是"忠诚""责任"的体现。习近平总书记强调领导干部家庭教育要推进家庭伦理建设，"要积极传播中华民族传统美德，传递尊老爱幼、男女平等、夫妻和睦、勤俭持家、邻里团结的观念，倡导忠诚、责任、亲情、学习、公益的理念，推动人们在为家庭谋幸福、为他人送温暖、为社会作贡献的过程中提高精神境界、培育文明风尚"②。

习近平总书记要求："党员领导干部要把对党忠诚纳入家庭家教家风建设，引导亲属子女坚决听党话、跟党走。"要用政治思想教育引导家庭伦理建设，尤其是领导干部家庭，如果不能对党忠诚，不能诚实接受党和人民的监督，自己和家人就会在权力的庇护下胡作非为。

3. 为官从政，"四自四得"

廉洁自律是为官从政的底线。底线即红线，坚持底线思维，是做好家庭教育的最低要求。习近平总书记告诫领导干部："位高不能擅权，权重不能谋私。要坚持自重、自省、自警、自励，带头遵守廉洁自律各项规定，遵守中央关于领导干部工作和生活待遇等方面的规定。"③他还要求领导干部做到"心无妄思，足无妄走，人无妄交，物无妄受"④。

孟子曾经讲到"大丈夫"的人格修养：富贵不能淫，贫贱不能移，威武不能屈。习近平总书记要求"各级领导干部特别是高级干部要严格遵守党风廉政建设各项规

---

① 中共中央党史和文献研究院编：《习近平关于注重家庭家教家风建设论述摘编》，中央文献出版社，2021，第49页。
② 中共中央党史和文献研究院编：《习近平关于注重家庭家教家风建设论述摘编》，中央文献出版社，2021，第19页。
③ 中共中央党史和文献研究院编：《习近平关于注重家庭家教家风建设论述摘编》，中央文献出版社，2021，第48页。
④ 中共中央党史和文献研究院编：《习近平关于注重家庭家教家风建设论述摘编》，中央文献出版社，2021，第56页。

定，既要严于律己，努力做到守得住清贫、耐得住寂寞、抵得住诱惑、经得起考验，又要加强对亲属和身边工作人员的教育和约束"[1]。这里所说的"四得"，即"守得住清贫、耐得住寂寞、抵得住诱惑、经得起考验"，就是党的领导干部的人格修养，要以此修养带动家人和身边的工作人员。

4. 家庭教育，严字当头

家庭教育要严，对待家人必须约束有力。习近平总书记说："领导干部出问题，很多都与亲属和身边人有关联。有的是亲属配合做的，有的是被亲属拉着做的。所以说，严是爱，宽是害，铸成大错就后悔莫及了。"[2]

较之普通家庭，领导干部的亲属子女生活在权力辐射的环境之中，他们只要打着领导的旗号或者根本不用告诉谁，就会有人想方设法拉拢腐蚀他们，并非因为他们有什么过人的才华，而是通过他们可以在其家庭寻租到特殊权力。因此，领导干部要"对亲属子女严格教育、严格管理、严格监督，引导他们力戒特权思想和享乐思想，不行不义之举，不谋不义之财。对他们身上的错误言行，要不回避、不护短，及时提醒，坚决纠正，帮助他们明辨是非，自觉抵御不良风气的侵蚀"[3]。

领导干部享有的某些待遇，仅是因为职场工作需要，如果不能坚持原则，公私混淆，就会被家人和身边工作人员利用。习近平总书记指出各级领导干部"要加强对亲属和身边工作人员的教育和约束，决不允许以权谋私，决不允许搞特权"[4]。

改革开放后，有部分领导干部亲属子女经商，其中一些人间接利用领导干部的影响，甚至一些领导干部也直接给予某些帮助，去搞权钱交易。习近平总书记指出，一些失控的领导干部亲属子女，很容易变成像《西游记》中描写的来自神仙身边下界为非作歹的妖怪。他说："中央政治局的同志首先要把握住。我在这里跟大家语重心长嘱咐，要操这点心，家里那点事有时不经意可能就溜过去了，要留留神，防微杜渐，不要护犊子。干部子弟也要遵纪守法，不要以为是干部子弟就谁都奈何不了了，触犯了党纪国法都要处理，而且要从严处理，做给老百姓看。哪有动不了的

---

[1] 中共中央党史和文献研究院编：《习近平关于注重家庭家教家风建设论述摘编》，中央文献出版社，2021，第47页。

[2] 中共中央党史和文献研究院编：《习近平关于注重家庭家教家风建设论述摘编》，中央文献出版社，2021，第48—49页。

[3] 中共中央党史和文献研究院编：《习近平关于注重家庭家教家风建设论述摘编》，中央文献出版社，2021，第53页。

[4] 中共中央党史和文献研究院编：《习近平关于注重家庭家教家风建设论述摘编》，中央文献出版社，2021，第47页。

人？！"①

5. 慎微慎友，筑牢防线

领导干部要过好亲情关，对待亲友的各种困难与要求必须持谨小慎微的态度。在这一点上，习近平总书记指出要向老一辈革命家学习。"大家要严格要求亲友，过好家庭关、亲情关。对身边工作人员，也要严格教育管理，坚决防止打旗号、乱办事的情况发生。"②

习近平总书记告诉广大干部："新中国成立初期，毛主席给自己定下三条原则：念亲，但不为亲徇私；念旧，但不为旧谋利；济亲，但不以公济私。"③这三条原则正是领导干部应该遵循的亲友原则。刘少奇同志教育子女不能搞特殊化，要求身边工作人员不请客、不迎送，不准向地方提任何要求和接受任何礼物。他还对子女说："爸爸是人民的儿子。你们也一定要做人民的好儿女。永远跟着党，永远为人民。"④做人民的儿女，是一名真正共产党人的理想与追求，是洁己奉公的人民公仆本色。"周总理就讲过领导干部要过好亲属关的问题，强调不要造出一批少爷，不然对后代不好交代。"⑤

2013年，习近平总书记在《深化军委和全军作风建设》中指出："看不好身边人，将来可能就会被拖累，造成很大的影响。要按规定解决身边人员的职务和待遇问题，不能搞特殊。"⑥告诫领导干部管好身边工作人员，要像管好亲属子女一样。

2017年，习近平总书记在省部级主要领导干部专题研讨班讲话时指出，党的十八大以来，党中央制定和落实中央八项规定、反"四风"、反腐败，锲而不舍地抓作风建设和制度建设，都是在同特权现象作斗争。"领导干部不仅自己不要搞特权，而且要同形形色色的特权思想和特权现象作斗争，从身边人管起，从最近身的地方

---

① 中共中央党史和文献研究院编：《习近平关于注重家庭家教家风建设论述摘编》，中央文献出版社，2021，第54页。
② 中共中央党史和文献研究院编：《习近平关于注重家庭家教家风建设论述摘编》，中央文献出版社，2021，第56—57页。
③ 中共中央党史和文献研究院编：《习近平关于注重家庭家教家风建设论述摘编》，中央文献出版社，2021，第53页。
④ 中共中央党史和文献研究院编：《习近平关于注重家庭家教家风建设论述摘编》，中央文献出版社，2021，第39页。
⑤ 中共中央党史和文献研究院编：《习近平关于注重家庭家教家风建设论述摘编》，中央文献出版社，2021，第35页。
⑥ 中共中央党史和文献研究院编：《习近平关于注重家庭家教家风建设论述摘编》，中央文献出版社，2021，第48页。

构筑起预防和抵制特权的防护网。"①

2020年,习近平总书记在第十九届中央纪律检查委员会第四次全体会议上特别强调:"我在这里要特别提醒各级领导干部,要严防在自己身上出现'裙带腐败'、'衙内腐败'。"②

6. 弘扬传统,订立家规

中国历来注重家庭教育,流传至今的有许多经典著作。家教方面有诸葛亮的《诫子书》、颜之推的《颜氏家训》、司马光的《家范》、袁采的《袁氏世范》、陆游的《放翁家训》、焦循的《里堂家训》、朱柏庐的《治家格言》、袁黄的《了凡四训》、曾国藩的《曾文正公家训》,还有陈宏谋编撰的《养正遗规》等;官诫方面有马融的《忠经》、王文禄的《廉矩》、朱熹的《朱文公政训》、真德秀的《西山政训》、王守仁的《南赣乡约》、于成龙的《亲民官自省六戒》、熊弘备的《宝善堂居官格言》、陈宏谋编撰的《从政遗规》《训俗遗规》。凡此等等,都详尽地阐述了修身齐家的道理。

习近平总书记非常注重弘扬中华优秀传统文化,注重从经典中吸收治国理政的思想,从古训中选择生动而深刻的警句,向领导干部阐述注重家庭家教家风建设的道理。他说:"家庭不只是人们身体的住处,更是人们心灵的归宿。家风好,就能家道兴盛、和顺美满;家风差,难免殃及子孙、贻害社会,正所谓'积善之家,必有余庆;积不善之家,必有余殃'。诸葛亮诫子格言、颜氏家训、朱子家训等,都是在倡导一种家风。"③

在习近平总书记看来,搞好家庭建设,管好身边工作人员,必须树规立矩。"周恩来同志严格要求自己的亲属,给他们订立了'十条家规',从没有利用自己的权力为自己或亲朋好友谋过半点私利。"④"焦裕禄同志生活简朴、勤俭办事,总是吃苦在前、享受在后。他的衣、帽、鞋、袜都是拆洗多次,补了又补、缝了又缝。他严守党纪党规,从不利用手中权力为自己和亲属谋取好处。他亲自起草《干部十不准》,

---

① 中共中央党史和文献研究院编:《习近平关于注重家庭家教家风建设论述摘编》,中央文献出版社,2021,第57页。
② 中共中央党史和文献研究院编:《习近平关于注重家庭家教家风建设论述摘编》,中央文献出版社,2021,第58页。
③ 中共中央党史和文献研究院编:《习近平关于注重家庭家教家风建设论述摘编》,中央文献出版社,2021,第24页。
④ 中共中央党史和文献研究院编:《习近平关于注重家庭家教家风建设论述摘编》,中央文献出版社,2021,第37页。

对干部廉洁自律作出具体规定。"[1]

7. 敬畏私德，暗室无欺

中国古代儒家经典《礼记·表记》系统论述了官员表率百姓的特殊作用。称"仁者，天下之表也；义者，天下之制也；报者，天下之利也"。意思是说，仁是天下行为的表征，义是天下行为的准则，知恩图报是天下互惠的利益所在。又称"君子恭俭以求役仁，信让以求役礼"。意思是说，有德君子以恭敬、廉洁的德行追求仁政，以忠诚、谦让的态度遵循制度。这个"役"字，有强迫服从、坚守节操的意思。

习近平总书记说："中央政治局的同志必须修身律己，慎终如始，时刻自重自省自警自励，做到慎独慎初慎微慎友。"[2]领导干部要慎独慎微，努力做到"暗室无欺"。"元代的《景行录》中说：'坐密室如通衢，驭寸心如六马，可以免过。'意思是坐在密室中如置身大街上，驾驭小小的心如驾驭六匹马，就可以免除过错。"[3]

所谓"暗室无欺"，就是严私德。习近平总书记指出："严私德，就是要严格约束自己的操守和行为。所有党员、干部都要戒贪止欲、克己奉公，切实把人民赋予的权力用来造福于人民。"[4]

在习近平总书记看来，老一代的教诲和做法不能忘记。自觉接受监督，管好身边工作人员，是领导干部的重要责任。领导干部"必须管好亲属和身边工作人员，决不允许他们擅权干政、谋取私利，不得纵容他们影响政策制定和人事安排、干预正常工作运行，不得默许他们利用特殊身份谋取非法利益"[5]。

8. 亲近家人，远离庸俗

领导干部要注重家庭家教家风建设，必须牢固树立新时代的家庭观。爱家顾家，不是一句空话，而是要将工作之外的时间留在家里。习近平总书记说："对领导干部来说，除了工作需要以外，少出去应酬，多回家吃饭。省下点时间，多读点书，

---

[1] 中共中央党史和文献研究院编：《习近平关于注重家庭家教家风建设论述摘编》，中央文献出版社，2021，第31页。
[2] 中共中央党史和文献研究院编：《习近平关于注重家庭家教家风建设论述摘编》，中央文献出版社，2021，第41页。
[3] 中共中央党史和文献研究院编：《习近平关于注重家庭家教家风建设论述摘编》，中央文献出版社，2021，第57—58页。
[4] 中共中央党史和文献研究院编：《习近平关于注重家庭家教家风建设论述摘编》，中央文献出版社，2021，第38页。
[5] 中共中央党史和文献研究院编：《习近平关于注重家庭家教家风建设论述摘编》，中央文献出版社，2021，第50页。

多思考点问题。"①他是这样说的,也是这样做的。"只要有时间,我就同家人在一起。我爱好挺多,最大的爱好是读书,读书已成为我的一种生活方式。我也是体育爱好者,喜欢游泳、爬山等运动,年轻时喜欢足球和排球。"②

家是精神栖息的地方,也是远离庸俗、提升生活品质的地方。习近平总书记说,领导干部工作压力大,很累很辛苦,所以想舒舒服服的就不要当领导干部。但长期忙于工作,忽视家庭和陪伴家人,或者有空闲就忙于应酬,喝得醉醺醺的,也是不可取的。"即便有了一点空闲时间,陪伴家人、尽享亲情,清茶一杯、手捧一卷,操持雅好、神游物外、强身健体、锤炼意志,这样的安排才有品位。领导干部自觉追求健康的工作方式和生活方式,久久为功,庸俗的东西就近不了身。"③

9. 爱子以道,教以义方

关注家庭教育,必知教子方法。宋代司马光在《家范》中说:"为人母者,不患不慈,患于知爱而不知教也。古人有言曰:'慈母败子。'"明代才女徐媛《训子书》曰:"儿年几弱冠,懦怯无为,于世情毫不谙练,深为尔忧之。男子昂藏六尺于二仪间,不奋发雄飞而挺双翼,日淹岁月,逸居无教,与鸟兽何异?将来奈何为人?"古人深知爱子必有教,教必以义方。

习近平总书记说:"有什么样的家教,就有什么样的人。家庭教育涉及很多方面,但最重要的是品德教育,是如何做人的教育。也就是古人说的'爱子,教之以义方','爱之不以道,适所以害之也'。"④

家庭教育是一门学问。习近平总书记告诫领导干部,要时刻关注家庭中每个成员的言行,关注家风的微小变化,留意容易忽视的小问题,明确家风家教的目标,注意教育内容和方法。"家庭是孩子的第一个课堂,父母是孩子的第一个老师。家长要时时处处给孩子做榜样,用正确行动、正确思想、正确方法教育引导孩子。要善于从点滴小事中教会孩子欣赏真善美、远离假丑恶。要注意观察孩子的思想动态

---

① 中共中央党史和文献研究院编:《习近平关于注重家庭家教家风建设论述摘编》,中央文献出版社,2021,第29页。
② 中共中央党史和文献研究院编:《习近平关于注重家庭家教家风建设论述摘编》,中央文献出版社,2021,第30页。
③ 中共中央党史和文献研究院编:《习近平关于注重家庭家教家风建设论述摘编》,中央文献出版社,2021,第33页。
④ 中共中央党史和文献研究院编:《习近平关于注重家庭家教家风建设论述摘编》,中央文献出版社,2021,第18页。

和行为变化，随时做好教育引导工作。"①

10. 尊重母教，孝老爱亲

习近平总书记高度评价妇女的家庭教育地位。他指出："中国人一直赞美贤妻良母、相夫教子、勤俭持家，这些是中华民族传统优秀文化的重要组成部分。"②他对全国妇联领导班子提出要求："妇联要搞一些有社会影响力的品牌，如评选模范人物、贤妻良母、相夫教子、模范家庭的典型等，通过树立典型，引导全社会见贤思齐。"③

自古以来，中国母亲在家庭中的地位和作用是十分重要的。她们不仅生儿育女，管理全家人的生活，还要负责抚养和教育孩子。生于南北朝乱世的颜之推在《颜氏家训》中说，女性"如有聪明才智，识达古今，正当辅佐君子，助其不足"。母爱是人间最伟大的爱，中国古代的不少贤达，诸如孔子、孟子、欧阳修、范仲淹等人，自幼丧父，都是被母亲抚养成人，是母亲的教育为他们的人生奠定了基础。司马光在《家范》中说："妇者，家之所由盛衰也。"④大到一个家族，小到一个小户，当家主妇至关重要。

习近平总书记说："我们要强调发挥好妇女在社会上的作用，也要强调发挥好妇女在这些方面的作用。这也十分重要，关系到家庭和睦，关系到社会和谐，关系到下一代健康成长"⑤。他以自己的亲身体验肯定了母教对自己家国情怀培养的主导作用。"家长特别是父母对子女的影响很大，往往可以影响一个人的一生。中国古代流传下来的孟母三迁、岳母刺字、画荻教子讲的就是这样的故事。我从小就看我妈妈给我买的小人书《岳飞传》，有十几本，其中一本就是讲'岳母刺字'，精忠报国在我脑海中留下的印象很深。"⑥他殷切希望"广大妇女要自觉肩负起尊老爱幼、教育子女的责任，在家庭美德建设中发挥作用。作为母亲，应该把爱学习、爱劳动、

---

① 中共中央党史和文献研究院编：《习近平关于注重家庭家教家风建设论述摘编》，中央文献出版社，2021，第17—18页。
② 中共中央党史和文献研究院编：《习近平关于注重家庭家教家风建设论述摘编》，中央文献出版社，2021，第9页。
③ 中共中央党史和文献研究院编：《习近平关于注重家庭家教家风建设论述摘编》，中央文献出版社，2021，第64页。
④ 吕新吾：《闺范》（有序），载陈宏谋《五种遗规·教女遗规》，团结出版社，2019，第66页。
⑤ 中共中央党史和文献研究院编：《习近平关于注重家庭家教家风建设论述摘编》，中央文献出版社，2021，第9页。
⑥ 中共中央党史和文献研究院编：《习近平关于注重家庭家教家风建设论述摘编》，中央文献出版社，2021，第18页。

爱祖国的观念从小就传递给孩子，帮助他们形成美好心灵，促使他们健康成长，长大后成为对国家和人民有用的人"[1]。同时，他要求各级领导干部"要帮助妇女处理好家庭和工作的关系，做对社会有责任、对家庭有贡献的新时代女性。男性也不能当甩手掌柜，要同妻子分担养老育幼等家庭责任，共担家务劳动"[2]。

习近平总书记关于注重家庭家教家风建设的重要论述，系统地回答了当今中国为什么要注重家庭家教家风建设，为什么领导干部要带头注重家庭家教家风建设，为什么要把家风建设作为干部作风建设的重要内容，回答了当今家庭教育的文化特征、主要任务、内容和方法是什么以及如何做好家庭教育等问题。这些重要论述是对我国家庭教育、干部教育理论与政策思维的重大突破。

---

[1] 中共中央党史和文献研究院编：《习近平关于注重家庭家教家风建设论述摘编》，中央文献出版社，2021，第15页。
[2] 中共中央党史和文献研究院编：《习近平关于注重家庭家教家风建设论述摘编》，中央文献出版社，2021，第71页。

第二编

社会变迁与家庭伦理变革

第4章

李大钊"道德四问"与家庭伦理建设

> 中华民族历来重视家庭,形成了以家为本的家文化特色。家风建设是家庭建设的根本,其本质是家文化、家庭伦理建设。注重家风建设是当今我国家庭建设的核心问题,也是家庭教育的重点难点。家风建设也是党风、政风和社风建设的基础。五四运动时期李大钊提出的"道德四问",是中国共产党人最早阐述社会变迁与家庭伦理变革关系的观点,对于认识新时代家庭伦理建设基本理论问题具有重要的启示作用。

家庭的前途命运同国家和民族的前途命运紧密相连,这不仅体现在社会、政治、经济的历史嬗变中,而且体现在文化、精神、道德的代际交替中。我国已实现第一个百年奋斗目标,中华民族伟大复兴进入第二个百年,党的十九届六中全会审议通过了《中共中央关于党的百年奋斗重大成就和历史经验的决议》,为我国人民沿着中国式现代化新道路开创人类文明的新形态发出了动员令,中国道德建设正在迈向一个前所未有的新阶段。党的二十大提出弘扬中华传统美德,加强家庭家教家风建设。如何凸显家庭本位,焕发出中国传统家庭美德的生命力?如何变革家庭教育,构建适应新时代、新生活需要的新家风?这些均是必须回答的新课题。

一、历史转型期的文化自觉

每逢历史重大转折时期,以政治制度和道德重建为主题的文化革新思潮就会骤然兴起。知史明理,了解社会道德秩序重建与激发民族文化创新活力的历史经验对认识当今社会变革和社会主义精神文明建设的辩证关系，正确处理文化自觉与文化传承的内在逻辑，具有重要意义。

1840年，西方列强用坚船利炮轰开了中国的大门。为了摆脱列强横行的屈辱境地，不少有识之士提出要放眼看世界，学习西方科学技术。从"师夷长技以制夷"到"洋务运动"，一些爱国志士在中西文化的冲突、碰撞、融合中艰辛探索，力图彰显中华优秀传统文化的突出优势，把中华民族文化的根留住，以期中国文化复兴。

1911年，孙中山领导辛亥革命推翻了千年帝制，提出了"驱除鞑虏，恢复中华，创立民国，平均地权"的革命纲领，指引了中国政治文明向现代转型的方向。中华民国成立后，孙中山重视教育，任命蔡元培为教育总长。蔡元培主张废止"忠君、尊孔"的封建教育宗旨，提出以尚公、尚实精神推进军国民教育、实利教育，以道德教育为中心、以世界观教育为终极目的、以美育为桥梁的资产阶级民主主义的教育方针，中国传统文化在社会变迁中受到资产阶级革命思想的洗礼。但袁世凯窃取革命果实后，开起了历史倒车，大搞复辟活动。面对复辟逆流，是积极地面向世界文化革新潮流，向民主共和的新社会前进，还是消极地维护封建纲常礼教，回到封建帝制的旧社会，成为当时社会转型和道德建设必须回答的问题。

1915年，陈独秀创办《青年杂志》（后改名《新青年》），开始彻底批判旧礼教、旧思想、旧文化，拉开了新文化运动的序幕。

1917年，蔡元培在北京大学进行改革，邀请陈独秀任北大文科学长，同时延聘李大钊、胡适、钱玄同、刘半农等进步学者，北大和《新青年》遂成为新文化运动的主阵地。在推进"反传统、反孔教、反文言"的思想文化革新、文学革命后，新文化运动转入批判旧思想、提倡民主与科学、反对封建文化，形成了高潮迭起的科学和民主启蒙教育思潮。同年，俄国十月革命的胜利，点亮了中国先进知识分子的民族解放和民族复兴希望，新文化运动开始进入宣传十月革命、宣传马克思主义的新阶段。新文化运动的持续发展，引发了1919年的五四运动。五四运动是一场中国人民为拯救民族危亡、捍卫民族尊严、凝聚民族力量而掀起的伟大社会革命运动，孕育了以爱国、进步、民主、科学为主要内容的伟大五四精神。

在旧道德遭到猛烈抨击而新道德尚未建立之际，新旧道德和新旧文化之争成为新旧两派文化学者思想论战的焦点。当时有人认为，道德没有新旧之分，传统礼教不可动摇；还有人认为，第一次世界大战后，欧洲虽在物质上急于求新，但道德的复旧甚于开新。尽管社会变革大势无法阻挡，但"全盘西化"对我国而言肯定不可取。新旧文化论战归结起来，即旧道德、旧文化是否需要坚守？新道德、新文化又如何建设？新旧之争，意见纷呈，莫衷一是。

二、李大钊的"道德四问"

五四运动后，先进知识分子开始与工农相结合，促使无产阶级逐步登上政治舞台。李大钊以马克思主义理论为指导，揭示了新道德、新文化发展的时代性与发展性，撰写了《物质变动与道德变动》（1919年12月1日）一文，并发表在《新潮》第2卷第2号上。他在文中提出了著名的"道德四问"："第一问道德是甚么东西？第二问道德的内容是永久不变的，还是常常变化的？第三问道德有没有新旧？第四问道德与物质是怎样的关系？"[1]围绕上述问题，他用马克思主义基本观点和方法，论述了社会进步与新旧道德变革的关系，提出了自己的看法。

其一，他指出"道德是有动物的基础之社会的本能，与自己保存、种族繁殖、性欲母爱种种本能是一样的东西。这种本能是随着那种动物的生活的状态、生活的要求有所差异，断断不是什么神明的赏赐物"[2]。道德不是超自然、超物质、神明赐予的东西，而是"适应社会生活的要求之社会的本能"。人类社会的本能有多种，如为社会舍己利人的奉献，维护共同利益的勇气，对社会的忠诚，对全体意志的服从，顾恤毁誉褒贬的荣辱心以及遇到困难协力互助的精神等。人类依靠建立道德秩序推动社会进步，而随着人类文明的进步，道德也随之变革。

其二，道德是随着社会和人的生活需要而变动的。道德是精神现象的一种，精神现象是物质生产的反映。社会生产力发展是推动社会变革的根本动力，在改变社会男女分工的同时人伦道德也随之变革。在游猎时代，狩猎与战争是男子的专门事业，女子则以怀孕、哺育、养育子女为主要职责。进入大工业时代，女子在从事相宜职业的过程中逐渐提高了家庭地位。社会生产力越发展，道德变动就越大。"社会上风俗习惯的演成，也与那个社会那个时代的物质与经济有密切的关系。例如老人和妇女在社会上的地位，也因时因地而异，这也是因为经济的关系。"[3]社会生产和经济关系的变化，促进了妇女地位的提升，旧的家庭伦理体系随之变革。

---

[1] 李大钊：《物质变动与道德变动》，载华东师范大学教育系编《中国现代教育文选（修订版）》，人民教育出版社，1998，第227页。
[2] 李大钊：《物质变动与道德变动》，载华东师范大学教育系编《中国现代教育文选（修订版）》，人民教育出版社，1998，第242页。
[3] 李大钊：《物质变动与道德变动》，载华东师范大学教育系编《中国现代教育文选（修订版）》，人民教育出版社，1998，第236页。

其三，道德因时因地而常有变动，所以道德就有新旧问题发生。适应从前的生活和社会而发生的道德，在新社会、新生活中就失去了约束人们行为的作用与价值，变成了旧道德。新社会、新生活需要产生相应的新道德，这是社会本能的体现。新道德是新社会的必然产物，替代旧道德是社会发展的必然。当旧社会成为历史了，"一代圣贤的经训格言，断断不是万世不变的法则。什么圣道，什么王法，什么纲常，什么名教，都可以随着生活的变动、社会的要求，而有所变革，且是必然的变革"[1]。

其四，新道德与新物质的变动关系，取决于生活状态和社会要求的变化。社会发展有其自身规律，道德演进始终遵循着历史发展逻辑。物质与精神原是一体的，断无自相矛盾的道理。所谓物质的变动，就是物质生产方式和分配方式的变革。从人类社会发展史看，只有前进、开新，没有后退、反顾。物质若是开新，道德亦必跟着开新。道德的发展在总体上始终是在扬弃旧时代的东西中获得"重生""再兴"，没有复旧的道理。

李大钊的"道德四问"是对新道德建设的理性思考，反映了中国社会转型期重建新道德的客观要求，揭示了中国社会变迁与道德改造的一般规律。百年历史证明，道德"重生""再兴"是由现实社会和生活变革决定的，推动新道德建设，调整人与社会、人与生产方式和分配方式变革的道德行为，提升人民群众适应新社会新生活变革的文化品位，既是政治文明建设的基础，也是道德秩序建设的本旨。

三、弘扬家庭美德与坚持家风建设原则

道德文明是政治文明的基础。中国共产党的百年奋斗实践证明，中国的政治文明和政治制度建设必须深深扎根于中国社会的土壤中，照抄照搬别国的政治制度是行不通的。中国共产党在百年奋斗历程中着力唤醒中华民族的文化自觉，构建了中国共产党人的精神谱系，牢固地树立了"四个自信"，在未来的强国建设中，也必须更加"准确把握党的历史发展的主题主线、主流本质"，更加注重中华民族的精神建设。

党的十八大以来，以习近平同志为核心的党中央开创了中国特色社会主义事业新局面，开辟了马克思主义新境界。在中国文化自信显著增强的今天，全党全社会

---

[1] 李大钊：《物质变动与道德变动》，载华东师范大学教育系编《中国现代教育文选（修订版）》，人民教育出版社，1998，第242页。

注重家庭家教家风建设，既是文化强国建设的应有之义，也是中国特色社会主义政治文明和政治制度现代化的必然要求。

文化是一个民族的灵魂，道德是国家文化精神的根本。中国家文化是中华民族文化的基础，渗透在生活中，体现在家风上。经过百年奋斗，中国社会发生了翻天覆地的变化，无论是社会性质、政治制度、物质生产、意识形态，还是社会结构、家庭模式、生活方式、家庭道德，都已经奇迹般地实现了历史性跨越发展。中国传统文化的旧道德、旧礼教，早已被历史洗涤和淘汰。今天，坚持以社会主义核心价值观引领文化建设，持续深化群众性精神文明建设，大力培育时代新人，弘扬时代新风，关键是让人民群众不断增长的新文化需求得到更好满足，让每一个家庭都成为国家发展、民族进步、社会和谐的重要基点；关键是坚持以家为本的家风建设，让社会主义核心价值观贯穿于家庭生活教育全过程，推动形成有益于高质量小康社会建设的好家风。

家庭文化的主要表现形式是家风。经过五千年的文明积淀，我国形成了爱国爱家、亲情至上、相亲相爱、夫妻和睦、优生优育、尊老爱幼、妻贤夫安、母慈子孝、兄友弟恭、耕读传家、勤俭持家、尊师重教、遵纪守法、邻里守望、诚信重义、家和万事兴等优秀传统家风。这些作为中华民族重要的文化基因和独特的精神标识，深植于中国人的心灵，融入中国人的血脉，是支撑中华民族生生不息、薪火相传的重要精神力量，是家庭文明建设的宝贵精神财富。社会在发展，道德内容在变化，家风亦在改变。在新时代如何继承和弘扬中华优秀传统家风，是家庭教育的理论问题，也是家风建设的实践问题。

早在1936年，著名教育家陶行知在推行生活教育时指出，教育是有目的、有计划的文化改造。"有计划的生活便是有计划的教育；没有计划的生活，就是没有计划的教育。"[①] 中国人要过现代社会的生活，就必须接受现代生活的教育。现代生活教育是什么？是基于生活的、行动的、大众的、前进的、世界的、有历史联系的教育。由此他主张"生活即教育"。所谓生活教育，"是供给人生需要的教育"，是"要从生活的斗争里钻出真理来"的教育。陶行知指出，中国遗留下来的旧文化、外来的各种文化，以及推销外国文化的买办，都是与"生活即教育"的主张相冲突的。中国有几千年的历史文化，既不可全面肯定，也不能全面否定。"我们必须把历史的教训，和个人或集团的生活联系起来。历史教训必须通过现生活，从现生活

---

① 陶行知：《中国教育改造》，安徽人民出版社，2019，第136页。

中滤下来，才有指导生活的作用。"①这就是说，继承和弘扬中国传统文化，必须将它融入现代生活中，经过现代生活的实践检验、过滤后仍值得弘扬的东西，就纳入生活教育，否则，就应该抛弃。当时，面对日军侵占东三省、全面侵华战争一触即发的严峻形势，陶行知严肃地告诫人们："中国已经到了生死关头，争取大众解放的生活教育，自有它应负的历史的使命。"②他提出要凸显中国文化建设的历史使命，即把"争取中华民族的解放""争取大众解放的生活教育"落实在生活教育实践中，以此培育爱国爱家的家国情怀，形成强大的中华民族精神力量。这是他提出的生活教育的任务，也揭示了继承和弘扬传统家庭美德应持有的爱国主义立场。

陶行知的生活教育理论和实践，凸显国家和民族精神培育，注重道德建设与现实生活实际需要的紧密结合，其实是对家国一体文化传统的继承和弘扬，对我们今天的家风建设具有重要的启示意义。

家风是一个家庭文化的灵魂，一个家庭（家族）的精神内核，是调整、维系家庭成员之间情感关系和利益关系的道德行为规范，是一个家族世代传承的精神积淀和人生修为基准，不仅对子孙后代立身处世、言谈举止有直接影响，而且对涵育国家公民的家国情怀意义重大。从国家和民族前途命运的政治站位要求家风建设，将大德、公德和私德糅合为一体，落实在家庭生活的教育中，是中国家文化的本质体现，也是中国家风建设的基本做法。

四、伦理建设与家风建设的新课题

家风形成于父母言传身教、身体力行的榜样示范，形成于长辈对晚辈耳濡目染、潜移默化的教导。有什么样的家风，就有什么样的家教；有什么样的家教，就有什么样的人。家风不仅对家庭、家教建设有直接影响，而且还是社会风气的重要组成部分，它们相互联系、相互作用，家风正则民风淳、政风清、党风端。习近平总书记强调，领导干部的家风，不是个人小事、家庭私事，而是领导干部作风的重要表现。实践证明，良好的家风既是砥砺品行、"过好三关"的"磨刀石"，也是反腐倡廉、抵御"四风"的"防火墙"。

我国传统家庭人伦道德体系已经在现代社会政治制度、物质生产和生产关系、

---

① 陶行知：《中国教育改造》，安徽人民出版社，2019，第182页。
② 陶行知：《中国教育改造》，安徽人民出版社，2019，第182页。

家庭结构和生活模式的系列变革中发生了转变，数千年的传统农业国已经发展为全世界第二大经济体，由"中国制造"打造的经济实力，不仅提升了我国的综合国力，而且还对我国深度融合并推动全球经济发展产生着深远影响。我国现代科学技术的发展进步以及网络化和大数据的广泛应用，学校教育的快速发展，城市化进程的不断推进，社会医疗、养老保育政策的不断完善，促进我国家庭的部分生活功能、教育功能、文化功能向社会溢出。当前，我国传统大家庭逐渐消失，家庭规模小型化、角色关系简单化，个体社会价值凸显，家庭亲情关系淡化，家长影响力趋于弱化，家风建设遇到了新课题。

其一，父母对家风建设的影响不复从前。传统的家风建设以亲情至上为根本，主要是依托大家庭成员共同居家生活进行的，教育方式主要是"前喻"与"互喻"，即父母对子女、长辈对晚辈和家庭成员之间面对面施加影响。在家庭亲情赋能下，教育效果是明显的。如今社会以核心家庭为主，且不断衍生出单亲家庭、丁克家庭、重组家庭、留守家庭（农村留守、国内留守）、特殊家庭等，亲子教育难是普遍问题。此外，尊重孩子的隐私权是现代家庭教育的基本原则，但这也可能导致一些家长对未成年子女的了解停留在表面，缺乏对子女心理健康问题的关注。父母对子女的影响减弱，是当今家风建设主导性缺失的重要原因。

其二，子女"孝亲"无力。核心家庭取代传统大家庭后，子女求学、就业、创业、晋升等都靠自己拼搏，受时间、精力、能力、条件局限，即使有心躬行孝道，也自顾不暇，力不从心。此外，社会养老事业的发展，老人社会福利的不断提高，减轻了子女照顾父母的负担，子女对父母的"孝顺"逐渐被"尊重"替代。在此情境下，家风传承、家规家训都很难落实到子女的实际行动中。

其三，传统婚育观念发生改变。社会经济发展迅猛，结婚和生育成本增加，年轻一代婚育观念也正在发生改变。延迟婚育、不婚不育，成为我国生育水平下行的主要因素。

正视社会变革对家庭伦理的多重影响，在强化政府责任、社会责任、法律意识的基础上，构建一种尊重个体社会价值与加强家庭功能现代化建设相融合的家风，对完善新时代家庭伦理体系、促进婚姻家庭稳定具有重要意义。

我国古代就十分重视家庭伦理建设，如宋代苏轼秉持"家乃国本"的政治理念，强调人民安居乐业与注重风俗教化并行。他指出社会风气不正，则恶俗无良政。"富贵之所移，货利之所眩，故其不知有恭俭廉退之风。以书数为终身之能，以府史贱吏为乡党之荣，故其民不知有儒学讲习之贤。夫是以狱讼繁滋而奸不可止，为治者益以苟且,而不暇及于教化,四方观之,使风俗日以薄恶,未始不由此也。"[①] 风俗的好坏,均与教化行与不行相关。崇尚拜金奢靡,寡知恭俭廉耻,读书人炫耀学问,乡党以府史贱吏为荣,是道德价值观扭曲的表现。因此,必须"正民心、知廉耻、尚节俭、息狱讼",从根本上治理社会道德秩序。纯化家风是国家政治建设的基础。苏轼认为,"今欲教民和亲,则其道必始于宗族","欲民之爱其身,则莫若使其父子亲、兄弟和、妻子相好。夫民仰以事父母,旁以睦兄弟,而俯以恤妻子。则其所赖于生者重,而不忍以其身轻犯法"[②]。治理社会风气,必须在加强伦理建设上着力。

今天,我们要推进家风建设,必须正确处理个人和家庭、小家和大家、小我和大我的关系,有效发挥家庭的生活功能、教化功能和社会功能对涵养社会公德、家庭美德、个人品德、职业道德的作用。只有推动每一个家庭成员在为家庭谋幸福、为他人送温暖、为社会做贡献的过程中提高精神境界、培育文明风尚,才能以良好家风带动党风、政风,引领社风、民风。

---

① 苏轼:《策别课百官四》,载《苏东坡全集 3》,北京燕山出版社,2009,第 1423 页。
② 苏轼:《策别安万民二》,载《苏东坡全集 3》,北京燕山出版社,2009,第 1431 页。

第5章

百年文化变迁与家庭教育变革

> 五四运动以后，由马克思主义指导和中国共产党领导的新文化运动，成为新民主主义革命的重要组成部分。经过百年奋斗，中国共产党不仅扬弃了旧文化、旧礼教，荡涤一切反动文化的遗毒，建立了民族的、科学的、大众的新民主主义新文化，而且推动了新中国道德文化建设，取得了历史性进步，建立了以社会主义核心价值观为引领的道德体系。党的十八大以来，弘扬中华优秀传统文化与注重家庭教育的浪潮推动着家文化建设不断深入和发展。

从1921年中国共产党成立开始，党领导人民在百年奋斗中书写了中华民族伟大复兴历史上最恢宏壮丽的史诗。在这伟大的历史进程中，百年文化变迁与家文化建设取得了伟大成就，积淀了丰厚的历史经验。

一、民族复兴，新民主主义革命时期的主题

文化是教育的基础，道德是文化的核心。一个时代有什么样的文化形态就有什么样的教育形态，一个国家有什么样的道德价值体系就有什么样的教育目标。文化形态变革直接影响德育变革，而德育变革又反作用于文化形态变革和人的价值追求。五四运动恰恰体现了这一点。

五四运动揭开了新民主主义文化革命的序幕。这是一场以先进青年知识分子为先锋、广大人民群众参加的彻底反帝反封建的伟大爱国革命运动，锋芒直击封建社

会旧礼教、旧道德，凸显了科学、民主精神，为建设新文化、新道德开辟了正确方向，为马克思列宁主义在中国的传播和中国共产党的创立扫清了思想障碍。

中国共产党成立后，义无反顾地肩负起实现中华民族伟大复兴的历史重任。从此，新民主主义革命有了坚强的领导核心。为了民族独立、人民解放，中国共产党坚持以马克思列宁主义为指导，围绕政治革命与文化建设双重任务，明确提出"民族的、科学的、大众的"新文化教育和新道德改造方针。通过广泛深入开展马克思主义教育和阶级斗争，组织、动员亿万劳苦大众浴血奋战，赢得了抗日战争、解放战争的伟大胜利，推翻了帝国主义、封建主义、官僚资本主义"三座大山"，完成了新民主主义革命，成立了中华人民共和国。

新民主主义革命既是一场深刻的政治革命和社会革命，也是一场彻底的反帝反封建的文化革命。它推动中国文化建设彻底扬弃封建礼教，由被动接受转向积极抵制西方文化侵略。新民主主义革命对中国传统文化的改造是全面而深刻的，取得了伟大的成就。

第一，推翻了几千年的宗法制度。新民主主义革命彻底抛弃了以"三纲五常"为核心价值的旧礼教、旧道德、旧风俗、旧习惯。实行一夫一妻制，婚姻观念、家庭观念、家庭伦理、社会道德都发生了根本性变化；人民当家作主，人民的主体地位、个体的社会价值得到彰显；男女平等，尊重妇女与儿童，尊重每个公民的合法生存权利与政治权利。

第二，收回了中国教育主权。鸦片战争以后，帝国主义以宗教组织为主体在华兴办了各种学校，在伪善面目的掩盖下实行文化侵略。在日本侵华时期，日本军国主义还在我国沦陷区大搞奴化教育。中华人民共和国成立后，我国政府收回了教育主权，坚决肃清一切买办的、法西斯主义的思想和文化遗毒，把加强民族文化自信作为文化建设和道德教育的永恒主题。

第三，建立了以人民为中心的新教育。中国共产党建立革命根据地以后，毛泽东提出了苏维埃文化教育的总方针："在于以共产主义的精神来教育广大的劳苦民众，在于使文化教育为革命战争与阶级斗争服务，在于使教育与劳动联系起来。"在这一方针指引下，为满足革命需要，根据地的教育对象首次由少数人转向广大工农大众，根据地和解放区的各种干部教育、群众教育、士兵教育、扫盲教育蓬勃开展起来。革命根据地的教育经验为新中国教育制度创立提供了重要的借鉴意义。

第四，推进了汉文字改革。1917年至1919年间，为促进教育平民化、生活化，陈独秀积极倡导白话文运动，反对文言文，主张用通俗语言编写课本，在全国推广普通话教学，开启了现代白话文教育的新风。1922年，所有的文言文旧教材一律废止，大中小学教科书均采用白话文教学。同时，陈独秀和胡适等人为现代汉语制定了一整套标点符号，首开中国文字改革先河。白话文运动推动了中国文化变革，也为古典教育向现代教育转型创造了必要条件。在革命根据地，徐特立、吴玉章等人坚持以白话文为基础，大力推进文字改革，促进教育人民化。新中国成立后，文字简化改革和推广普通话的工作也始终没有停止前进的步伐。

第五，形成了以中国共产党人精神谱系为核心的新道德体系。在长期革命斗争中，中国共产党人形成了坚持真理、坚守理想、践行初心、担当使命、不怕牺牲、英勇斗争、对党忠诚、不负人民的伟大精神。邓小平同志曾将革命战争形成的革命精神概括为：革命和拼命精神，严守纪律和自我牺牲精神，大公无私和先人后己精神，压倒一切敌人、压倒一切困难的精神，坚持革命乐观主义、排除万难去争取胜利的精神。这些精神具有不可战胜的力量，为新中国改造旧道德、提倡新道德，弘扬爱国主义文化传统提供了重要的文化滋养。

二、革故鼎新，社会主义革命和建设时期的文化建设

早在延安时期，毛泽东同志就曾指出："我们共产党人，多年以来，不但为中国的政治革命和经济革命而奋斗，而且为中国的文化革命而奋斗；一切这些的目的，在于建设一个中华民族的新社会和新国家。"[①]

1949年9月，中国人民政治协商会议通过了具有临时宪法性质的《中国人民政治协商会议共同纲领》，明确了由新民主主义向社会主义过渡的文化教育方针："中华人民共和国的文化教育为新民主主义的，即民族的、科学的、大众的文化教育。人民政府的文化教育工作，应以提高人民文化水平，培养国家建设人才，肃清封建的、买办的、法西斯主义的思想，发展为人民服务的思想为主要任务。"

在这一方针的指导下，改造旧教育、旧文化，彰显民族性、人民性、科学性，成为新中国文化建设的主要任务。1950年7月，中央人民政府政务院根据《教育部关于实施高等学校课程改革的决定》，建议由教育部领导成立高等学校教材编审委员会，推进高等教育课程改革。1951年10月，政务院颁布了《关于改革学制的决定》。

---

① 毛泽东：《毛泽东选集（第二卷）》，人民出版社，1991，第663页。

1952年3月，教育部颁布了《中学暂行规程（草案）》《小学暂行规程（草案）》《幼儿园暂行规程（草案）》。通过课程与教学政策的调整，大中小学的课程教学体系基本建立。学校德育蕴于课程之中，是这一过渡时期的主要特征。

1953年，教育事业被正式纳入发展国民经济的第一个五年计划。1957年，社会主义制度基本建立，毛泽东主席特别强调第二个五年计划要把培养又红又专的专业人才作为重点，提出"我们的教育方针，应该使受教育者在德育、智育、体育几方面都得到发展，成为有社会主义觉悟的有文化的劳动者"。在教育方针中特别提出"社会主义觉悟"，这是"社会主义核心价值观"的原初性表述。

1958年9月，中共中央、国务院发布了《关于教育工作的指示》，明确提出："教育为无产阶级的政治服务，教育与生产劳动相结合。为了实现这个方针，教育工作必须由党来领导。"加强党对教育事业的全面领导，加强思想政治教育制度建设，为德育变革提供了制度保障，形成了社会主义教育的根本原则。

"文化大革命"期间，我国文化教育事业遭到严重破坏。传统文化被清出德育体系，造成了中国传统文化与学校德育的断崖式割裂。

纵观革命和建设时期的文化建设，取得了五个历史性成就。

第一，毛泽东思想成为指导中华民族文化建设的活的灵魂。毛泽东思想是马克思列宁主义在中国的创造性运用和发展，是马克思主义中国化的第一次历史性飞跃。毛泽东思想不仅为党和人民的事业发展提供了科学指引，而且作为社会主义政治思想教育的重要内容，对于培养党的伟大事业的接班人具有不可替代的作用。

第二，"五爱"公德成为学校德育的基本内容。《中国人民政治协商会议共同纲领》规定："提倡爱祖国、爱人民、爱劳动、爱科学、爱护公共财物为中华人民共和国全体国民的公德。"1982年颁布的《中华人民共和国宪法》仍坚持以"五爱"为社会主义公德，仅将"爱护公共财物"改为"爱社会主义"。爱祖国、爱人民、爱劳动是中国人民的传统美德，爱科学是现代公民的素养，爱社会主义则反映了中国社会制度变革对加强新道德体系建设的本质要求，是立德树人的根本。

第三，人的发展与个体社会价值得到凸显。人的发展是指所有人的发展，每个人都享有受教育成为高素质的国家公民的权利，个体的社会性和社会价值得到法律保障。随着生产资料所有制改造的完成，家庭性质和家庭伦理关系发生了深刻变革。传统文化中的孝道、婚姻观念、家庭观念、伦理观念都得到革命性改造，个体社会价值得到彰显，人格平等替代了传统家庭伦理下的盲从，这是对传统"私德"的重大变革，促进个体社会化成为德育变革的新任务、新亮点。

第四，自力更生、艰苦奋斗、大公无私、助人为乐成为社会公德。新中国成立后，为改变"一穷二白"的面貌，中国共产党领导全国人民攻坚克难，实现了社会主义革命和建设在诸多领域的重大突破。以爱国主义教育为主导的德育实践，涵育了大公无私、廉洁奉公的精神，营造了风清气正、助人为乐的好风气，涌现出雷锋、焦裕禄、王进喜等模范人物，公民道德水平普遍提高。

第五，中国共产党人的精神谱系发扬光大。在新中国成立后，中国共产党人以马克思主义、毛泽东思想为指导，继承优秀革命传统，弘扬爱党爱国精神，全面推进社会主义建设，亿万人民团结奋斗，形成了抗美援朝精神、"两弹一星"精神、雷锋精神、焦裕禄精神、大庆精神、红旗渠精神、北大荒精神等伟大精神，开拓了社会主义文明建设的新领域、新境界，丰富了学校德育内容。

三、改革开放，教育现代化建设全面启动

1978年，党的十一届三中全会果断结束"以阶级斗争为纲"的政治路线，实现了党和国家工作中心的战略转移，开启了改革开放和社会主义现代化建设新时期，实现了新中国成立以来党的历史上一次具有深远意义的伟大转折。

我国从农村实行家庭联产承包责任制率先突破，逐步转向城市经济体制改革并全面铺开，最终实现了社会主义市场经济体制改革目标。在推进经济体制改革的同时，政治、文化、社会等各领域体制改革不断跟进，促进了我国社会结构、城乡结构、家庭结构和生产与生活方式的深刻变革，推动了社会主义精神文明和社会道德体系建设迈进新阶段。

改革开放之初，邓小平同志科学继承和发展了毛泽东思想，为全党全社会营造了尊重知识、尊重人才的氛围，恢复了尊师重教传统，落实了知识分子政策，确立了教育优先发展的战略地位。他提出"教育要面向现代化，面向世界，面向未来"，开创了教育体制改革和教育开放的新局面，为党的教育事业发展奠定了重要的思想基础。

随着社会、经济、文化的全面进步，农业社会向工业社会转型，农村人口在城镇化过程中不断缩减，文化传统在社会急剧变革中发生了重大变化。

1999年，中共中央、国务院颁布的《关于深化教育改革全面推进素质教育的决定》引领了中国教育改革的核心理念和实践追求，推动了育人模式的重大变革，各级各类教育的教材与课程建设成为落实素质教育目标与任务的重点。2010年通过的《国

家中长期教育改革和发展规划纲要（2010—2020年）》提出了以基本实现教育现代化为目标的改革规划，推动我国教育发展模式和价值体系发生了三大转变：培养创新人才，成为深化教育体制改革的重点；全面提高办学质量和效益，成为教育创新发展的主题；坚持教育公平，推动教育的国计民生属性凸显。

改革开放推动了学校教育空前发展，取得了多方面成就。第一，坚持党的领导，加强理想信念教育，确立了学校德育价值追求的正确方向。第二，公民道德教育与学校道德教育逐渐走向融合。中国特色社会主义民主政治和政治文明成为学校德育内容，科学素养纳入公民素养体系，爱科学不仅是社会公德的基本要求，而且是改进学校德育、培养学生创新精神的新任务。第三，爱国主义精神培养成为德育的重点。改革开放以来，党中央、国务院高度重视爱国主义教育，出台了一系列政策措施，爱国主义教育成为适应时代变迁和文化建设的客观需要。随着中国经济社会快速发展和中国国际地位的快速提升，爱国主义教育内涵不断丰富，促进了爱国、爱党、爱社会主义的有机统一。第四，探索了城镇化、市场化以及新技术应用背景下的中国文化发展道路，推动了学校德育课程改革和育人模式变革。

改革开放前三十年，党中央领导全国人民为从根本上解决温饱问题，大力推进经济体制改革，推动经济社会发生了翻天覆地的变化，中国人民实现了由"站起来"到"富起来"的历史性跨越发展。但在这种快速发展的过程中，曾出现过注重物质财富而轻视精神财富、注重社会变革而忽视家庭变革、注重学校教育而忽视家庭教育等问题。针对这些问题，党中央采取了一系列改革政策，促进社会主义精神文明建设与经济社会进步协调发展。随着改革开放不断深入，城镇化、信息化、市场化、全球化进程不断加快，我国家庭结构、家庭伦理、婚姻观念以及人口政策、生育政策都发生了深刻变化。

四、强国建设，中国文化复兴进入新时代

党的十八大以来，以习近平同志为核心的党中央为了实现中华民族伟大复兴的宏伟目标，开启了中国特色社会主义强国建设的新时代。我国社会主要矛盾发生重大变化，解决人民日益增长的美好生活需要和不平衡不充分的发展之间的矛盾，推动全体人民物质与精神共同富裕，已成为社会进步和文化建设的时代主题。为此，党中央提出加强党的思想理论建设，加强党的全面领导，增强"四个意识"、坚定"四个自信"、做到"两个维护"，以社会主义核心价值观凝聚人心，为实现中华民族

伟大复兴提供了根本保证。

中国是世界人文历史最悠久、内涵最丰富、文明始终赓续不绝的国度。随着物质财富的快速增长，改变落后的生活方式和提高精神生活品质，成为新时代加强文化建设的本质要求。牢固树立中华民族文化自信，注重弘扬中华优秀传统文化、革命文化、社会主义先进文化、中国共产党人精神谱系，涵养青少年的家国情怀，推动中国文化整体创新，成为新时代中国教育责无旁贷的历史使命。

教育是传承、弘扬、发展、创新文化的基础，文化强国必须以教育强国为依托。党的十八大以来，为了培养担当民族复兴大任的时代新人，开创新时代教育强国新局面，习近平总书记站在新的历史起点上，对筑牢立德树人文化基础，继承弘扬中华优秀传统文化，筑牢中华民族文化自信；对加强社会主义核心价值观和爱国主义教育，弘扬中华民族传统美德和中国共产党人优秀品德；对坚持德智体美劳"五育"并举，促进教育面向高素质创新人才培养需要，深化教育质量综合评价改革；对注重家庭家教家风建设，促进教育生态系统建设等，发表了一系列重要论述，为我国教育事业创新发展提供了根本遵循。党的十九届五中全会明确提出"建设高质量教育体系"，对新时代德育改革提出了新任务、新课题。

进入新时代，中国国际地位和影响力快速提升，推动世界政治格局发生了重大变化。中华民族的文化创新意识觉醒，中华优秀传统文化教育得到了前所未有的重视，德育变革实践迈出了坚定步伐。

第一，改变传统德育模式，注重家庭家教家风建设，从加强家庭伦理建设入手，让文化建设与家庭生活紧密结合。

习近平总书记指出："文化自信是一个国家、一个民族发展中最基本、最深沉、最持久的力量。向上向善的文化是一个国家、一个民族休戚与共、血脉相连的重要纽带。中国人历来抱有家国情怀，崇尚天下为公、克己奉公，信奉天下兴亡、匹夫有责，强调和衷共济、风雨同舟，倡导守望相助、尊老爱幼，讲求自由和自律统一、权利和责任统一。"[①] 党的十八大以来，习近平总书记站在家庭的前途命运同国家和民族的前途命运紧密相连的高度，根据我国家庭结构和生活方式的深刻变化，反复强调注重家庭、注重家教、注重家风，重视家庭文明建设，努力使千千万万个家庭成为国家发展、民族进步、社会和谐的重要基点，推动我国家庭教育事业发展上升

---

① 中共中央党史和文献研究院编：《习近平关于注重家庭家教家风建设论述摘编》，中央文献出版社，2021，第72页。

为国家战略。

自古以来，中国人以家为本，中国人的信仰源自历史悠久的家文化，以家为本是中国家庭伦理的文化特征，也是中华民族文化的根基。中国家文化具有强大的务实性、基础性、开拓性和向上向善的特质，是中华优秀传统文化的重要组成部分，是民族文化自信的牢固基础。坚持守正创新，激活中国家文化自身的原创力，就必须扎根中国大地办教育，必须立足家庭伦理道德建设。新时代德育变革必须体现中华优秀传统文化的家国一体、情理合一、向善向上的特质。弘扬中华优秀传统文化，完善社会道德秩序，推动形成爱国爱家、相亲相爱、向上向善、共建共享的社会主义家庭文明新风尚，是高质量教育体系建设的需要，为新时代立德树人开辟了家庭教育新领域。

第二，注重家庭家教家风建设，健全学校家庭社会协同育人机制，德育变革的主体呈现出多元化、社会化趋势。

将家庭教育提升到国家战略层面，健全学校家庭社会协同育人机制，是针对家庭和生活方式变化的新问题、新需求的教育体制的重大变革。将中华优秀传统文化根植于家庭家教家风建设，对于筑牢立德树人的文化根基，促进家庭幸福、社会和谐、伦理建设和社会风俗改良，都具有不可替代的作用。

2021年，中国家庭教育事业发展进入前所未有的新阶段。《习近平关于注重家庭家教家风建设论述摘编》正式出版发行，颁布实施《关于进一步加强家庭家教家风建设的实施意见》《中华人民共和国家庭教育促进法》等，以上这些都表明以家为本的文化建设与扎根中国大地办教育的教育建设高度融合。筑牢中国文化自信，培养具有中华优秀传统文化底蕴的时代新人，成为学校、家庭、社会协同育人的共同任务。

人生发展的起点在家庭，父母是孩子的第一任老师，要对孩子的身心健康成长负责。家庭教育是人生发展的基础，家庭教育事业发展承载着党和国家赋予的历史使命。今天，要培养担当民族复兴大任的时代新人，政府、家庭、学校和社会都有责任。德育主体多元化、社会化趋势不可逆转。

第三，扩大人文开放，推动文化整体创新，已经成为新时代中华民族文化复兴和德育变革的重大课题。

长期以来，我国社会二元结构的矛盾造成了城乡差别，城镇化成为解决这一矛盾的根本途径。改革开放特别是党的十八大以来，我国城镇化进程不断加快，城乡人口比例已经发生了根本性改变，城市居住人口远超出农村居住人口。社会变迁改变了新生代的家庭观念，重塑了家庭关系与家庭功能，亲子和夫妻之间的权利格局不断变化，代际文化和传统价值观的传递逐渐减弱。

此外，互联网和现代科技革命正在猛烈冲击着传统家庭生产生活模式，网络信息技术也在广泛地渗透到家庭的人际交往、习惯养成和文化传承中，潜移默化地改变着家庭成员之间的交往和互助方式，传统家庭的抚育、教育、赡养老人以及家务劳作等功能向社会溢出。牢固树立正确的家庭、婚姻与生育观念，促进人口增长，创建家庭文化生态，增强家庭凝聚力，培育和弘扬社会主义核心价值观，推动形成爱国爱家、向上向善、相亲相爱、共建共享的社会主义家庭文明新风尚，已经成为家庭伦理建设的新课题。注重家庭家教家风建设，推动中华优秀传统文化走向生活化、人性化、伦理化，加强家庭、学校、社会育人环境的有机融合，推动文化整体创新，已经是中华民族文化复兴和德育变革的必然要求。

纵观当今世界，中华民族伟大复兴是不可阻挡的必然趋势。中华优秀传统文化不仅给中国人民提供了丰厚的精神滋养，也是中国文化崛起的强大底气。

展望未来，中华优秀传统文化教育必将为学校德育变革开拓新境界，也必将在德育变革中推进创新发展，焕发出更加强大的生命力。

第三编

家庭教育变革的文化使命

第6章

家文化变革与伦理建设

> 家文化是中华优秀传统文化中最活跃、最本源也是最有生命力的文化，体现了儒家学说的伦理思想，反映了中国农业文明的基本特征，推动了中华民族家庭道德理论的形成。我国古代经历了三次重大的社会变迁和家庭伦理规范重建，促进了家文化在变革中不断创新。近百年来，我国社会变迁推动伦理道德体系历史性改造。党的十八大以来，"注重家庭家教家风建设"上升到文化、教育强国的重要战略地位，提出了新时代加强家庭伦理建设的重大课题。

家庭是社会的基本细胞，是以婚姻和血缘关系为纽带自然形成的生命共同体。家庭存在于社会中，社会变迁影响家庭结构、家庭文化、家庭伦理变革。我国家庭经历了漫长的历史演变，积淀了丰厚的家庭教育资源，形成了特有的中国家文化传统。社会进步与发展，对家文化产生直接影响，而家文化变革又推动家庭伦理建设。家庭伦理建设与家庭家教家风建设相互作用，不同时代都有不同的主题和文化使命。

一、中华姓氏孕育家庭文明

姓和氏原是分开的。姓，首先是族号的简称，是代表整个氏族部落的共同血缘、血统关系的种族称号。氏是姓的分支，用以区别出自同一姓的氏族部落的后代子孙。姓和氏又随着社会发展变化而合为一体。在漫长的历史发展过程中，姓氏是识别族源的主要标识。

中华姓氏文化是传统文化中具有强大生命力、凝聚力、感召力的人文情结，是中华优秀传统文化的重要组成部分。中华姓氏是一种特有的家文化，反映了中华民族对生命本源的崇拜和亲子血缘关系的敬畏，对于凝聚、发展成牢不可破的中华民族精神作用重大。

据考证，姓是母系氏族制度的代表性产物。"姓"字从女旁，本义为"生"。《说文解字》认为："姓，人所生也……从女从生，生亦声。"原始社会氏族是人类社会最初的基本社会组织形式，也是自然形成的血缘组织。母系氏族产生于原始社会人类由原始群转化为氏族组织的初期。在母系氏族制度下，子女属于母方氏族成员，氏系按母方计算。最早的古姓几乎都从女字偏旁，如姬、姜、姒、姚、妘、妊、姞、妫等。

中国古代从氏族发展到家庭是在漫长的婚姻制度演变过程中完成的。随着历史发展，母系氏族被父系氏族所取代。而父系制取代母系制，首先是通过婚姻制度的变革逐步实现的。在母系氏族繁荣时期，婚姻形态已由群婚转化为对偶婚，男子主动到女方家过婚配生活，称为"从妻居"。母系社会晚期，抢婚与交换婚并存。到了男权至上时代，"从妻居"变成"从夫居"，私有制和家庭开始出现并催生了新氏族。

新氏族诞生后仍纳入旧氏族体系。旧氏族日渐发展为包含有若干新氏族的"胞族"。胞族的更高组织是若干具有血缘关系的"胞族联合体"。这种联合体长期在一个地区活动，最终发展成"部落"。部落与部落之间由于血缘、语言、信仰相近等原因而结成联盟。联盟的各部落间，不仅具有同姓血缘关系或异姓姻亲关系，而且有共同的军事领袖和精神领袖。部落联盟加速了氏族的融合，通常已具有了民族的性质。

中国的国家形成不同于西方，西方是由私有制进入国家的，而中国则是由氏族演变而成的。夏启废除了禅让制，创建了我国第一个奴隶制国家。后来，商取代夏，再后来周取代了商。自有文字记载的历史表明，西周时期为了控制被征服的广大地区，统治者大规模地分封诸侯。由嫡庶亲疏之别分出的大宗、小宗，均有分封，由此出现了大大小小的诸侯国。诸侯国为了区分领地和势力范围，开始以封国名为氏，由此推动具有共同高祖的若干氏族与宗族逐步分离，形成了新的相对独立的氏。与此同时，各诸侯国又以同样的方式对国内的卿大夫进行分封，卿大夫的后人有的也以受封国的名称为氏。分封制的长久推行，大量而频繁地产生了氏。氏在周代时是贵族独有的身份标志。

战国后期社会剧烈变动，旧贵族走向没落甚至沦为奴隶，新氏族不断产生，姓氏之别相对失去本义，姓与氏开始混同。秦始皇统一六国，推行郡县制，废除了分封制，姓氏制度也发生了进一步变化。西汉时，在司马迁《史记》中，姓氏已经合二为一。如《史记·本纪》中称秦始皇"姓赵氏"，汉高祖则曰"姓刘氏"。姓氏再无贵贱之别，平民遂有姓称。

发展到唐代，唐太宗命吏部尚书高士廉等人修订《氏族志》，以此加强皇权，巩固统治。北宋时的《百家姓》，始于民间蒙学教师编撰的启蒙读物，后得到统治者的重视，经过改编，形成了以赵姓为首的姓氏韵文。

姓氏与家庭伦理关系密切，对人口繁衍具有积极意义。据文献记载，姓的最初使用目的是"别婚姻""明世系""别种族"。西周时期建立有同姓之间不许通婚的婚姻制度，《左传》中记载"男女同姓，其生不蕃"。我国古代坚守异姓通婚制度，保护人口繁衍的权威性和严谨性，是中华民族家庭本位的文化根基所在。

二、儒家学说注重家庭伦理

中华民族是一个汇集了许多姓氏的大家庭。古代同姓不通婚的原则促进了各种姓氏之间形成更广泛的血缘关系。血浓于水的情感，对于催生共同的家庭伦理和共同的文化信仰具有特殊作用。数千年来，中华姓氏文化代代相传。

中国古代第一次重大社会变迁和家庭伦理重建，始于西周，成于春秋。武王伐纣，建立了西周封建宗法制度。随着生产力发展，春秋时期，以私有制为根本的家庭制度逐渐形成，孔子继承和发展了周公为政思想，根据社会转型和"礼崩乐坏"对道德体系重建的需要，创立了儒家学说，为后世形成以家庭伦理为基础的道德秩序奠定了基础。中国家庭（家族）是以亲子血缘关系为基础建构的生命共同体。这种以家庭为本位的姓氏文化认同，在伦理体系上体现了宗法制度中的国家政治组织形式（分封制）与氏族组织形式的一致性，这是生成家国一体伦理体系的根基。

西周实行分封制和世袭制。为了维护贵族统治，周公十分注重贵族的家庭教育。如他说："天不可信，我道惟宁（文）王德延。"意为"神道"不可靠，必须注重"人道"。周公认为只有加强修己敬德，才能使周文王开创的国祚永年，所以贵族的家庭教育以德为主，其次是统治术。在史书记载中，周公非常注重家庭教育，还制定了《世子法》。周天子的宗室教育，为各地诸侯国王室和卿大夫之家做出了表率。西周时建有辟雍、泮宫、明堂等，其实就是贵族宗亲的教育机构或是共同祭祀祖先的地方。

春秋战国时期，诸子百家蜂起，特别是作为显学的儒、法、道、墨学派，在论述国家政治时，也论及家庭人伦道德问题。以孔子为代表的儒家，大力提倡仁礼之治，其"修齐治平"的道德理论架构主要是以氏族和贵族大家庭（或兼及士阶层）的人伦关系为参照，而且主要是针对贵族而言的。

孔子的伦理学说继承了周公注重"人道"的精神，创造性地阐释宗法制度下的家庭人伦关系结构，将个人、家庭与国家有机结合在统一的伦理体系中。在孔子看来，家庭（家族）是最具温情的生活依托和人生价值依托，具有支持个体生活和人生价值实现的功能。家庭不仅能为个体提供最原初的情感，即"亲其所亲""尊其所尊"，而且能为家庭成员提供"修身齐家治国平天下"的人生价值实现途径。汉代的儒家学派把尊亲、忠孝、仁爱、礼义等人伦道德内容概括为"三纲（君为臣纲、父为子纲、夫为妻纲）五常（仁、义、礼、智、信）"，而这些内涵都是基于家庭人伦关系（诸如夫妻、父子、兄弟、男女等）并由家庭成员的不同社会角色所承担的责任与义务而确立的。

王国维在《殷商制度论》中以"亲亲"与"尊尊"来概括殷周之际的大变迁，以生活中最富亲情的家庭人伦关系"亲其所亲"与"尊其所尊"作为周代以降中国文化传统的两大根本原则。这两大根本原则，正是春秋时期儒家学派阐发的人伦道德学说的逻辑起点。坚持这两大根本原则，是中国文化主体精神由崇尚"神道""天道"转向崇尚现实社会的"人道"的重要前提。

儒家"亲其所亲""尊其所尊"的家庭伦理学说揭示了家庭伦理的本质。《孝经》中说："不爱其亲而爱他人者，谓之悖德；不敬其亲而敬他人者，谓之悖礼。"以爱亲为本质的家庭伦理是古代社会文明的基础，筑牢人伦道德秩序是构建社会秩序的起点和落脚点。孔子由"泛爱众而亲民"演绎出"天下为公"的大同思想，也构建了"天下一家"的仁政学说；由"亲其所亲"情感积淀的"孝"，可推及对君主之忠。"忠孝"同质化，为构建"修齐治平"政治道德学说铺平了道路。儒家学说完成了基于家庭而超越家庭的完整的生存价值体系构建，奠定了中国古代家庭教育理论的基础。

儒家在春秋战国时期是一个独立学派，影响很大，但其伦理学说在当时的国家政治实践中未能得到实施。秦朝尊崇法家，推行郡县制且保留了世袭制，为以"立功"为主的新贵族势力发展创造了条件。汉初沿袭秦制，在任官制度中坚持察举制和世袭制并行，为新贵族势力的不断发展壮大营造了制度环境。汉初儒家为规范朝纲和新贵族行为，曾着重探讨"礼制"问题。在描述周朝礼乐制度以阐述中央集权需要的礼制原则的同时,将"家礼"提高到重要的地位,孝道受到重视。

汉惠帝刘盈以黄老哲学代替法家学说,废除秦时的严刑峻法,主张"以孝治国"。自西汉惠帝至东汉顺帝,朝廷对孝悌褒奖或赐爵多达几十次。上行下效,地方官府更是大兴褒奖孝子之风。汉文帝刘恒在位23年,以身作则,以孝闻名天下。他重教化,兴礼仪,注重安居乐业,促进人丁兴旺,开创了"文景之治"。为了广兴孝悌风气,历代皇帝巡视各地时常有褒奖孝悌之举,尤其是对各地的著名孝子大加奖励,为地方树立了无数的孝子楷模。

汉武帝尊崇儒术,立五经博士,后又增《论语》《孝经》至七经。《孝经》详尽地阐述了孝道的原则、内容及以孝事亲的行为规范等,既是各级官学的教材,也是贵族官僚和平民百姓家庭教育的必修课。汉代的以孝治国,也体现在选拔官员的察举制中,如特别重视"举孝廉",即推举孝行卓著的孝子在官府做官,这既是地方官的重要职责,也是考察其品德及在地方推行教化政绩的主要方面,由此也催生了许多流传千古的孝子故事。

在古代"二十四孝"中,汉代的孝子就有十人,即亲尝汤药的汉文帝刘恒,卖身葬父的董永,刻木事亲的丁兰,行佣供母的江革,怀橘遗亲的陆绩,卧冰求鲤的王祥,扇枕温衾的黄香,拾葚异器的蔡顺,涌泉跃鲤的姜诗,哭竹生笋的孟宗。汉代以提倡孝道、褒奖孝子、推举孝廉、大兴孝道之教等举措,筑牢了家庭伦理根基,从而有了人心向善、国家稳固的政治基础。

三、汉唐家庭伦理学说的新变革

中国古代第二次重大社会变迁和家庭伦理规范重建,始于汉代,完善于隋唐。在千余年的历史进程中,儒学取得了独尊地位,经学得到发展,"忠孝仁义"成为伦理道德体系的核心价值。

汉代以孝治国,褒扬孝子孝行,有效地刺激了儒学的复兴。为满足家国一体的政治伦理建设需要,从朝廷到地方均大兴孝道,推动了儒家家庭伦理学说发生变革。

汉代家庭伦理体系的重建,以经学的勃兴为基础,汉儒在《周礼》《孝经》《易经》《论语》等经典微言大义的阐发中,结合中央集权制建设的需要,着力于家庭伦理学说体系重塑,注重家庭成员的尊卑等级和人伦角色责任与道德修养,尊重家长(族长)

治家的绝对权威，激励每个家庭成员将"立德""立功""立言"作为人生的奋斗目标，鼓励个体将人生的最大能量付诸社会道德、国家政治和"泛爱众而亲民"的实践中，以此促进以家为本的社会道德秩序和政治秩序实现完美结合。有关阐释儒家人伦道德的著述与言论，在汗牛充栋的古代典籍中随处可见。

察举制、世袭制并行，不仅为驰骋沙场建立军功者、通经博学的鸿儒和孝悌清廉德高之士走上政治舞台铺平了晋升之阶，也为新贵族家庭提供了长期发展和巩固的制度保证。汉武帝时，董仲舒鉴于诸王藩国、新贵族势力快速上升而日益形成的政治危机，依据儒家伦理学说，创造性地提出了旨在维护中央集权的"三纲五常"理论。"三纲"中的"君为臣纲"是对君臣关系的定位，而"夫为妻纲"和"父为子纲"则是对家庭人伦关系的定位。他把家庭人伦道德规范与封建集权"忠君"政治有机地结合在一起，旨在将"君臣、父子、夫妻"的伦理尊严改造成宗法制度下的绝对服从。

董仲舒的"三纲五常"理论对新贵族问题有很强的针对性，但缺乏实际控制作用。至东汉后期，士大夫中的新贵族已经形成了一些累世公卿、世居高位的家族，且门生故吏遍天下，形成了以宗族为纽带的享有特权的门阀士族。尤其是一些名门望族，作为当时新型的主流阶级，享有特权，把持政权，世代为官，严格等级，标榜门第，构成了主导经济、政治、意识形态的强大控制力。

魏晋时期，门阀士族势力得到进一步发展，达到鼎盛。门阀，是门第和阀阅[①]的合称，指世代为官的名门望族。此时的门阀士族称谓很多，诸如门第、衣冠、世族、势族、世家、巨室、门阀等。曹丕代汉称帝后，始兴"九品中正制"。实行之初，士人品定之权掌握在政府的中正官手里。中正官采择舆论，按人才优劣评定品第高低，对改变东汉末年名士品评人伦、操纵选举的局面有一定的作用。但在西晋时，九品中正制为士族势力控制和利用，中正官一般只关注被评定者家世的封爵与官位，很少关注他们的真才实学，所选择的人才几乎"上品无寒门，下品无士族"。选举制度的腐败，造成官学时兴时废，治国人才严重匮乏。两晋的门阀士族纨绔子弟贪图享乐，沉迷酒色，崇尚奢靡，游戏于声色犬马，陶醉于袖手空谈，普遍轻忽经世致用的真才实学。

在魏晋门阀士族鼎盛时期，先秦的氏族制让位于士族制。但在皇权至高无上的

[①] 阀阅，本作"伐阅"，指功绩和资历。古代仕宦人家大门外的左右柱，常用来榜贴功状，后因此称仕宦门第为"阀阅"。

政治结构中,父系氏族制在王室、门阀士族中仍顽固地保留着。如坚持宗法嫡长子制,坚持皇权世袭、贵族王室权力世袭,坚持宗祠族长制等,这使儒家倡导的家庭伦理学说仍然主导着家庭建设和家庭教育。自东晋末至南北朝,门阀士族势力开始由鼎盛走向衰落,其历史原因主要有二:一是九品中正制的推行,过分看重了门阀士族前辈的功勋,让后世子弟坐享其成,无建功立业之心者,必无重视人才之教,人才没落是衰败的根本原因;二是整个门阀士族形成了崇尚老庄的风气,这使玄学成为显学,佛家道家迅速发展,而玄学以道家为宗,注重清谈,儒学主导地位式微。

一般来说,秦汉时期的门阀士族都注重家庭伦理之教和人才培养,但在魏晋南北朝时期,尽管士族家庭也有少数家族注重家庭教育(如东晋王、谢两家十分注重文学、书法、武艺),但绝大多数门阀无视真才实学的人才培养,以致这些家庭人伦道德的礼义廉耻、气节德操被严重弱化。

唐朝认真吸取魏晋南北朝的历史教训,注重儒学,培育人才。盛唐时期,经学复苏,官学兴盛,私学发达。科举制的推行使寒门子弟皆知苦读诗书,天下贤能之士均能奋发有为,门阀士族亦知崇尚家教,纨绔子弟只能在平庸中走向没落。唐朝门阀士族与通过科举晋升的新权贵是主流阶层,但主导社会精神建设的则是刚健有为的儒林精英阶层,有的出身门阀,有的出身寒门。

唐明皇后期,轻德修,乱人伦,好声色,坏纲常,导致安史之乱祸起,大唐由盛转衰,刚健的人文精神一蹶不振。延续到唐末,门阀士族势力在黄巢起义中被彻底瓦解。

四、宋代科举促进家庭教育兴盛

中国古代社会发展到宋代,发生了第三次重大变迁。为适应社会变革,家庭伦理重建成为家文化建设的主题。宋代持久不衰的文化复兴运动,催生了理学的创立和文化的全面革新,中国文化进入"第二轴心时代"。两宋理学家为重建家庭伦理,用了近300年时间进行深入探讨,推动了家庭伦理体系的重建。

宋代的科举制取代了门阀士族世袭制,尽管科举不是唯一的取士途径,但众多寒门子弟借助"学而优则仕"的遴选机制登上了政治舞台。

儒学振兴自韩愈发其端绪,至北宋欧阳修、范仲淹、孙复、石介、张载、周敦颐、王安石、司马光、苏轼、苏辙、程颐、程颢等相继持久发力,初步完成了儒学世俗化的改造,为南宋理学集大成者朱熹等人完成宋代理学的理论建设奠定了基础。关于以士大夫文人为代表的治家原则的论述,著名史学家司马光所编的《家范》最具代表性。

《四库全书总目提要》载："自颜之推作家训以教子弟，其议论甚正，而词旨泛滥，不能尽本诸经训。至狄仁杰著有《家范》一卷，史志虽载其目，而书已不传。光因取仁杰旧名，别加甄辑，以示后学准绳。"南北朝末至隋朝的颜之推，关注到士族衰落后的家庭教育变革问题，撰写有《颜氏家训》。唐代宰相狄仁杰注重家庭人伦道德建设，撰写了《家范》，可惜著作遗失。司马光沿用狄仁杰的旧书名，重新著述，为后世提供治家的准绳。司马光编撰的《家范》，其参照和服务的家庭显然是士大夫文人之家。

司马光编《家范》十卷，共十九篇，系统阐述了封建社会大家庭的伦理关系、治家原则，以及修身养性和为人处世之道。书中引用了许多儒家经典中的修身齐家格言，收集了大量历代治家有方的实例和典范，定位了家庭伦理角色关系与社会功能，成为一部修身齐家的典范之作，被宋、元、明、清士大夫文人之家尊为家教经典。

《家范》的首要贡献是确立了传统大家庭教育的功能与地位。针对古代社会制度一贯奉行的男尊女卑传统，司马光为突出女子地位，明确提出了在家庭伦理关系结构中"以内为本"即以母亲主内的治家原则。此外，还提出了一家人"交相爱"的原则，即"亲其所亲""尊其所尊"。《家范》在序言中引用了《周易·家人卦》："家人，女正位乎内，男正位乎外，男女正，天地之大义也。家人有严君焉，父母之谓也。父父，子子，兄兄，弟弟，夫夫，妇妇，而家道正。正家，而天下定矣。"家庭成于婚姻，家庭人伦关系始于夫妻，明确夫妻关系、夫妻责任和分工是治家的基础。司马光说："所谓治国必先齐其家者，其家不可教而能教人者，无之。"何为齐家？简而言之，就是以四大原则正家道。

一是"正夫妻"，即端正夫妻关系，"男女正，天地之大义也"。明确夫妻齐家教子的责任分工。家庭主妇要管理好家庭内政，当好相夫教子、勤俭持家的贤妻良母；男子负责家庭生活的物质生产、经济来源，参加社会活动以及完成赋税、徭役、差役乃至应征从戎征战沙场等。

二是"正规矩"，即建立统一的家庭行为规范准则，孩子遵从父母之教，家人服从家长管理。司马光在《居家杂仪》中阐释道，"易曰：家人有严君焉，父母之谓也。安有严君在上而其下敢直行自恣不顾者乎？虽非父母，当时为家长者，亦当咨禀而行之。则号令出于一人，家政始可得而治矣"。治家、理财、教子，贵在行有规矩，居有法则。家庭虽小，治家亦有道，这就是家政管理实行集中统一原则。该原则要求一家人共同生活，尊老爱幼，长幼有序，财务公开，集中分配，厉行节约，不能自以为是，各私其私，擅蓄私财，或者因财产分配不公而同室操戈。大家庭的教育必须立有家规家训，教育内容、方法、目标、特色以及评判标准必须统一，以养成良好家风。

三是"正人伦"，即让每一个家庭成员按照家规家训要求，明确自己在家庭人伦关系中的身份、地位、责任与义务，修养心性，循规蹈矩，做好自己。司马光在《居家杂仪》中，根据家庭人伦关系，对不同的角色必须遵循的礼节，诸如儿子如何事父母、媳妇如何事公婆、如何对待亲友兄弟等都作了详细说明。人伦道德教养都要落实在日常生活的具体事务之中，"君子以言有物而行有恒"，绝非空口说教。

四是"正礼法"，即在教育与生活中训练孩子知礼懂法。《居家杂仪》载："凡为家长，必谨守礼法，以御群子弟及家众。分之以职（谓掌仓廪、厩库、庖厨、舍业、田园之类），授之以事（谓朝夕所干及非常之事），而责其成功，制财用之节，量入以为出。称家之有无，以给上下之衣食及吉凶之费。皆有品节，而莫不均一。"正礼法也是家庭教育原则，旨在使人伦道德教育与具体的家礼、家规紧密结合在一起，使具体的教育内容、方法、规章制度符合"义"的原则。

在司马光看来，"男女之别，礼之大节也"，这是人伦的本义。《礼记·礼运》讲："何谓人义？父慈、子孝、兄良、弟悌、夫义、妇听、长惠、幼顺、君仁、臣忠，十者谓之人义，讲信修睦，谓之人利，争夺相杀，谓之人患。"不论是聚族而居，还是分家而治，一个家族的老老少少都要守住人伦道德底线。一家之内，无论是同辈还是上下辈，无论是父母子女之间，还是兄妹叔嫂之间，"男女有别"是人人必须遵循的人伦道德底线，牢固树立性别角色意识，分性别教以家庭角色知识与能力，既是促进人性发展的本质要求，也是修身齐家的基础。

聚众而居的大家族，源自始祖择地生存。但在农业社会，源自一姓的大家族要长期维持聚族而居是困难的。一是人口增长到一定程度，生活区域和生产资料达到极限，势必出现土地兼并或战争扩张，由此导致人口迁徙式分流；二是因宗法制度规定有亲疏、贵贱、尊卑等级，家族内部的阶层固化也会促进大家族人口以产生无数小家庭的方式有序裂变。

汉唐时期，门阀士族是社会主流家族，聚族而居的大家庭普遍存在。如西汉末年光武帝刘秀的舅舅樊重，治家有法度，"三世共财，子孙朝夕礼敬，常若公家。其营经产业，物无所弃；课役童隶，各得其宜。故能上下勤力，财利岁倍，乃至开广田土三百余顷"①。发展到宋代，聚族而居的现象几近消失。

家庭规模与结构发生巨变，守望传统依然是士大夫文人赓续家族文化基因的着力点。欧阳修、苏洵等人首创家谱、族谱，希冀基于姓氏溯源，弘扬家族文化传统。此外，因社会生产力发展，虽然大家族分家而治，但以家族为主体的公共文化设施建设受到重视。以祠堂、祖茔等为载体，以传承家谱、家训、家风和先祖创业精神为内容，基于亲情联络的聚族而教蔚然成风。这对巩固家族文化、高扬忠君爱国伦理和促进家教家风建设产生了深远影响。

家庭教育以"明人伦"为根本。所谓人伦，即体现在家庭成员角色关系之间的互动规则。因为家庭人伦关系是由家庭成员的多种角色在交互活动中体现出来的，每个生活在大家族中的个体在不同情境遇到不同交往对象时，都要根据辈分和性别扮演相应的角色。按照现代社会学的理解，家庭角色是家庭成员和谐共处的基础，是个体身份地位的外在表现，是有关个体的整套权利、义务的规范和行为模式，也是家庭成员对处于特定地位个体的行为期待。

随着家庭结构的变革，加强人伦道德建设、定位角色属性、规范角色关系等成为社会伦理建设的需要。司马光倡导家庭本位传统，着力于家庭角色定位，其《家范》着重讨论的角色有三系：一是血脉嫡传的家本系，从祖父到孙子；二是以叔父分离出的旁系，属于近亲；三是以夫妻为本向内、向外展开的人伦关系，根据主体角色划分为内亲和外亲。家，是由人伦关系构成的利益共同体。在家庭生活中，每个人总是根据自己的交互对象认识自己的角色，不同的角色有相应的行为规则，所以"治家莫如礼"。

在《家范》一书中，司马光立足于家庭教育，提出了家庭成员的角色定位，其中对祖、父、母、子、女的阐释最为着力。

例如"祖"，"为人祖者，莫不思利其后世。然果能利之者，鲜矣"。祖辈总想为子孙留下产业，然不知以义方训其子孙，以礼法齐其家，积攒家财反而害了子孙。因为子孙并不尊重祖辈的创业精神，只是眼红遗产的分配，为争遗产打闹不休，甚至到官府争讼者大有人在，最后家族四分五裂。此外，只重积攒财富，以利为教，"盖由子孙自幼及长，惟知有利，不知有义故也"。司马光认为遗子千金，不如教子读经。

再如"父"，父子之间贵在有礼有节。父母教子要有义方。何为义方？司马光

---

① 司马光：《家范》，中国书店，2018，第21页。

借石碏谏卫庄公之语说:"自古知爱子不知教,使至于危辱乱亡者,可胜数哉! 夫爱之,当教之使成人。爱之而使陷于危辱乱亡,乌在其能爱子也? 人之爱其子者多曰:'儿幼,未有知耳,俟其长而教之。'是犹养恶木之萌芽,曰俟其合抱而伐之,其用力顾不多哉? 又如开笼放鸟而捕之,解缰放马而逐之,曷若勿纵勿解之为易也!"司马光以历史为鉴,警醒父母对待子女不宜偏亲偏爱。

又如"母",以慈为怀,但慈母多败儿。"为人母者,不患不慈,患于知爱而不知教也。古人有言曰'慈母败子'。爱而不教,使沦于不肖,陷于大恶,入于刑辟,归于乱亡。非他人败之也,母败之也。自古及今,若是者多矣,不可悉数。"母教要从胎教开始,对儿女的抚养,母亲最细致、最投入,但要把握"爱之以教"的原则,从细微处严格规范孩子的言行,使其符合道德,注重习惯养成,让子女躬行孝道,老老实实做人。

司马光认为,家是由亲子血缘亲情凝聚而成的"交相爱"的生命体,亲情是家庭特有的情感,天下父母心都是满满的爱子之情,所以齐家必须坚持"爱之以教"的原则。他尤其重视母亲的慈爱与教育对家庭建设的主导作用,通过引用曾子、颜之推的治家教子之道,列举孟母等数十位贤母教子的典范,从不同角度论述了母亲在孕育、抚养、关爱、教育子女及助其成德方面的特殊地位与作用,论述了母亲不仅关系一家子女的德性修养,而且关系一个家族乃至国家的成败兴衰的道理,提出了家庭教育以母爱为基础和注重提高母教能力的观点。

《家范》内容极其丰富,其可贵之处在于系统地阐释了家庭教育原则,即人的社会性是在人际关系中体现的,家庭人伦关系是人的社会关系的基础,对人伦关系的道德认知和道德实践能力培养,是教育的基础。家庭教育在于引导每个成员明确自己的角色地位、责任和义务,言行举止要遵照约定俗成的礼仪礼节规定;在于促进尊老爱幼、妻贤夫安、母慈子孝、兄友弟恭、家庭和睦、人丁兴旺;在于促进以家庭为国家、民族、社会发展的重要基点,个人、家庭与国家和谐共生、共同进步。宋代的家风家庭教育建设为后世家庭教育提供了文化基因。宋代的家庭教育模式和基本内容一直延续到清朝末年,几乎没有太大的变化。辛亥革命以后,尽管家庭伦理经历了历史变革,但中国人血液里的家文化基因是永远不会泯灭的。

习近平总书记指出:"尊老爱幼、妻贤夫安、母慈子孝、兄友弟恭、耕读传家、勤俭持家、知书达礼、遵纪守法、家和万事兴等中华民族传统家庭美德,铭记在中国人的心灵中,融入中国人的血脉中,是支撑中华民族生生不息、薪火相传的重要精神力量，是家庭文明建设的宝贵精神财富。"[①] 家是每个人的生命之源，成人的起点；人的社会化过程始于家教。社会化过程始于角色认知，每个人只有在人伦关系、社会关系中明白"我是谁"和"我应该怎么做"。感恩父母，睦亲兄弟，修身齐家，既是人性本能的道德体现，更是人生展开和人生价值追求的原初动力。

五、社会大变革推动家庭伦理革命性改造

辛亥革命推翻了千年封建帝制，社会制度发生了历史性变革，古老的中国开始以积极适应世界文化潮流的新姿态，理性地看待中西文化的优势，推动传统家庭伦理面向社会变迁而进行革命性改造。

十月革命一声炮响，给中国送来了马克思主义。1921年，中国共产党诞生，开启了新民主主义革命的新时代。在马克思主义理论指导下，中国共产党人为争取民族独立和解放，建立了民族的、科学的、大众的新民主主义新文化，这不仅是中国文化革命的需要，也是中国文化复兴的必由之路。从此，中华民族的伟大复兴有了希望，中国文化建设有了向导。

在新文化运动中，陈独秀、李大钊等先进知识分子率先举起反帝反封建的大旗，以民主、科学的精神对传统文化弊端展开了全面而猛烈的清算。李大钊的"道德四问"阐释了社会生产方式变革中的伦理道德变革的基本规律。随后，恽代英、杨贤江等人以马克思主义原理为指导，对中国文化改造的全盘西化论、国粹论进行批判，主张对古今中外文化加以审查、检验，批判性地吸收其有用的东西，进而加以革命性改造，由此变成推动社会改造与进步的精神力量。这些观点表达了中国共产党人的文化自信和文化发展理念，揭示了新民主主义文化革命的本质问题。

七七事变给中华民族带来了深重的灾难，同时惊醒了国人的民族文化自觉。当时在北京大学任教的钱穆出版了《中国近三百年学术史》。他在自序中说，辛亥革命后的学院派知识分子以高调全盘西化为时尚，"言政则一以西国为准绳，不问其与我国情政俗相洽否也。扞格而难通，则激而主'全盘西化'，以尽变故常为快。

[①] 中共中央党史和文献研究院编：《习近平关于注重家庭家教家风建设论述摘编》，中央文献出版社，2021，第10页。

至于风俗之流失，人心之陷溺，官方士习之日污日下，则以为自古而固然，不以厝怀。言学则仍守故纸业碎为博实。苟有唱风教，崇师化，辨心术，核人才，不忘我故以求通之人伦政事，持论稍稍近宋明，则侧目却步，指为非类，其不诋诃而揶揄之，为贤矣"。

钱穆理性地批评全盘西化的文化观和做法是不明中华民族文化具有遇险再生的无限原创活力，也不问西方文化与我国国情政俗是否相合，以为只有斩断宋元明清文化传统之根，割断五千年文明发展史，直接移植西方文化体系才能救中国。这是民族文化自信丧失的表现。因此，钱穆主张，唯在国难当头树立民族文化自信才是战胜外来强敌的精神力量，只有坚守一脉相承的中华文化传统，"不忘我故以求通之人伦政事"，让中华文化重新焕发出自身固有的再生能力，才是中华民族走出困境的正确态度。

马克思、恩格斯告诉我们："一切划时代的体系的真正的内容都是由于产生这些体系的那个时期的需要而形成起来的。所有这些体系都是以本国过去的整个发展为基础的，是以阶级关系的历史形成及其政治的、道德的、哲学的以及其他的后果为基础的。"[①] 仅从家庭伦理而言，中国家庭有几千年的发展史，绵延不断，薪火相传，"明人伦"是中国人道德实践理性的根本原则，既是家庭建设的原则，也是家庭教育的起点。社会不断变迁，家庭结构不断变迁，生活方式不断变化，但人伦道德与亲子血缘关系无法割裂，只能与时俱进，守正创新。今日的家庭本质、家庭伦理、家庭生活、家庭功能、家庭文化、家庭教育以及家庭人际关系变迁，不仅有积淀了几千年的文化底蕴，而且深深地刻下了近百年家文化演进的年轮。

在新文化运动启蒙思潮中，一些人批判宗法制度下的家族家规家法，主张以婚姻为基础的小家庭从封闭的大家庭桎梏中解放出来；批判包办婚姻，崇尚婚姻以爱为基础；批判"夫为妻纲"礼教，反对女性裹小脚，提倡女性解放、男女平等、恋爱自由，由此促进了中国家庭观念、婚姻观念、生育观念、性别角色观念等发生了深刻变化，尤其对中国女性解放产生了深远影响。

新中国社会主义制度的建立，从根本上改变了中国传统家庭制度和家庭教育模式。随着社会、经济、文化的全面变迁，特别是改革开放以来，农村人口在城镇化过程中不断缩减，粗放型大家庭被精致型小家庭取代，多子重养被少生重育取代，且家庭规模与结构、人伦关系、生活模式、家庭功能和价值取向都发生了前所未有

---

① 马克思、恩格斯：《马克思恩格斯全集（第三卷）》，人民出版社，1960，第544页。

的变化。近年，随着数字化和互联网在生活领域的广泛应用，家庭的部分生活功能、教育功能、社会功能以及亲子功能向市场溢出。因此，用传统的家庭概念已经难以定义今天的家庭和家庭人伦关系了。

对于家庭变革而言，城镇化是一场伟大革命，促使社会结构和家庭结构发生双重变化，也带来了生活方式的空前变革。我国城市化进程迅猛，大城市、特大城市、都市圈的快速崛起，使大量农村人口、农村家庭向城镇转移。国家统计局2021年5月11日公布的第七次人口普查结果显示，居住在城镇的人口占全国人口的63.89%。

加快城市化进程依然是我国未来社会发展的必然选择。马克思、恩格斯指出："消灭城乡之间的对立，是社会统一的首要条件之一。"[①] "物质劳动和精神劳动的最大的一次分工，就是城市和乡村的分离。城乡之间的对立是随着野蛮向文明的过渡、部落制度向国家的过渡、地方局限性向民族的过渡而开始的，它贯穿着全部文明的历史并一直延续到现在。"[②]

当前，我国生产方式、分配方式、生活方式发生深刻变革，家庭结构和教育功能剧变，诸多社会问题、心理问题、道德问题日益凸显。加强家庭伦理建设，成为家庭教育变革的核心问题。

六、新时代家庭伦理建设新课题

中国文化之根在家庭，以家为本的实质是坚持伦理本位。新中国成立以来，特别是改革开放以来，我国社会经济、家庭结构、生活方式等都发生了质的飞跃，变革速度之快，涉及范围之广，复杂尖锐之烈，都是史无前例的，完善家庭伦理体系作为中国文化复兴的时代课题亟待解决。

2015年2月17日，习近平总书记在春节团拜会上指出："不论时代发生多大变化，不论生活格局发生多大变化，我们都要重视家庭建设，注重家庭、注重家教、注重家风，紧密结合培育和弘扬社会主义核心价值观，发扬光大中华民族传统家庭美德，促进家庭和睦，促进亲人相亲相爱，促进下一代健康成长，促进老年人老有所养，使千千万万个家庭成为国家发展、民族进步、社会和谐的重要基点。"[③] 2016

---

① 马克思、恩格斯：《马克思恩格斯全集（第三卷）》，人民出版社，1960，第57页。
② 马克思、恩格斯：《马克思恩格斯全集（第三卷）》，人民出版社，1960，第56—57页。
③ 中共中央党史和文献研究院编：《习近平关于注重家庭家教家风建设论述摘编》，中央文献出版社，2021，第3页。

年12月12日,他在会见第一届全国文明家庭代表发表讲话时再次强调:"无论过去、现在还是将来,绝大多数人都生活在家庭之中。我们要重视家庭文明建设,努力使千千万万个家庭成为国家发展、民族进步、社会和谐的重要基点,成为人们梦想启航的地方。"[1]明确提出了完善我国家庭伦理体系的新问题、新要求、新任务。

家庭文明是中华文明的根基,继承和弘扬中华优秀传统文化的合理内核,必须遵循文明发展的继承性、迭代性和更新换代的内在逻辑。深入分析和明确当今我国家庭变革的主题,准确判断现代社会家庭的基本特征、主要矛盾和问题,是当今家庭教育变革的新课题。

中国共产党作为中国先进文化、先进生产力和广大人民根本利益的代表,是引领和坚定文化自信的核心力量。中国共产党诞生以来,始终把为中国人民谋幸福、为中华民族谋复兴作为自己的初心和使命。百年来,中国共产党为实现中华民族伟大复兴,团结带领中国人民在中华大地上全面建成了小康社会,历史性地解决了绝对贫困问题,正在意气风发地向着全面建成社会主义现代化强国的第二个百年奋斗目标迈进,建设文化强国是第二个百年奋斗目标锁定的应有之义。所以,坚持以家为本的治国理政原则,弘扬中华民族家庭美德,建设伦理精神家园,重视领导干部家庭的家庭教育,对当今社会家庭教育具有典型的榜样示范作用。

《礼记·表记》云:"以人望人,则贤者可知已矣。"领导干部的家庭家教家风建设,是具有观摩和评判意义的道德实践,其建设能力如何,不仅关系领导干部自家人是否幸福快乐,而且影响社会道德风尚的好坏。

习近平总书记反复强调领导干部家庭建设的重要性和紧迫性。他说:"我们着眼于以优良党风带动民风社风,发挥优秀党员、干部、道德模范的作用,把家风建设作为领导干部作风建设重要内容,弘扬真善美、抑制假恶丑,营造崇德向善、见贤思齐的社会氛围,推动社会风气明显好转。"[2]这是对领导干部家庭作为榜样引领的肯定。他又说:"领导干部特别是高级干部要明大德、守公德、严私德,做廉洁自律、廉洁用权、廉洁齐家的模范。"[3]这是对高级领导干部示范作用的期待。

我们必须清醒,当今世界正经历百年未有之大变局,国际格局和力量对比加速

---

[1] 中共中央党史和文献研究院编:《习近平关于注重家庭家教家风建设论述摘编》,中央文献出版社,2021,第3页。
[2] 中共中央党史和文献研究院编:《习近平关于注重家庭家教家风建设论述摘编》,中央文献出版社,2021,第34页。
[3] 中共中央党史和文献研究院编:《习近平关于注重家庭家教家风建设论述摘编》,中央文献出版社,2021,第38页。

演变，全球治理体系深刻重塑，发展机遇和严峻挑战并存，要实现中华民族伟大复兴，中国人民要做好自己的事，牢固树立民族文化自信，构建和谐社会，追求更高品质的生活方式，必须从注重家庭家教家风建设入手，以此筑牢中国文化根基，加强家庭伦理道德体系建设。

我国新时代家庭伦理道德体系建设，除合理继承和弘扬中国传统家庭美德外，还必须认真研究和借鉴中国历史上几次伦理变革的有益经验，按照社会发展与文化建设的一般规律，结合中国实际，回答以下问题：如何呈现习近平总书记所说的"明大德、守公德、严私德"的内涵；如何建立爱国爱家、相亲相爱、向上向善的家庭人伦关系；如何构建家庭与社会共建共享的全民道德教育体系；如何筑牢中国家庭文化自信，传递尊老爱幼、男女平等、夫妻和睦、勤俭持家、邻里团结的观念；如何倡导忠诚、责任、亲情、学习、公益的理念，提振中国人的节操、诚信、志气、骨气、底气；如何树立以人为本的家庭观、生育观、价值观，让文化强国的目标落实到每一个家庭，确保亲情浓厚、和睦稳定、责任担当、优生优育和下一代健康成长；如何推动人们在为自己家庭谋幸福、为他人送温暖、为社会做贡献的过程中提高生活品质、提升精神境界、培育文明风尚、提高公民道德素养。

新时代的家庭教育面临新课题、新任务，完善家庭伦理道德体系任重而道远。

第7章

当今家庭教育变革的文化使命

> 中国文化之根在家庭,以家为本的文化源于生命、生活。社会变迁促进家文化变革,家庭伦理建设不仅关乎家庭的兴衰,而且关乎社会的稳定。当前,社会快速发展,社会主要矛盾发生了深刻变化,在物质生活得到极大改善的同时,精神家园也必须"脱贫致富"。加强家庭伦理建设是中华文化复兴的重要基础,领导干部家庭应该在家庭伦理建设方面发挥示范作用。

我国实现了第一个百年奋斗目标,历史性地解决了绝对贫困问题,全面建成了小康社会,正在意气风发地向着建成富强民主文明和谐美丽的社会主义现代化强国的第二个百年奋斗目标迈进。在新的历史征程上,为实现第二个百年奋斗目标提供高质量发展的充足动力,不断推进国家治理体系和治理能力现代化,就必须重视以家为本的社会发展观。领导干部家庭必须发挥引领作用,通过稳健有序地推进家庭教育变革,担负起加强家庭伦理建设的文化使命。

一、加强家庭伦理建设是家庭教育变革的文化使命

中国文化有数千年的文明积淀,以家为本的人伦道德是中华优秀传统文化的重要组成部分。以家为本其实就是以人为本,因为每个人都生活在家庭中,没有家庭的幸福,也就没有个人的幸福;没有家庭的发展,也就没有个人的发展;没有家庭的教养,也就没有个人的素质。纵观中国文化发展的历史脉络,社会变迁必然要反

映到家庭文化变革上。家庭文化变革对家庭人伦关系调整、伦理行为规范、个体利益分配等影响是全面而深刻的，其正负作用并存，能否引导家庭文化变革，促进社会文明进步，促进家庭、社会和人的和谐发展，关键在于领导干部家庭能否发挥向上向善的积极作用。

1. 家庭伦理建设是社会进步的基础

家庭是社会的基本细胞，家庭伦理建设是道德秩序建设的基础。中国社会百年的发展与进步，不仅体现在社会制度、生产力、生产方式的重大变革方面，还体现在家庭结构和家庭伦理变革方面。

在新文化运动中，李大钊根据马克思主义基本原理，以"冲破过去历史之罗网，破坏陈腐学说之囹圄"的革命精神，提出新道德、新文化建设必须与新经济、新政治相适应，必须抛弃一切封建专制主义政治与伦理之束缚，建立人人平等、公平正义的道德原则，尊重妇女、儿童和平民劳动者的合法权益。

在革命战争时期，毛泽东同志就指出："我们共产党人，多年以来，不但为中国的政治革命和经济革命而奋斗，而且为中国的文化革命而奋斗；一切这些的目的，在于建设一个中华民族的新社会和新国家。"[①]新中国社会主义制度建设，推动了我国家庭伦理的全面变革——封建宗法制度，腐朽的旧道德、旧礼教被彻底革除，实现了男女平等、婚姻自由，妇女和儿童的合法权益得到保护，个体社会价值得到尊重，中华民族传统家庭美德被大力弘扬，由此，新中国社会主义家庭文明的新风尚逐渐形成。

"天下之本在家"，中华民族历来注重家庭建设的文化传统。家庭伦理建设是社会治理的根基所在。社会主义制度的建立，中国共产党的全面领导，推动中国社会发展取得了举世瞩目的伟大成就。随着改革开放以来我国经济社会发展不断推进，城乡的家庭结构和生活方式发生了深刻变革。提高家庭生活质量和精神追求，是每个家庭对新生活、新道德建设的共同愿望。

2. 社会主要矛盾转化需要加强家庭伦理建设

我国如期实现了第一个百年奋斗目标，消除了绝对贫困，推动了社会结构、家庭结构和生活模式的重大变革，也推动了社会主要矛盾发生了深刻变化，即由原来的人民日益增长的物质文化需要同落后的社会生产之间的矛盾，转化为人民日益增长的美好生活需要和不平衡不充分的发展之间的矛盾。这种不平衡不充分的发展，

---

① 毛泽东：《毛泽东选集（第二卷）》，人民出版社，1991，第663页。

不仅反映在城乡、区域、阶层的贫富差距方面,而且反映在物质文明与精神文明发展的不协调、不科学方面。物质快速增长,科技飞速进步,城镇化、信息化、市场化、全球化进程不断加快,引发了生产方式、分配方式、生活方式的深刻变革,文化发展问题凸显,尤其是家风建设跟不上社会发展的步伐。

习近平总书记指出:"国家富强,民族复兴,人民幸福,不是抽象的,最终要体现在千千万万个家庭都幸福美满上,体现在亿万人民生活不断改善上。"[①] 从满足温饱发展到满足精神财富需要,这是中国社会进步的重要标志,所以在社会主要矛盾发生转变之后,加强家庭伦理建设也成为中国文化建设的重要任务。

家庭伦理是家风建设的核心。习近平总书记说:"好的家风引领人向上向善,不良的家风却会败坏社会风气,贻害无穷。"[②] 家风、家教已经不是小问题,它关系青少年健康成长,关系家庭幸福,关系社会稳定与安宁,关系党风、社风清浊,影响民心向背。

毫无疑问,坚定中华民族文化自信,必须坚持以家为本,注重家庭家教家风建设,促使千千万万个家庭成为国家发展、民族进步、社会和谐的重要基点,让每一个人活得更有道德修养、更有人格尊严、更有文化品质,这些已经是国家治理体系和治理能力现代化的必答题。

历史选择了中国共产党,选择了社会主义制度,中国才有如此辉煌的发展成就。中国共产党是领导中国事业的核心力量,老一辈革命家和无数优秀领导干部、道德模范在培育良好家风方面为人民作出了榜样,深刻地影响着新中国社会家庭文明,也促进了爱国爱党、廉洁奉公、勤俭节约、艰苦创业等新风尚的形成。

党的二十大报告指出,从现在起,中国共产党的中心任务就是团结带领全国各族人民全面建成社会主义现代化强国、实现第二个百年奋斗目标,以中国式现代化全面推进中华民族伟大复兴。在奔向第二个百年奋斗目标中,领导干部能否从自身做起,从自家做起,担负起新家庭文化建设的使命,能否发挥示范引领作用,推动形成爱国爱家、相亲相爱、向上向善、共建共享的新时代社会主义家庭文明新风尚,是对领导干部群体理论创新能力、伦理建设能力的严峻挑战与考验。

---

① 中共中央党史和文献研究院编:《习近平关于注重家庭家教家风建设论述摘编》,中央文献出版社,2021,第4页。
② 中共中央党史和文献研究院编:《习近平关于注重家庭家教家风建设论述摘编》,中央文献出版社,2021,第25页。

二、我国家庭教育变革的特点

我国家庭教育变革的文化使命,集中到一点,就是加强家庭伦理建设。习近平总书记在2018年春节团拜会上说:"中华民族历来重视家庭,正所谓'天下之本在国,国之本在家',家和万事兴。国家富强,民族复兴,最终要体现在千千万万个家庭都幸福美满上,体现在亿万人民生活不断改善上。千家万户都好,国家才能好,民族才能好。"[①] 他反复强调家庭是社会的基本细胞,家庭的前途命运同国家和民族的前途命运紧密相连,要求"领导干部特别是高级干部要明大德、守公德、严私德,做廉洁自律、廉洁用权、廉洁齐家的模范"[②]。

1. 进一步加强家庭伦理道德体系建设是领导干部注重家庭家教家风建设的新任务

在新中国完成生产资料公有制改造后,每一个家庭的地位、权利、责任和义务都是平等的。改革开放以后,我国大力推进人事制度和就业制度改革,完善学校教育制度,推行公务员公开招聘制度,进一步推动了社会公平的提升。

在社会主义制度下,体现公平正义的分配原则以及双向选择就业原则,为广大劳动人民的劳动致富提供了体制机制保障,为有志者崇尚知识、重视教育、注重创新以及实现人生价值创造了条件。凭个人和家庭的劳动能力、创造能力获取物质财富和争取更大的上升空间,成为推动社会进步和家庭发展的主要方式。

领导干部没有特权,薪金是其个人经济来源的唯一方式,除此之外的收入都要向组织汇报,说明情况。《中国共产党党员领导干部廉洁从政若干准则》中有明确规定,禁止利用职权和职务上的影响为亲属及身边工作人员谋取利益。领导干部家庭的良好家风能为社会起到表率作用。不少优秀干部之所以受人民爱戴,正是因为他们家为模范、家风清正。

在依法治国和以德治国相结合的推进过程中,进一步完善家庭伦理道德体系,不仅是反腐倡廉、廓清政风的新课题,而且也是领导干部注重家庭家教家风建设的新任务。

---

① 中共中央党史和文献研究院编:《习近平关于注重家庭家教家风建设论述摘编》,中央文献出版社,2021,第11页。
② 中共中央党史和文献研究院编:《习近平关于注重家庭家教家风建设论述摘编》,中央文献出版社,2021,第38页。

2. 家庭伦理角色关系发生改变

改革开放以来，我国家庭伦理角色关系在人口转变、经济转轨、社会转型、观念转换的复杂背景下发生了巨大变化，具有鲜明的时代特色。概而言之，具有如下特点。

一是家庭规模小型化。父母与未婚子女共同生活的家庭逐渐成为中国家庭的主体，核心家庭已经成为主要形态，人员结构更简单。二是家庭关系亲疏并存。我国农村人口依然占很大比重，因此，传统的亲密型家庭关系依然存在。但随着城镇化进程的加快、商品房的大力开发、由户籍管理向居民身份管理政策的变化，家庭出现了住址不固定和家庭成员分散，甚至有些家庭子女不在国内生活的新样态，打破了传统家庭成员关系密切的格局。三是家庭的部分生活与教育功能社会化。社会变迁不仅改变了家庭观念，而且重塑了家庭伦理角色关系与家庭功能，代际之间对文化和传统价值观的传递趋于减弱，小家庭在抚育后代、赡养老人以及家务劳作等方面的职能逐渐走向社会化。与此同时，由于现代科技革命对传统家庭生产生活模式的猛烈冲击，网络信息技术广泛渗透到家庭的人际交往、习惯养成和文化传承中，潜移默化地改变着家庭成员之间的交往和互助方式，传统的家庭亲和力与凝聚力急剧减弱。四是家庭价值观念渐趋多元化，呈现出传统与现代并存的格局。随着市场化的日益深入，家庭的收入水平与收入格局、家庭成员的职业与社会地位发生了深刻变化，家庭财富由集中管理日渐变为个性化管理。在这些变化的现实生活中，加强家庭伦理建设，需要理论与实践深入探索家文化传统的创新性转化，照抄照搬旧模式是行不通的。

三、加强家庭伦理建设的出发点和着力点

习近平总书记指出："尊老爱幼、妻贤夫安、母慈子孝、兄友弟恭、耕读传家、勤俭持家、知书达礼、遵纪守法、家和万事兴等中华民族传统家庭美德，铭记在中国人的心灵中，融入中国人的血脉中，是支撑中华民族生生不息、薪火相传的重要精神力量，是家庭文明建设的宝贵精神财富。"[①] 弘扬中华民族传统家庭美德，加强新时代家庭伦理建设，坚持守正创新，既是社会发展的必然要求，也是文化进步的

---

① 中共中央党史和文献研究院编：《习近平关于注重家庭家教家风建设论述摘编》，中央文献出版社，2021，第10页。

历史逻辑。

1. 加强家庭伦理建设的出发点

确立加强家庭伦理建设的出发点,要立足于不论社会如何发展进步,家庭的生活依托、社会功能、文明作用都不可替代的科学判断上。中国的家本位既不是西方式的个人本位,也不是社会本位,而是伦理本位。伦理是人伦之理,即人与人相处的各种道德规范,它发生于家庭成员角色相互交往的关系中。伦理始于家庭,而不止于家庭。家庭人伦关系的质量决定着家中每一个人的生存质量,决定着一个家庭幸福指数的高低。

中国传统的"五伦八德"(五伦即君臣有义、父子有亲、长幼有序、夫妇有别、朋友有信,八德即孝、悌、忠、信、礼、义、廉、耻)是中国古代伦理体系中每个人应当具备的基本道德和应当遵守的为人之道。近现代以来,中国传统文化受到诸多外来文化的冲击,但中国的伦理本位形态并未发生根本性变化,中国人在伦理上依然守望传统。数典忘祖、割断文脉的民族是没有前途的。我们要根据社会发展和家庭变革加强家庭伦理体系和家文化核心价值建设,大力弘扬中华民族传统家庭美德,激活家文化的生命力,赋予时代精神新内涵。

2. 加强家庭伦理建设的着力点

加强家庭伦理建设的第一个着力点,是弘扬中国精神,将爱国主义、社会主义核心价值观、对党忠诚纳入新时代家庭伦理范畴,着力培养爱国爱家的家国情怀。习近平总书记指出:"在家尽孝、为国尽忠是中华民族的优良传统。没有国家繁荣发展,就没有家庭幸福美满。同样,没有千千万万家庭幸福美满,就没有国家繁荣发展。我们要在全社会大力弘扬家国情怀,培育和践行社会主义核心价值观,弘扬爱国主义、集体主义、社会主义精神,提倡爱家爱国相统一,让每个人、每个家庭都为中华民族大家庭作出贡献。"[1]

南宋理学家吕祖谦说:"士大夫喜言风俗不好。风俗是谁做来?身便是风俗。不自去做,如何得会好。"[2]明代高攀龙《责成州县约》云:"一善人者,一方元气。"[3]"孝子悌弟其上矣;次则仗义好施者;次则终身自守,不作非为者。"[4]要涵养社会元气,

---

[1] 中共中央党史和文献研究院编:《习近平关于注重家庭家教家风建设论述摘编》,中央文献出版社,2021,第71页。
[2] 吕东莱:《官箴》,载陈宏谋《五种遗规·从政遗规》,团结出版社,2019,第18页。
[3] 高忠宪公:《责成州县约》,载陈宏谋《五种遗规·从政遗规》,团结出版社,2019,第205页。
[4] 高忠宪公:《责成州县约》,载陈宏谋《五种遗规·从政遗规》,团结出版社,2019,第205页。

就要大力推介民间道德模范。社会风气之变，需要身边可见的榜样引领，榜样的力量是无穷的。

家庭道德模范应该受到全社会的尊重。优秀党员、干部应该努力成为新时代家庭道德模范，为加强家庭伦理建设做出表率。回顾新中国社会风气之变，社会精神之变，正是因为一大批领导干部，包括毛泽东、朱德、周恩来、刘少奇、彭德怀、邓小平、陈云、李先念、习仲勋等老一辈革命家以及党的好干部如焦裕禄、孔繁森等同志作出了榜样。习近平总书记多次强调："在培育良好家风方面，老一辈革命家为我们作出了榜样。每一位领导干部都要把家风建设摆在重要位置，廉洁修身、廉洁齐家，在管好自己的同时，严格要求配偶、子女和身边工作人员。"[1] 他指出："要引导党员、干部向焦裕禄同志看齐，从今天做起，从眼前做起，从小事做起，像焦裕禄同志那样对待群众、对待组织、对待事业、对待同志、对待亲属、对待自己，像焦裕禄同志那样生命不息、奋斗不止，努力做焦裕禄式的好党员、好干部。"[2]

加强家庭伦理建设的另一个着力点，就是要坚持法治和德治紧密结合。德治是基础，没有法治的德治，其作用是有限的，家庭教育也是如此。司马光《居家杂仪》云："凡为家长，必谨守礼法，以御群子弟及家众。"国有国法，家有家规，无规矩不成方圆，这是千古不变的道理。随着社会进步，法治已经从不同角度和不同层面干预家庭"私权"。注重家风建设，必须与领导干部的反腐倡廉、公德私德考核、党规党纪、巡视稽查、扫黑除恶等紧密结合。党的十八大以来，我国党风、政风、社风和领导干部家风发生明显好转，正是在反腐倡廉教育基础上，严格贯彻落实中央八项规定、《中国共产党党员领导干部廉洁从政若干准则》以及采取系列反腐重拳打击的结果。有耻有格，方能明大德、守公德、严私德，扬正气、树新风。

2023年1月9日，习近平总书记在中国共产党第二十届中央纪律检查委员会第二次全体会议上指出，全面从严治党体系应是一个内涵丰富、功能完备、科学规范、运行高效的动态系统。要坚持内容上全涵盖、对象上全覆盖、责任上全链条、制度上全贯通。这些新要求、新做法，对加强领导干部的家庭教育、家风建设，增强使命感、紧迫感具有现实意义。

---

[1] 中共中央党史和文献研究院编：《习近平关于注重家庭家教家风建设论述摘编》，中央文献出版社，2021，第34页。
[2] 中共中央党史和文献研究院编：《习近平关于注重家庭家教家风建设论述摘编》，中央文献出版社，2021，第32页。

从家庭管理法治化的实际需要看,我国民法典已将家庭与婚姻纳入了法治化轨道,合法夫妻关系是一种以法律方式认可的伦理关系,重婚属于犯罪行为。对于婚外恋,非婚生育,离婚后的子女抚养、财产分割、责任分摊等问题,法律在干预时还考虑了诸多家庭伦理因素。在现代家庭成员关系中,尊老爱幼不仅是一种家庭伦理责任,也是一种社会义务,加强道德的自觉性与法律的干预性是必要的。

习近平总书记说:"我们着眼于以优良党风带动民风社风,发挥优秀党员、干部、道德模范的作用,把家风建设作为领导干部作风建设重要内容,弘扬真善美、抑制假恶丑,营造崇德向善、见贤思齐的社会氛围,推动社会风气明显好转。"[1] 他还对妇联提出了具体要求:"妇联要搞一些有社会影响力的品牌,如评选模范人物、贤妻良母、相夫教子、模范家庭的典型等,通过树立典型,引导全社会见贤思齐。"[2]

加强新时代家庭伦理建设,树立爱国爱家、相亲相爱、尊老爱幼、向上向善、和睦邻里、表率风俗的新时代道德模范,领导干部有义不容辞的责任和任务。新中国成立以来,领导干部中涌现了无数个焦裕禄、孔繁森,他们的道德精神一直激励着中国人民努力向上向善追求。今天,社会剧烈变迁促进社会道德风气发生了重大变革。新时代家庭伦理建设呼吁新模范、新典型发挥模范带头作用。为此,领导干部必须当好排头兵。

---

[1] 中共中央党史和文献研究院编:《习近平关于注重家庭家教家风建设论述摘编》,中央文献出版社,2021,第34页。

[2] 中共中央党史和文献研究院编:《习近平关于注重家庭家教家风建设论述摘编》,中央文献出版社,2021,第64页。

第四编

协同育人与"三风"建设

第8章

家庭教育与家风建设

> 健全学校家庭社会协同育人机制，是当今教育改革和人才培养模式创新的新课题。人是环境和教育的产物，也是文化的产物。人不仅要适应环境，更要主动改造环境。一个人的生命发展过程是从家庭到学校再到社会的过程，期间家风、校风和社风对人的影响最为深刻且久远。家风、校风、社风三者共生互补，相互作用。推动以社会主义核心价值观为主导、家风纯正的家庭育人文化建设，是搞好家庭教育的基础。

人的成长过程与生命发展过程同步。生命源于父母，成长始于家庭，发展基于学习，成熟臻于社会。教育是通过传承育人文化培养人的，影响人生发展最持久且最具穿透力的是育人文化的内涵与品质。一个人的生命发展过程即从家庭到学校再到社会的全景教育过程。由家庭、学校、社会三种育人文化构成的人生成长的教育生态是一个完整的链条，家庭文化是这个链条的开端。一个人发展成什么样子，无不留下家庭、家教和家风的烙印。

一、家教与家庭

家庭教育是发生在家庭中并以家庭成员为对象的教育形态。中国自古以家为本，治家之道以教育为先。因此，溯源中国古代贤哲关于家庭教育与家庭关系的论述，有益于理解家庭教育的属性。

1. 家庭教育最直接和首要的目标，是培养合格的家庭成员

家庭教育是发生在家庭场景中围绕家庭成员人伦角色关系、责任与义务而实施的品德教育，是如何做人的教育。家庭教育的对象包括所有的家庭成员。随着家庭的发展，每个人都要学会与家庭共同成长。《颜氏家训》中提出"教妇初来，教儿婴孩"，是说家庭教育要把新成员作为重点教育对象，对新成员包括新媳妇（新女婿）和新生子女进行家庭教育，目的是让他们接受家庭文化，在家风熏陶中学会遵守规则，在家庭人伦角色关系中找到自己的位置，成为合格的家庭成员。

2. 从生活细节入手积小德养大德，是我国家庭教育的传统做法

我国先人对家庭教育的最早认知，是注重将孩子的习惯教养贯穿在生活细节中，并规定了不同年龄阶段的教育内容。《大戴礼记·保傅》载，西周王室世子的教育分为婴儿、孩提、少年、弱冠等几个阶段，各阶段都有不同的目标和相应的教育方式。《礼记》中的《曲礼》《内则》也详细地记载了家庭生活的行为细节及其相应的规定。现实的家庭生活都是由一件件小事组成的，衣食住行、洒扫应对、言谈举止等每一件小事都是课程，家庭教育就是在小事中养小德，积小德为大德。

为保证家庭教育按照年龄阶段循序渐进，《礼记·文王世子》记载，要辅翼世子成为合格的王位继承人，必须设置师、傅、保等专职教官。世子在婴孩阶段，居家室中由"保"陪伴左右，其职责是"慎其身而辅翼之"，即保健其身体；孩提时，出室外活动则由"师""傅"奉陪左右，"教之以事而喻诸德者也"，也就是借助认识各种事物，晓喻其理，培养德性；少年至弱冠时，出就外舍学习，其教育则由乐正、大胥、龠师、大师、大司成等教官实施。这种包含德智体美综合培养的宗室教育模式，不仅在当时的诸侯国和卿大夫贵族中普遍推行，而且还为后代皇室宗亲教育提供了重要参考。

3. 以家训立家风，是彰显家庭教育核心价值追求的重要方法

家庭具有修身立本、培养德性的教育功能。北齐的颜之推，生逢乱世，"三为亡国之人"，目睹了乱世中许多家族一夜暴发又一朝而亡的大起大落。他清醒地认识到，社会是由各种阶层和各种职业的家庭组成的，家庭教育能否以核心价值追求建树其品质独特的家风，对于家族兴衰至关重要。作为颜渊的后代，颜之推秉承儒家思想，结合自己平生见闻，著述了《颜氏家训》。该书堪称"篇篇药石，字字龟鉴"，详论治家、治学、治业和家人按照伦理角色立身行事、和睦相处的道理与行为细则，旨在垂范立训，"整齐门内，提撕子孙"。他强调一个家庭的兴衰系于家教，在动荡不安的乱世，家庭要求得安稳，修身立德是根本。立德贵在家教，家教须有明确的目标指向。他为子孙后代着想，垂范立训，教育子孙要以耕读立身，要以技艺谋生。自《颜氏家训》问世以后，士族之家兴起了家训之风。以家训立家风，以家风敷家教，旨在突出家庭核心价值追求，帮助后世子孙学有依归、行有方向。

4. 父母自觉担起家教责任，是中国家庭教育的优良传统

司马光认为"正伦理、笃恩义、辨上下、严内外"是家庭教育的目的。"凡为家长，必谨守礼法，以御群子弟及家众。"[①] 家长是一家之主，是家规的制定者和主要责任人。司马光认为，家长要为家人树规立矩，率领家人守礼法，在规矩面前人人平等，不可偏爱，更不可溺爱子女。

当历史的车轮奋进到今天，中国社会发生了翻天覆地的变化，现代家庭伦理体系亟待完善。进入新时代，社会主义核心价值观为完善现代家庭伦理体系奠定了基础。现代家庭伦理必须体现现代社会和现代人的需要，但以家为本的文化基因不应丢掉。正确认识中国古代家教与家庭的关系，对于合理继承弘扬中华优秀传统文化，让传统家庭美德助力今天的家庭教育变革是非常必要的。

二、家教与家风

家教与家风关系密切。在不同的历史时期，社会变革影响家庭变革，家庭变革推动家风变革，促进家教满足家风建设需要。

1. 何谓家风

家风，又称门风。"家风"一词，首见于西晋文学家潘岳的《家风诗》。诗中自述家族风尚："义方既训，家道颖颖。岂敢荒宁，一日三省。"通过歌颂祖德、称美家族传统以自我勉励。南北朝时，门阀士族自矜门户、标树家风成为一种风尚，出现了"不坠家风""世守家风""克绍家风""家风克嗣"等与家风有关的词语。家风是一个家庭文化的精神内核，是维系家庭成员之间情感关系和利益关系的道德行为规范。家风是一种弥散在家庭生活中的家文化品位，是一种潜移默化、无处不在的家庭文化氛围，是一种有温度、有人情味的内心观照。家风所体现的是父母言传身教、身体力行的榜样示范，是长辈对晚辈耳濡目染、潜移默化的教育，是子孙后代立身处世、言谈举止的道德准则。

---

① 司马温公：《居家杂仪》，载陈宏谋《五种遗规·训俗遗规》，团结出版社，2019，第7页。

2. 家风的创立与传承

家风作为特定的家文化，形成于家族链上某一出类拔萃、对家族兴旺产生过重要影响的人物。其嘉言懿行，不仅为当世家族成员奉为治家圭臬，而且还被后世家族子孙尊奉为祖训，严格遵循。其遗风余韵，代代传承，于是就形成了具有家族个性的道德风貌和家教传统。

家风是社会风气的重要组成部分，不论是名门望族还是普通百姓的家风，无不随着时代变化。为了适应时代变革，一代又一代的后人都必须履行家风建设责任，学会在现实生活中探索与时俱进的兴家之道，以此不断完善和发展家风的内涵。良好的家风，需要几代人甚至十几代人的践行、传承、积淀、完善和发展才能形成。家风传承于世代的家庭教育实践中，并越积越厚。

3. 家风的发展

家风的发展主要是守正创新，即在坚守祖训的精神实质上丰富和发展适应时代需要的新内涵。在这方面，吴越钱氏家族堪称典范。吴越忠懿王钱俶（929—988），是五代十国时期吴越的最后一位国君。宋太祖平定江南时，他出兵策应有功。北宋建立后，他为保一方平安，主动献所据两浙十三州之地归宋。

钱氏家族自宋以来，历千年之久，始终以《钱氏家训》为行为准则，践行"利在一身勿谋也，利在天下者必谋之"的训言，正确处理个人、家庭、社会和国家四者利益，对子孙立身处世、持家治业、治学为人进行全面规范和教诲。时至今日，其子孙已有数百万之众，且代有名人。如科技界的钱学森、钱三强、钱伟长，国学大师钱穆、钱锺书等，皆出于钱氏家族。可见，厚重的家风对家庭兴旺、人才培养有多么重要。

4. 家风涵养家国情怀

中华民族具有深厚的家国情怀，每个人的家庭情结和国家情结在家风中都能得到体现。这是中国家文化的独特魅力所在，其源头可以追溯到孟子，他是最先论述家庭与国家的关系并丰富了儒家孝道思想的教育家。

战国时期，西周的宗法制和世袭制出现了"礼崩乐坏"的局面，分封制的家天下被日益崛起的诸侯势力割裂和相互兼并。社会大变动，生产力发展，促进了以私有制为本质的家庭快速发展，推动了手工业者、商人和士阶层快速崛起。为加强社会分层治理，齐国宰相管仲率先将国民分为士、农、工、商四类，提出按照职业性质划分区域定居制度，促进家庭与社会发展有机结合。

在宗法制日渐崩溃的背景下，孟子为使儒家学说适应个体家庭不断发展的社会大变革的需要，将孔子"仁"的观念发展为"仁政"学说，主张以德服人的"王道"，提出"天下之本在国，国之本在家"，最先论及国家政治要以家为本。用现代语言解释，就是治国者要以民为本，即以家为本。因为家和国的利益是一体的，国家要维护人民的实际利益，让老百姓有恒产，有恒产者就有恒心。利在，家就在，心向国家，家国并存，相得益彰。他指出，战国争雄仅凭武力是行不通的，国家也无法强大，要想统一华夏，必须注重民生、繁衍人口，只有人民安居乐业，经济才会繁荣。在此基础上"教以礼义"，为"仁政"建立以孝为本的伦理秩序。一个国君如能做到以民为本，家国一体，举国上下就能团结如一人，这个国家就能以王道统一天下。

孟子认为治国必以治家为本。治家之本在于教育人们行孝道。"孝子之至，莫大乎尊亲"。仁和义不是空洞的概念，而是孝道的表现。"仁之实，事亲是也；义之实，从兄是也。"如何孝亲？首先是爱身、守身。"不失其身而能事其亲者，吾闻之矣；失其身而能事其亲者，吾未之闻也。孰不为事？事亲，事之本也；孰不为守？守身，守之本也。"事亲者，要以爱身、守身为前提，自己身残或身亡又如何事亲？爱身、守身，本意为了孝亲，但非私用。孟子说："世俗所谓不孝者五：惰其四支，不顾父母之养，一不孝也；博弈好饮酒，不顾父母之养，二不孝也；好货财，私妻子，不顾父母之养，三不孝也；从耳目之欲，以为父母戮，四不孝也；好勇斗很，以危父母，五不孝也。"孟子强调"孝"要落到实处，即不可四肢懒惰，要勤奋劳动；不可赌博酗酒，浪费财物；不可贪吝财物，只顾妻儿，不顾父母；不可放纵声色享乐，使父母感到羞辱；不可好勇斗狠，危及父母安全。孟子还指出，尊老爱幼是治国的根本："老吾老，以及人之老；幼吾幼，以及人之幼，天下可运于掌。"孟子的这些观点反映了社会、家庭变革对伦理建设的需要，揭示了家国一体和孝道教育涵养家国情怀的道理。

5. 家教对家风建设的作用

家庭不仅是婚姻、血缘关系的呈现，也是道德践履、品德养成的起点。习近平总书记强调："家庭不只是人们身体的住处，更是人们心灵的归宿。家风好，就能家道兴盛、和顺美满；家风差，难免殃及子孙、贻害社会……"[①] 家风以一种隐性的形态，存在于家庭的日常生活之中，内化为家庭成员的世界观、人生观、价值观和行为习惯。良好家风既是砥砺品行的磨刀石，也是家和万事兴的治家法宝。家风正

---

① 中共中央党史和文献研究院编：《习近平关于注重家庭家教家风建设论述摘编》，中央文献出版社，2021，第24页。

则民风淳、政风清、社风美。

中华家教注重敦化德行，注重修身、立德、成人之教。一个家庭的家教传统也是家风的表现。中华优秀传统家教赓续着中华民族最深沉的生命价值追求，潜移默化地影响着人们的思想方式和行为方式的莫过于家风与家教的相互作用。经过历史传承和积淀的尊老爱幼、贤妻良母、母慈子孝、妻贤夫安、相夫教子、兄友弟恭等优秀传统家风，已深植于中国人的心灵，融入中国人的血脉，成为家庭和睦、社会和谐的基石，成为中华民族重要的文化基因和独特的精神标识。古人所谓"磨砻淬濯，成就其器"，就是要通过家教传承、涵养中华家风。

三、古今家风异同

人的受教育过程与成长过程，都是人生重要的社会实践过程。人的社会性和生命发展规律，决定了人的社会化过程必然在家庭、学校、社会环境中完成。家庭教育是人生的起点，而最能影响品行修养的是家风。不同时代的家庭都会随社会发展而变化，家风亦随之变化。要继承弘扬中华优秀传统家庭文化，必须明辨古今家风异同。

中国传统家风是在数千年历史发展过程中形成的，并在世代相传中形成了中华民族家风文化的特色。家风文化具有很强的迭代性、继承性，我们只能根据社会性质和家风内容之别，将其大体划分古代家风和现代家风。古今家风既有传承的共同特质，又有时代差异性，并各有优劣。概而言之，可从以下几方面辨别古今家风之异同。

1. 家风的教育性

古今家风皆用于"整齐门内，提撕子孙"，具有向上向善的教育品质。凡是积极向上的家庭，无不在家风建设中坚持相亲相爱、向上向善、爱家爱国的正向引导原则。突出教育性，是古今家风建设的共同特点。

古代农业社会的大家庭，由于生产力低下，往往世代聚族而居，或者分居后仍在家族势力庇护之下生产和生活，故而家风易于形成。因为大家庭人口众多，数世同堂，人伦关系复杂，家长要处理好家庭成员的利益关系，必须为家人立规矩、立家训。家训作为一个家庭或家族共同认可的价值观，在古代传统家庭或宗族的教育活动中更容易得到贯彻，这与古代家庭教育方式以"前喻"为主、"互喻"为辅有直接关系。家规、家训、族约、祖训，既是家庭教育的内容，也是一种约束手段，用于规范和约束家人行为。所以家风、门风对家庭成员来讲，是一种强制性要求。

然而，今天的家庭结构多以核心家庭为主，家庭人口唯夫妻、子女。核心家庭的人伦关系极其简单。一般来说，子女对父母或其他家庭成员的依赖是阶段性的，尤其是独立成家后，这种依赖时有时无或可有可无，他们之间的相互影响也随之减弱。此外，当今社会处于开放状态，教育方式呈现出"后喻"为主、"互喻"为辅的新形态，父母对子女教育深感乏力，原因在于父母的教育知识和技能跟不上时代，其陈旧的生活经验对子女没有说服力。因此，即使父母和子女生活在一起，要强制性约束已经长大成人且个体社会价值日益凸显的子女，几乎是不可能的。如此，父母与子女之间只能以民主协商的方式，就某些重要问题达成一致看法，并约法三章，共同遵循。

即使这样，古代家风中具有生命力的家训依然可以借鉴。例如，宋代金溪陆氏家族，十世同居，耕读为本，家法严肃，高风笃行，其家风的形成与陆九韶《居家正本制用篇》规定的正本、制用的治家原则有直接关系。"正本"篇强调以孝悌忠信、读书明理为要，以时俗名利之习为戒；"制用"篇讲持家之道，以节俭为本，不过费以耗材，不因贫而废礼，称家有无，随时撙节。虽然如今大家庭越来越少，但这些立德重教、节俭持家的道理与原则在核心家庭仍未过时。

2. 家风的社会性

不论什么时候，家庭始终存在于社会中，家风作为社会文明的重要组成部分，一定会受到社风影响。苏轼认为"恶俗无善政"，不良的风俗滋生邪恶势力，破坏社会文明生态，更破坏政治生态，对家风造成的负面影响极大。相反，良好的家风则可影响社风。在这一点上，古今家风的作用是一致的。因此，正确评判时风利弊，惩恶扬善，努力建树良好家风，以此引导社风、政风建设，也是古今家风建设的共同特点。

例如，北宋吕大忠兄弟四人均受张载思想影响，合力于家风建设，成效明显，因此吕氏家规家法被乡邻敬信，推广发展为《吕氏乡约》，后被朱熹修订为《增损吕氏乡约》，在全社会推广，影响深远。《增损吕氏乡约》规定了四大纠风教化内容：一是德业相劝，二是过失相规，三是礼俗相交，四是患难相恤。乡约是由自愿参与而形成的一种社会教育组织，管理乡约者为"约正"，由大家推选德高望重者担任，主要负责实施道德教化。由吕氏家规发展而成的《增损吕氏乡约》，在教育内容上是家、社合流的。例如"过失相规"条款，其内容分为两部分：一是相互规诫六种"犯义之过"，即"酗酒斗讼、行止逾违、行不恭逊、言不忠信、造言诬毁、营私太甚"；二是相互防范五种"不修之过"，即"交非其人、游戏怠惰、动作无仪、临事不恪、用度不节"。以上过失，同约之人各自省察，互相规诫。小则密规之，大则众诫之。如果不听，则在乡约聚会时由约正以理谕诲之。愿意接受教育且愿意改正的就记录下来，以察实效，改则为善；若不服且终不能改者，可清出乡约组织。吕氏兄弟将家庭教育移植于乡约、社学教育中，增强了社会组织的教育功能，突破了家庭、家族的狭隘性，以好家风带动了社风转变。这是古代家风建设的宝贵经验。

今日社会是信息化社会，家庭与社会联系紧密，甚至不少生活、教育、养老、托幼等家庭功能外溢于社会，但是家依然是人们生活的依托、心灵的寄托。习近平总书记强调："广大家庭都要弘扬优良家风，以千千万万家庭的好家风支撑起全社会的好风气。特别是各级领导干部要带头抓好家风。……领导干部的家风，不仅关系自己的家庭，而且关系党风政风。"[①] 领导干部家风对社风、校风、政风影响很大，故治家风必以领导干部为重点。

3. 家风的时代性

家庭是社会的细胞，家风是社会精神在家庭的反映。道德是随着社会和人的生活需要而变动的。古代社会精神、社会风气以礼教为纲，而现代则是以人为本，尤其是新中国成立后坚持以人民发展为中心，人的个性得到张扬，个体社会价值得到凸显。

汉代儒家格外推崇"孝、悌、忠、信、礼、义、廉、耻"，以此"八德"作为人们的行为规范，所以"八德"普遍存在于家风之中。"八德"为古代礼教大德，是对应"三纲五常"的修身齐家的核心价值观，与汉代政治的基本要求是一致的。除此之外，士、农、工、商不同阶层的家庭还将"八德"演化为若干细目。例如，节俭是持家兴家的重要原则，也是世人应共同遵循的美德。到了北宋时期，城市文化繁荣，奢靡习气极为泛滥。司马光在《训俭示康》中说，"近岁风俗尤为侈靡，走卒类士服，农夫蹑丝履"，即干杂役的走卒穿戴上了读书人的衣冠，种田的农夫脱掉草鞋，穿上了丝质鞋袜。士大夫家接待客人更加讲究，"酒非内法，果肴非远方珍异，食非多品，器皿非满案，不敢会宾友。常数月营聚，然后敢发书。苟或不然，人争非之，以为鄙吝，故不随俗靡者盖鲜矣"。北宋士大夫之家，请客吃饭，大摆排场，还时兴邀请歌女侑酒唱曲，如晏几道的《小山词》几乎都是在好友家参加宴会时填写的，其中记载了多名歌女即席演唱的情景。晏几道继承了父亲留下的不少遗产，

[①] 中共中央党史和文献研究院编：《习近平关于注重家庭家教家风建设论述摘编》，中央文献出版社，2021，第 24—25 页。

但不过几年就陷入贫困了。崇尚节俭是兴家美德，奢侈浪费则是败家恶习。所以，培养节俭的美德，是家庭家风建设的永恒主题。

到了20世纪初期，新文化运动倡导新道德、新文化，社会风气幡然大变。家庭观、婚姻观、男女观、教育观等也随之发生了前所未有的改变，男女平等、婚姻自由、一夫一妻制得到体现。新中国成立后，劳动人民翻身做主，社会新风气、新生活、新道德成为家庭教育的主要内容。改革开放后，我国社会风气又有变化，主流为爱党爱国、勤劳致富、尊重知识、尊重人才、勇于创新、尊老爱幼、助人为乐、无私奉献、积极向上，但也夹杂有崇洋媚外、奢靡浪费的问题。

古往今来，物质一丰富，奢靡之风便随之而来，节俭反遭人耻笑。这种现象既影响家风，也影响社风、政风，是造成贪腐的重要原因。党的十八大以来，以习近平同志为核心的党中央大力严惩腐败，严厉打击社会黑恶势力，使社会风气消极一面得到有效治理。历史事实告诉我们，时代精神在变，家风必然会变。不管什么时代，家风建设必须与社会变迁、政治变革、文化思潮相适应。这是古今家风的共同之处。

4. 家风的传承性

家风传承是由家庭的特殊功能决定的。家庭（家族）世代传承的，既有物质财富，也有精神财富。家风作为一种家庭成员的行为规范，一种家法家规家训，一种世代遵循的核心价值，一种人生态度和生活方式，都隐含在物质与精神的传承中。古往今来的家庭都有三大基本功能：一是满足个人需求，二是满足社会需求，三是满足精神需求。由于时代需求在不断发展，故而古今家风的内涵有所区别。

家风传承是动态的，以满足多种需要为前提。

首先，从满足个人需求来看，主要包括三个方面：一是生命需求，表现为婚姻缔结与爱情维持、生育以及对子女的抚养；二是物质需求，衣食住行、生老病死的物质需要让家庭表现为组织生产、积累、分配和消费的单位；三是精神需求，表现为人伦道德、心理发展、血缘亲情、兄弟友情、老人赡养等。为了满足上述需要，每个家庭都必须根据自家实际建立一种共同遵循并为世代赓续的行为规则，尤其在忠诚、慈爱、孝悌、勤俭、礼让、廉洁等方面，应形成具有家庭个性品质的道德准则。

其次，从满足社会需求方面看，家庭是社会的基本细胞，家庭生存与发展离不开社会稳定和国家进步，更离不开社会道德秩序的进步。社会道德秩序是建立在家庭伦理道德基础之上的，维护社会和国家共同利益的责任需要千千万万个家庭共同分担。每个独立的公民，既是家庭成员，又是社会成员，必须承担起应负的社会责任与义务。教育家庭成员承担社会责任与义务，做合格公民，是现代家庭教育的重要内容,而围绕家国利益关系主线形成行之有效的家规、责任分担机制,是家风建设的重要方面。

最后,从满足精神需求方面看,家庭是人生发展的起点,是人生的第一所学校。人的成长需要教育和教养,家庭教育的本质就是满足个体的生命需要、生活需要、生长需要。一个家庭的价值认同、生活方式,其实就是家风的体现,是生命、生活、生长需要的体现。家训、家规是家风精神的高度提炼和概括,旨在为家人确立一种积极引导生命、生活、生长的价值观,必须贴近家庭成员人生发展的实际需要。

四、家教变革与家风建设

家庭是社会中最古老、最基本的组织形式,家风建设也是一个历史悠久的话题。但在中国历史上,从来没有一个时代的家庭像今天这样发生如此剧烈的变化、像今天这样如此注重家风建设。我国家庭教育事业已经进入一个时代性变革的拐点,家风与社风、家风与校风、家风与政风、家风与党风紧密联系在一起,构成当下中国社会风气的全部。如何引领我国社会风气适应新时代文化强国建设,已成为我国家庭教育变革和家风建设的双重任务和新课题。

1. 明确目标和方向

党的十八大以来,习近平总书记向全党全社会发出注重家庭家教家风建设的伟大号召,要努力使家庭成为国家发展、民族进步、社会和谐的重要基点,要以千千万万家庭的好家风支撑起全社会的好风气,推动形成爱国爱家、相亲相爱、向上向善、共享共建的社会主义家庭文明新风尚。家风具有潜移默化的作用,营造良好家风,有助于推动党风、政风、社风、民风的改善。这是我国家庭教育变革和家风建设的目标和方向,只有坚定这一目标和方向,才能从根本上找到着力点。

2. 明确家教和家风与社会风俗的关系

从理论上讲,要搞好家教,必须端正家风;而要端正家风,必须依靠家教。但从实践上看,家教、家风的建设都必须以社会风俗的改造为基础。因为不论什么时候,不论城市乡村,一个家庭崇尚什么、重视什么,都受当时当地的社会风气影响。因此,治理社会风气要放在精神文明建设、公民道德建设的首位。

当前,中国已经进入一个从未有过的向高质量发展的新时代。社会变迁必将引起家庭教育模式等的变革。2020年第七次人口普查数据表明,我国的家庭模式已发生改变,家庭制度也需要进一步完善,所以变革家庭教育模式和加强家风建设的根本问题是加强家庭伦理体系建设。因为个体社会价值日益凸显、家庭教育功能不断外溢、人户分离的趋势不可逆转，要树立什么样的家风、建设什么样的家庭伦理、如何弘扬中华民族传统家庭美德，成为必须应答的难题。新时代的家教变革和家风建设，必须面向新时代特征，面向未来家庭变化，面向社会深刻变革。

3. 明确社会典范的引导

社会进步不能没有时代道德模范的引导，也不能没有家风建设示范者的引领。苏轼曾说："风俗一变，不可复返，正人衰微，则国随之。"[①] 何谓"正人"？就是表率社会风俗的人，在中国古代是以"修齐治平"为己任的文人士大夫阶层，在今天则是领导干部群体。

领导干部群体应担负起家教变革、家风建设的重任。

这是因为：一方面，领导干部作为具体个人，生活在各自的家庭中，扮演着各种人伦角色，担当着家庭教育和家风建设的责任；另一方面，领导干部作为一个群体，其整体道德素质和能力决定着时代的整体面貌。所以，领导干部如何当好一家之长，当好孩子的父母和父母的儿女，这不仅关系个人的私德修养和家风，也关系到党和国家的形象与命运，关系社风、政风、党风。

---

① 苏轼：《拟进士对御试策并引状问》，载《苏东坡全集3》，北京燕山出版社，2009，第1475页。

第 9 章

风俗教化与校风建设

> 风俗作为一种流动多变、内涵丰富的社会行为文化,渗透在人们生活和社会活动的各领域,构成了一种无处不在、无所不包的育人环境。每个人在成长过程中,无不接受家风、校风、社风交叉性影响与教育。创建一种和谐共生、有序渐进、优势互补的育人文化生态,既是家庭、学校和政府的责任,也是健全学校家庭社会协同育人机制的客观需要。

人的成长过程是一种"人文化成"的过程,教育的基础是家庭、学校和社会文化环境的影响。风俗,是一定地域的社会文化环境的表征,影响深广。家庭和学校都无法回避风俗对育人文化的影响。风俗作为社会习俗文化,是一个国家、民族或地方长期形成并为人们共同遵守的行为规范,制约着所有社会成员的行为,体现了一个国家或地区的社会文明程度。其中,风俗的道德价值追求,对校风的精神建设影响深远。注重风俗教化与校风建设的内在联系,创建一种和谐共生、循序渐进、优势互补的育人文化生态,对于健全学校家庭社会协同育人机制具有至关重要的作用。

一、良风美俗的教化之功

风俗,是历代相沿积久而成的风尚、习俗。风俗有根基深厚、惯性强大、穿透力强、影响广泛等特点,其作用无处不在,大到一个国家,小到一县、一乡、一家庭的风气之好坏,无不受风俗影响和制约。一个地方的风俗品质,直接反映其地方文化与教育的盛衰,其价值取向影响人们的思想、情感、认知和生活方式,影响家风、校风、政风和党风，影响社会精神和政治生态。

中国自古有"为政必先究风俗"的传统，敦风化俗是治国安民的根本。南宋陆九渊曾言"家之兴替，在于礼义，不在于富贵贫贱"①，深知风俗对社会的发展与进步具有特殊作用。良风美俗有促进之功，歪风邪气有阻碍之害。宋儒楼钥说："国家元气，全在风俗；风俗之本，实系纪纲。"②清代学者黄中坚说："天下之事，有视之无关于轻重，而实为安危存亡所寄者，风俗是也。"③商纣王败于风俗，其败也疾。武王克商之后，以殷商为鉴，以治理不良风俗为本，其兴也速。周公制作礼乐，其效显著。成康之治，搁置刑法四十余年不用，民风向善，社会长治久安。

历代史学家认为，西周国运长久，与注重风俗变革很有关系。《史记·鲁周公世家》载："鲁公伯禽之初受封之鲁，三年而后报政周公。周公曰：'何迟也？'伯禽曰：'变其俗，革其礼，丧三年然后除之，故迟。'太公亦封于齐，五月而报政周公。周公曰：'何疾也？'曰：'吾简其君臣礼，从其俗为也。'及后闻伯禽报政迟，乃叹曰：'呜呼，鲁后世其北面事齐矣！夫政不简不易，民不有近；平易近民，民必归之。'"据《礼记·王制》载，西周王室非常注重风俗教化："命大师陈诗，以观民风。命市纳贾，以观民之所好恶，志淫好辟。命典礼，考时月，定日，同律、礼乐、制度、衣服，正之。"这是说周王命令各诸侯国的太师演唱当地的民歌民谣，从而了解民风习俗；命令管理市场的官员呈交物价统计表，根据百姓的喜好了解人民是否倾向奢侈、邪僻；命令负责礼教的官员校定当地的季节、月份、日期，并检查当地的同律、历法、音乐、制度、衣服，发现有不符合规格者，予以纠正。这些作为，就是风俗教化。

此外，西周还设立了专门负责风俗教化的司徒："司徒修六礼以节民性，明七教以兴民德，齐八政以防淫，一道德以同俗，养耆老以致孝，恤孤独以逮不足，上贤以崇德，简不肖以绌恶。"所谓"六礼"，即"冠、婚、丧、祭、乡、相见"。所谓"七教"，即"父子、兄弟、夫妇、君臣、长幼、朋友、宾客"互相间各自应当遵从的伦理规范。所谓"八政"，即"饮食、衣服、事为、异别、度、量、数、制"。司徒所为，不仅职责明确，而且内容体系化，由此可见注重风俗建设之一斑。

风俗教化，在于美化性情。而诗歌是人们表达性情的一个重要途径。故西周通过设立观风俗的官员搜集当地的诗歌观察民情。至孔子时，西周采集的反映各地风

---

① 奇峰、戈匕主编：《名言辞典》，大连出版社，1990，第421页。
② 唐祈、彭维金主编：《中华民族风俗辞典》，江西教育出版社，1988，第348页。
③ 唐祈、彭维金主编：《中华民族风俗辞典》，江西教育出版社，1988，第348页。

土人情的诗歌达三千余篇,孔子以"述而不作"的方式将这些诗歌删减为三百篇,后结集为《诗经》。孔子说:"《诗》,可以兴,可以观,可以群,可以怨。迩之事父,远之事君;多识于鸟兽草木之名。"所谓兴、观、群、怨,既是诗歌的文学功能,也是诗歌的教化功能,学诗可明理,"迩之事父,远之事君"。诗教,或称乐教,是儒家礼乐之教的重要组成部分。古代中国政治具有以礼乐教化风俗的优良传统,而教化风俗则是地方官治理社会的首要任务。《周易·贲》中提到:"观乎人文,以化成天下。"其实,以人文化成天下既是中国文化的本义,也是风俗教化的本义。

二、敦风化俗是中华民族文化统一的重要途径

通过礼乐教化改造风俗,是孔子"礼乐"思想的核心。以诗书六艺为教,目的在于顺乎人之性情,变化风俗。孔子主张以礼乐教化天下,而非以刑法威慑民心,这为中华民族以礼乐教化实现文化统一开示了方向。中国素以"礼义之邦"著称于世,正是注重风俗教化的结果。

春秋战国时期诸侯争霸。为称霸天下,统一中国,以何种方式增强综合国力的问题,既是各诸侯国政治大事,也是各学派争论的焦点。法家注重政治变法,主张废井田,重农抑商,奖励耕战;主张废分封,设郡县,君主专制,仗势用术,以严刑峻法进行统治;主张以法为教,以吏为师。兵家主张运用武力,通过战争来达到统一国家的目的。儒家则主张仁政,反对战争,提出从改良风俗入手,以人文化成天下,以礼乐之教同化夷狄,率性而教,即《礼记·王制》中所说的"修其教,不易其俗;齐其政,不易其宜",通过因势利导的方式改造社会风俗,加强社会道德秩序建设,推进政治制度变革。儒家的文统主张继承了西周的宗法制度精神,理论很精辟,但在现实中显得过于迂腐,所以儒家的理想在战国争雄的乱世未能实现。

秦国文化原本落后于中原诸国。为求生存与发展,在大变革的思潮中,秦孝公"用商鞅之法,移风易俗",推动秦国由弱变强,并为其统一中国打下了坚实基础。天下统一后,秦始皇发现"七国异族,诸侯制法,各殊习俗",于是着力"作制明法",以书同文、车同轨、统一货币和度量衡来"匡饬异俗"。秦王朝虽未能实现风俗统一,但建立了中央集权政治制度,为中华民族文化统一奠定了基础。

汉承秦制,坚持郡县制。汉代国祚四百余年,因注重风俗教化,首次最大范围地完成了中华民族文化统一。其建国之初即实行与民休息政策,经济社会逐渐走向

繁荣。特别是文景之治以后，国力迅速强大，治理风俗败坏被提到议事日程。贾谊率先提出"汉承秦之败俗，废礼义，捐廉耻"的问题必须治理。以后的龚胜多次上书，称"盗贼多，吏不良，风俗薄"是国家长治久安的潜在危机。元朔元年（前128），汉武帝下诏"褒德禄贤，劝善刑暴"，要求各地官员要广教化、美风俗。为了"观风俗，知得失"，朝廷设立风俗使定期巡视四方，还仿效西周采诗观俗的做法，设立了专门负责收集编纂各地民间音乐、整理改编与创作音乐、演唱及演奏音乐的乐府。

乐府，是汉武帝时设立的一个主管音乐的官署。据《汉书·百官公卿表》记载，汉武帝时，乐府令下设三丞。又据《汉书·礼乐志》记载，从汉武帝到汉成帝的一百多年间，乐府发展昌盛。汉成帝末年，乐府人员多达八百余，成为一个规模庞大的音乐机构。由乐府采集编辑的诗歌称为"乐府诗"。汉代的乐府诗采用叙事写法，刻画人物细致入微，创造人物性格鲜明，故事情节较为完整，语言通俗，突出思想内涵，着重描绘典型细节，贴近生活，由杂言渐趋五言，是继《诗经》《楚辞》之后的新诗体，成为汉代教化风俗的重要教材。

孔子说："移风易俗，莫善于乐。安上治民，莫善于礼。"《礼记·乐记》云："礼节民心，乐和民声，政以行之，刑以防之。礼、乐、刑、政四达而不悖，则王道备矣。"儒家认为，礼乐是教化万民的内容，政令是推行礼乐的主体，刑罚是确保礼乐教化实施的手段，只有礼乐刑政四者并用，形成合力，风俗才能得到全面而持久的改造。自汉代以后，各朝都很注重礼乐、诗书、文赋等的教化作用。诗书文赋既是学校的课程，也是社会教化的内容。

随着社会的不断进步，不同时代的文教必须满足现实社会陶冶人性、涵养道德、美化风俗的需要，结合世风民情变革创作出新的文学作品，推陈出新，不断完善和发展文学体裁。中国文学发展史，高峰迭起，从诗经、楚辞、汉赋、乐府、唐诗、宋词、元曲、明清小说到现代诗歌散文，无数经典之作，尤其是那些讴歌爱国主义，歌颂人性真善美，抒发家国情怀的优秀作品，无不彰显出强大的社会教化功能，无不为风俗教化和学校教育提供着精神滋养。

文学是民族精神之集中表现。文学是语言文字的艺术，是社会文化的重要表现形式，是对人性美的体现。文学以不同体裁，通过再现一定时期和一定地域的社会生活，艺术地表现人们的思想情感，对引导教育人们向上向善地追求人生价值发挥着重要作用。在文学作品中，作家用独特的语言艺术表现其独特的心灵世界。一个时代的优秀作品，对于感化、陶冶、涵育一代人的家国情怀，对于促进形成积极健康的社会心理，对于培育民族性格以及改造社会风气，具有不可估量的价值。

在任何时候，文学创作都承担着教化风俗的使命。因此，无论是诗歌、散文、戏曲、小说，都必须扎根于社会生活，揭示真善美，抨击假丑恶，通过歌颂正义、揭示人性、抒发情怀、弘扬正气、感动民心，服务于风俗教化的需要。所以，一切媚俗、败俗、有伤风化的作品和作家都会遭到人民的唾弃，而凡是塑造民族心灵世界的文学家都会得到人民的尊重。文学对重塑民族精神作用巨大。在文学作品中，塑造什么样的精神偶像，崇尚何种人格，鼓励何种风尚，对青少年的人生观和价值观影响深远。中国文学具有注重教化风俗的优秀传统和特色，其涵育中华民族道德、爱国情怀的作用不可替代，这与西方文学的价值观存在明显区别。

三、化民成俗与培养人才是学校承担的双重任务

《礼记·学记》云："发虑宪，求善良，足以謏闻，不足以动众。就贤体远，足以动众，未足以化民。君子如欲化民成俗，其必由学乎！"这是说，执政者发布政令，征召品德善良的人，可以获得一些声誉，但不能感动广大民众；亲近贤明之士，体恤疏远自己的人，可以感动广大民众，但不足以教化百姓。君子想要教化百姓，并形成好的风俗，就一定要兴学重教。

我国学校教育历史悠久，其发源于西周。自汉武帝开始建立完备的官学制度。西汉最早的地方官学是蜀郡太守文翁在蜀郡兴办的地方学校。文翁得知汉武帝尊崇儒家、兴太学设五经博士，而有感于蜀地偏僻，蛮夷风盛，为变化风俗，激励后进，乃从郡县小吏中遴选张叔等18人入京师太学受业于博士，学习儒家经典和律令。诸生学成归来，他在城南兴建"石室学宫"（今成都市石室中学），招收郡治以外四郊属县子弟入学，由张叔等人负责教习。为保证学生集中学习，均免除其徭役。他平时还常将学生带在身边，协助处理一些公务，历练从政能力。对于品学兼优的学生，他委以郡吏、县吏的重任，着力推行社会教化，取得了显著成效。由此，巴郡、广汉郡等地学校兴起，儒家礼乐之教普及巴蜀，对改造地方风俗产生了深远影响。

汉唐时期，察举制主导了选官制度，学校人才可以通过察举、推荐直接任官，学校承担着人才培养和风俗教化的双重任务。自宋代开始，科举盛行，天下学子始由一考定进退，由此学校与官府分离，学校对地方教化漠不关心，导致大量读书人终身以文字章句为能事。针对这种现象，庆历新政期间，范仲淹为振作士林精神，发动了北宋第一次兴学运动。新政失败后，有识之士开始反思变法失败原因并积极寻求解决北宋危机的办法，其中最著名者是王安石和苏轼。

王安石向仁宗皇帝上万言书，提出变法路线和策略："变风俗，立法度，方今所急也。凡欲美风俗，在长君子，消小人。以礼义廉耻由君子出故也。"① 简而言之，就是变革用人制度，改革风俗，即以礼义廉耻重建士林精神，以经世之学培植勇于担当的变法派。庆历六年（1046），他不愿在朝为官，自请外任鄞县令。在鄞县任职四年多，为了矫世变俗，大力兴办县学，亲到学堂授课，并深入民间改良风俗。其政绩显著，多为朝野称誉。

王安石对兴办学校有独到的见解："天下不可一日而无政教，故学不可一日而亡于天下。古者井天下之田，而党庠、遂序、国学之法立乎其中。……则士朝夕所见所闻，无非所以治天下国家之道，其服习必于仁义，而所学必皆尽其材。一日取以备公卿大夫百执事之选，则其材行皆已素定；而士之备选者，其施设亦皆素所见闻而已，不待阅习而后能者也。"② 这是说学校教育与国家政治、社会风俗教化紧密融合，学生接受了政治教化的内容，见习了政治教化的实践，所以从政之后就能胜任政教的职责。

在王安石看来，学校教育的本义与作用有二：一是为国家培养政教人才。学校培养的人才，关系到国家政治兴衰。二是古代学校担负有化民成俗的任务。"夫教化可以美风俗"，风俗归善则"慎刑而易治"。学校师生要深入民间，教导民众归于仁义。教化风俗是学校的责任，也是培养学生深入了解社会、变化风俗的重要措施。他指出让学校担负双重责任，是兴办学校的根本目的。但科举考试改变了学校的本义，学校独立于官府之外，人才培养知识化，"而学之士，群居族处，为师弟子之位者，讲章句、课文字而已"③。他指出，学校以应科举考试为唯一目标，学生两耳不闻窗外事，师生只知"讲章句、课文字"，既丢掉了变化风俗的功能，也无法培养治国理政的实用人才。由此，他大力改革科举，推进"三舍法"，变革人才培养模式。

苏轼赞同王安石关于古代学校具有人才培养和社会教化功能的观点，认为风俗是国家政治的基础，良俗之下民有信义，恶俗之下则无良政。夏商周三代之所以国祚长久，关键在于建立了完整的教化体系。"其所以教民之具，甚详且密也。学校之制，射飨之节，冠婚丧祭之礼，粲然莫不有法。及至后世，教化之道衰，而尽废其具，是以若此无耻也。"④ 这是说，学校是教化体系中的重要组织机构，教化风俗

---

① 邓广铭：《北宋政治改革家王安石》，生活·读书·新知三联书店，2007，第 71 页。
② 王安石：《慈溪县学记》，载《王安石散文选集》，洪本健选注，百花文艺出版社，2005，第 73—75 页。
③ 王安石：《慈溪县学记》，载《王安石散文选集》，洪本健选注，百花文艺出版社，2005，第 75—76 页。
④ 苏轼：《策别安万民一》，载《苏东坡全集 3》，北京燕山出版社，2009，第 1429 页。

必须多渠道、体系化，而且必须遵循"教化之道"。

何谓教化之道？简而言之，就是包括政令、官员、学校、社会民俗、礼节所形成的体系化、制度化的教化力量。各种举措都要围绕改造风俗的主题展开，以提高教化风俗的实效，不能偏题离题，搞形式主义，更不可反其道而行之。例如，熙宁变法之初，宋神宗鼓励参加会试的举人通过策问考试向朝廷指陈时弊并针对时弊发表有关变法的建言。苏轼作为主考官，审阅所有试卷后发现，所试举人的答卷无一人能推原上意，皆以个人得失为虑，因害怕得罪当权的王安石而不敢指陈时政。待到发榜时，凡属阿谀奉承者均居上第。由此，他向神宗上奏："臣窃深悲之。夫科场之文，风俗所系，所收者天下莫不以为法，所弃者天下莫不以为戒……臣恐自今以往，相师成风，虽直言之科，亦无敢以直言进者。风俗一变，不可复返，正人衰微，则国随之败坏，非复诗赋策论迭兴迭废之比也。"[1]苏轼在奏折中提出了与科举取士政策相关的文风问题，指出文风之害是国家政治的最大危害，原因在于读书人是官僚队伍的后备军，是社会风俗的表率，"正人衰微，则国随之"，即表正风俗的人道德都败坏了，国家政治风气亦会随之败坏。苏轼首次提出"科场之文，风俗所系"的见解，揭示了文风与政风、文风与学风的关系。苏轼的这些言论，强调读书人的学风、考风与国家的取士价值倾向存在直接关系，认为科举考试应激励天下士子养正气。这一观点对于如何看待今天的学校教育和考试制度与风俗的关系，仍然具有重要启示意义。

在苏轼看来，改造风俗的目的在于培植人民向善的信仰和养成知礼仪的行为习惯，教人知道什么可为，什么不可为。"夫圣人之于天下，所恃以为牢固不拔者，在乎天下之民可与为善，而不可与为恶也。"[2]风俗正，民心端，知礼义，是强国之本。"夫民知有所不为，则天下不可以敌，甲兵不可以威，利禄不可以诱，可杀可辱、可饥可寒而不可与叛，此三代之所以享国长久而不拔也。"[3]为何朝廷颁布了一系列教化风俗的政令，而"民日以贪冒嗜利而无耻"的风俗依旧如故？苏轼指出，根源在于时人徒知其名而无实。"皆好古而无术，知有教化而不知名实之所存者也。实者所以信其名，而名者所以求其实也。有名而无实，则其名不行。有实而无名，则其实不长。凡今儒者之所论，皆其名也。"[4]人们只知道仰慕古人，空喊"为往圣继

---

[1] 苏轼：《拟进士对御试策并引状问》，载《苏东坡全集 3》，北京燕山出版社，2009，第 1475 页。
[2] 苏轼：《策别安万民一》，载《苏东坡全集 3》，北京燕山出版社，2009，第 1429 页。
[3] 苏轼：《策别安万民一》，载《苏东坡全集 3》，北京燕山出版社，2009，第 1429 页。
[4] 苏轼：《策别安万民一》，载《苏东坡全集 3》，北京燕山出版社，2009，第 1429 页。

绝学",却不知行教化民众之实。知道有教化的形式，却不知形式和实质相互依存。实质是形式的真正内涵，而形式是用来达到实质的手段。只有形式而无实质，则是空洞的形式。只有实质而无形式，实质也就失去了依托。他指出，自庆历新政以来的儒学复兴思潮如火如荼，做文字的人太多，做实事的人太少。兴办学校，改革科举，都要促进风俗变革，不能停留在外在形式上。这些观点都是针对王安石科举变法名实不副的做法而言的，主张循名责实，重在求实。

宋代以后，科举教育占有主导地位，元明清的士人专心研习八股文，"两耳不闻窗外事，一心只读圣贤书"，四体不勤，五谷不分，唯知以应试博取功名而已。这种严重脱离社会现实生活和生产劳动的教育风气，根本培养不出具有实学实能的治国人才，而且学校脱离社会，教化作用几乎丧失。

清朝末年，洋务运动兴起，在近代中国教育史上首开培养经世致用人才的风气，学校教育风气有了变化。戊戌变法，效仿西方教育，成立京师大学堂。清末新政注重教育改革，废除科举，开放留学，1904年推行现代教育新学制。纵观中国教育发展史，历朝历代的教育改革都以变革校风为先导，校风改变，开新才有可能。

四、风俗改造与校风建设相互影响

自科举大兴之后，博取功名的读书风气越来越浓。南宋朱熹力图改变这种风气，提出要把读书当作一种人生修养，鼓励学生"读书穷理"，把德行修养作为读书的真实目的，并手订《白鹿洞书院教条》，传授著名的读书法。但事实上，学校师生受"读书做官"习俗影响不能自拔，除了死读圣贤书、磨勘时文，其余能事只是"袖手谈心性"而已。

发展到明代，八股取士风气更盛。程朱理学替代了孔孟儒学，朱熹的《四书集注》成为钦定教材，学子以举业为第一，将德业放在一边。王守仁鉴于士风败坏、人心陷溺、学绝道丧、寡知廉耻的不良风气，立志重振儒学。

王守仁指出："俗习与古道为消长。"[①] 即社会道德与社会习俗互为消长。"日用间何莫非天理流行，但此心常存而不放，则义理自熟。"[②] 人的道德，成长于现实的习俗生活中，逃避现实、远离习俗、泯灭欲望，是佛道提倡的闭门修心方法，不

---

① 王阳明：《远俗亭记》，载马昊宸主编《王阳明全集（第二册）》，线装书局，2016，第840页。
② 王阳明：《答徐成之》，载《王阳明全集》，中国画报出版社，2016，第176页。

是学校涵养德性所需要的。学校要培养积极入世的有用人才，就应该"知行合一"，即将"真知"与"真行"统一起来。知是行之始，行是知之成，相互映照。

王守仁说："君子之行也，不远于微近纤曲，而盛德存焉，广业著焉。是故诵其诗，读其书，求古圣贤之心，以蓄其德而达诸用，则不远于举业辞章，而可以得古人之学，是远俗也已。"①学校教育不可以远离风俗，但必须超越低俗，并且要主动引导风俗变化，要以"知行合一"激励学生向往圣贤，树立崇高远大的志向，"致良知"以求达用于世。他说："学校之中，惟以成德为事；而才能之异，或有长于礼乐，长于政教，长于水土播植者，则就其成德，而因使益精其能于学校之中。"②学校应以成德为本，各人的才华培养是基于德性上"益精其能"，成为有益于社会的人。

在中国古代教育流派中，王守仁创立的阳明学派是最注重社会教化的学派。无论是办书院、兴社学，还是组织例行聚会讲习，他都非常注重教化风俗，而且他的弟子王畿、邹守益、钱德洪、王艮等人也都主动走入社会推行教化，每次讲会，人数少者百人，多者千人。因此，该学派成为流传逾百年、门徒遍天下的显学。阳明学派主动改造社会风俗的理论与做法，对宋代以来一直令人困扰的社风与校风之间的矛盾问题作出了积极回应。现代教育家陶行知提出生活即教育、社会即学校、以教育改造社会等主张，是深受阳明学派影响的表现。

历史经验证明，风俗可以影响学校，学校也可以改造风俗。其实，风俗是社会风气的总和，家风、校风、社风、政风、文风、学风乃至生活作风等，都受风俗影响，也都可以改造风俗，所以治理社会风俗是一个整体的、系统性的精神文明建设工程。所以，我们有理由说，健全学校家庭社会协同育人机制，不仅是促进家庭教育变革的需要，也是推动整个社会精神文明建设的需要。政府要发挥主导作用，有识之士应当仁不让。在今天，我国家庭、学校、政府作为社会精神建设和协同育人的实践主体，面对不良风俗，应该形成合力，有所作为。

不良风俗对学校教育的影响主要表现为如下三种问题：

一是盲目攀比之风。在"双减"政策实施前的相当长一个时期，名校攀比之风严重。在攀比风气影响下，部分学校不得不努力跻身"名校"。为了送孩子上"名校"，家长不惜花重金送孩子参加各种校外教育培训机构进行学科类补课或参加所谓的特长培训，不惜贷款高价购买"名校"的学区房。客观上，这不仅造成了学生的学习

---

① 王阳明：《远俗亭记》，载马昊宸主编《王阳明全集（第二册）》，线装书局，2016，第840页。
② 王阳明：《答顾东桥书》，载《传习录》，叶圣陶点校，三晋出版社，2019，第187页。

负担过重和家庭经济与家长精神压力过重，而且还造成校外教育培训机构在市场化竞争中野蛮生长，严重破坏了教育制度下公平竞争的教育生态，也严重危害了学生的身心健康发展。

针对这些问题，2021年党和国家果断实施了"双减"政策，遏制校外学科类培训野蛮生长，效果明显。

二是追求享乐之风。在物质生活富裕之后，追求享乐的风气油然而生。时至今日，享乐之风已经由粗放型的自私自利发展为精致利己主义，泛滥于社会风俗，弥漫于家庭生活。在此风影响下，一些年轻夫妻将孩子的抚养与家教交由老人负责，使隔代教养问题日渐演变成社会问题。因此，家校之间的沟通存在困难，遇到问题会出现相互推责的情况。

针对这些问题，近两年来，党和国家出台了系列政策，提出了"健全学校家庭社会协同育人机制"，并从2022年1月1日正式实施家庭教育促进法，加强了政策和法律的硬性管理。

三是形式主义盛行。地方政府的政风直接影响校风。长期以来，学校不敢严管学生，存在空喊口号，人才培养模式陈旧，家长学校空心化问题等，既与追求享乐的社会风气有关，也与不作为的政风有关。

为了让学校坚定贯彻党的教育方针，克服形式主义干扰，党中央出台了加强党对教育事业全面领导的政策。2023年1月9日，习近平总书记指出，全面从严治党永远在路上，要时刻保持解决大党独有难题的清醒和坚定。实践证明，将学校工作置于党委、党支部领导后，校风建设普遍呈现出新气象、新局面。

第 10 章

校风建设与家风变革

> 校风是学校文化品质与特色的体现,反映了一所学校长期坚持的办学理念、制度文化、办学特色以及价值追求。家庭与学校的冲突主要是两种文化的冲突,引导家风与校风在同一核心价值观引领下加强内在精神建设,是协同育人的需要。构建和谐共生、相互促进、共建共享的育人文化生态是家校共育的基础,核心是围绕立德树人根本任务,促进家校育人文化融合。

教育的对象是人,学校和家庭是人生教育的两大主体。青少年在成长和发展过程中养成的品格,主要来自家风和校风的熏陶。家庭是以婚姻关系、血缘关系为主的社会生活单位,家风好不好决定孩子的教养好坏。学校是以传授学科知识为主的育人机构,校风好不好决定学生的品行好坏。认识家风和校风的性质与特点,对于促进协同育人文化生态建设意义重大。

一、校风的本质与特征

一所学校好不好,看看校风就知道。校风即学校的风气,是学校的办学理念、制度文化、办学特色和价值追求的集中体现。

1. 校风的本质

著名的马克思主义教育理论家杨贤江指出:"校风是一个学校内的人物在各方面生活上所表现出来的一种态度和趋向。所谓人物是:校长、教职员、学生、校役等;

所谓各方面生活是：学艺、健康、社交、服务等；所谓态度及趋向是：适合时代、环境及他种情形的要求等。由这种种要素融合成的'空气'，就是所谓校风。"[①]这是我国现代教育家论述校风的观点，明确定义了校风是教育主体在实践活动中所表现的"一种态度和趋向"，揭示了校风的主体是校长和师生员工，校风形成于学校教育的一切行为中，而所指的态度和趋向主要是对时代、环境和其他情景的适应性。

校风的本质，是一种教养文化，或可视为一种弥散在校园内的活课程。校风是一种具有暗示性的心理环境，是无形的规矩，形成于办学过程中由校长、教师、学生和学校相关参与者长期相互作用并积淀而成的一种相对稳定的风气。良好的校风不是自然形成的，而是需要一个认同、理解、积习、提升和发展的漫长过程才能定型。校风是学校精神，包括教风、学风、班风、师生仪表、态度、情感、风格、文化环境和建筑风格所彰显的深层文化底蕴，以及家校合作与师生价值追求的综合体现。

一所学校的校风，其本质是学校文化核心价值观的表现。学校文化的核心内容是学校精神，包括学校历史传统和被全体师生员工认同的教育观、文化观、价值观、教师观、学生观、质量观、生活观以及审美意识等，这些观念性的东西，既表现在学校办学理念、制度伦理特色（指在管理理念和原则上的人性化）上，也表现在物质利用的文化意义上，尤其在校园人际关系上（包括师生关系、同学关系等）。学校的人际关系最能反映校风的品质。

2. 校风的基本特征

校风彰显的学校精神，应是一种积极进取的态度、情感和价值取向，折射出一种激励性的向善向上的力量，为师生的身心发展营造一种宽松自由、相互理解和尊重的氛围，具有很强的同化力、促进力和约束力。具体来说，校风具有如下基本特征。

一是校风具有教育性和方向性。与社会风气自由生长的状态不同，校风文化功能决定于教育本质。现代学校以育人为目的，"培养什么人，怎样培养人，为谁培养人"，都必须贯彻落实党和国家的教育方针，执行国家规定的课程标准。党的二十大明确提出"为党育人，为国育才"这一根本性要求，规定了校风建设要为人才培养服务，任何不利于教育的家庭文化和社会习俗，一切不利于学生健康成长的反科学、反人类、

[①] 杨贤江：《杨贤江全集（第二卷）》，河南教育出版社，1995，第245页。

反教育的落后文化，都要排斥在校园和课堂之外。因此，校风建设的过程是一个文化价值批判和取舍的过程，通过去粗取精、去伪存真，将最有价值的东西过滤并彰显出来，以促进学生身心健康发展为根本目的。为此，学校必须充分利用各种优质教育资源，诸如科技手段、向善语言、优美环境和规范制度等推动形成自己的校风。校风具有导向功能、凝聚功能、规范功能，其核心是统一各群体所具有的思想观念和行为方式。最具决定性作用的是思想观念，特别是价值观念。

二是校风属于隐性软文化。校风是教风、学风、班风、人际关系所表现的精神风貌。教风包括教师的教学风格、教研风气、敬业精神以及对待学生的态度；学风主要是学生对待课程、作业、活动的态度，诸如是"要我学"还是"我要学"，是自驱性的还是强迫性的；班风包括班级的精神风貌、学习风气、文化生活、同侪关系、集体荣誉感以及学生家长的参与度、亲和力等；人际关系包括师生关系、班级与社团中同侪好友间的关系等。老子《道德经》中说："圣人居无为之事，行不言之教。"良好的校风可谓"不言之教"，无须硬性要求，无须人为说教，就能发挥立德树人的作用。

三是校风反映学校综合实力。具有凝聚力和创造力的校风是学校竞争力的核心，只有团结向上、积极和谐的校风才能赋予师生独立的人格、独立的精神，才能激励师生不断反思、不断超越。学校虽然以学知识为主，但对学生人生发展真正有价值且影响深远的东西则是无处不在的校风，校风对陶冶情操、培育人格、激发情绪情感和全面培养学生素质有决定性作用。一个学生在学校高兴不高兴、满意不满意，主要取决于学生对校风的适应度。提高每一个学生的适应度，是校风建设的出发点和落脚点，也是落实素质教育的客观需要，能否做到这一点，是一所学校办学思想、行政管理、制度建设、文化建设、质量管理和师生文化自觉的综合实力体现。

二、校风品质的形成与发展

每一所学校校风的形成，都离不开管理者的努力。学校的创办者和学校发展过程中出类拔萃的校长，其独到的教育思想和办学理念，对确定校风的基调和推动校风变革非常关键。

1. 校风品质的形成

在学校创始期，创办者的教育情怀是底色。如天津南开中学，由著名爱国者严修、张伯苓于1904年创办。其中，张伯苓的家国情怀对南开中学的影响极其深远。他早年毕业于天津北洋水师学堂，后在海军军舰见习，受国难刺激而弃武从文，投身教育救国，希望以兴学育人改变国家前途与命运。张伯苓先后创办了南开中学、南开大学、南开女中、南开小学以及重庆南开中学，始终坚守"教育救国"宗旨。其爱国精神涵育了南开校风。曾就读于南开中学的周恩来，年轻时喊出"为中华之崛起而读书"的口号，与这所学校长期推崇爱国主义精神密不可分。

再如，民国时期著名教育家经亨颐于1920年创办了春晖中学。他接受新文化运动思潮的洗礼，将"人才培养服务新文化新社会建设需要"作为办学宗旨，亲自制定"与时俱进"校训，实行教育革新，提倡"实事求是""勤劳俭朴"的校风。为推行"人格教育"和"个性教育"，他先后延聘知名学者如李叔同、朱自清、匡互生、朱光潜、丰子恺、刘质平、刘薰宇、叶天底、张孟闻、范寿康等人来校执教，同时又邀请教育界、思想界、艺术界的知名大家如蔡元培、黄炎培、胡愈之、何香凝、俞平伯、柳亚子、陈望道、张闻天、黄宾虹、张大千、叶圣陶等来校讲学，传播新文化。春晖中学由此积淀了深厚的文化底蕴，奠定了坚实的名校基础，在当时的教育界独树一帜，与天津南开中学遥相呼应，被时人称为"北南开、南春晖"，是民国时期中学教育的著名示范校。

2. 校风的发展与变革

校风是可以改变的，变革的依据是适应时代、环境变化和人的发展需要。在此，仅举蔡元培对北京大学的改革及梅贻琦对西南联大的改革两例。

蔡元培是中国现代教育的开山鼻祖，不仅担任过辛亥革命后的第一任教育总长，而且为中国现代教育全面变革开辟了一条新路径，其精神影响至今。其中，对北京大学的改革最具代表性。

北京大学的前身是清末维新变法时期创办的京师大学堂。辛亥革命后，京师大学堂更名为北京大学。严复在出任第一任校长时提出"兼收并蓄，广纳众流，以成其大"的办学宗旨。1916年，蔡元培留法回国后出任北大校长，并于1917年正式上任。他对北大的改革是从校风变革入手的，主要措施如下：一是将北大定位为"研究高尚学问之地"，为促进北大思想解放和学术繁荣，在原来的办学宗旨基础上，为适应世界文化变革思潮和我国新文化建设的需要，提出"循思想自由原则，取兼容并包之义"的办学思想，主张囊括大典，网罗众家，允许和鼓励不同学派发展。二是针对当时北大官僚习气十足及考试形同虚设等乱象，果断地解聘了一批滥竽充数的教师，延聘了一批国内一流学者如陈独秀、李大钊、鲁迅、胡适、梁漱溟、辜鸿铭、黄侃等人来校任教，以推进学术民主、教授治校。三是推进学科与教学体制改革，扩充文理，改变轻学重术做法；沟通文理，废科设系；改年级制为选科制（学分制），严格学校考试制度。同时，注重广积图书，发展研究所，鼓励创办学术期刊，倡导和引导师生兴起研究风气。四是首次提出男女同校，开放女子受教育的权利。同时，为加强师德修养，成立师德促进会，引导传统知识分子接受新文化，培养新道德，涵育纯洁高雅兴趣，由此彻底摆脱旧北大封建官僚主义的积习。五是积极支持新文化运动，支持学生接受新思想、新文化，鼓励学生以实际行动爱国。这一系列改革，使北京大学的校风焕然一新，被时人称为"新北大"。

蔡元培在北大的教育改革经验，归纳到一点，就是主动适应时代需要，推进校风变革。实践证明，一所国立大学的校风变革，不仅可以改变一所学校教育与学术的发展方向，还可以引领一个国家的新文化思潮。美国教育家杜威说："拿世界各国的校长来比较一下，牛津、剑桥、巴黎、柏林、哈佛、哥伦比亚等等，这些校长中，在某些学科上有卓越贡献的，不乏其人，但是，以一个校长身份，而能领导那所大学对一个民族、一个时代起到转折作用的，除蔡元培而外，恐怕找不出第二个。"[1]

西南联大的校风改革，是中国现代教育史上最具代表性的经典案例。它综合体现了对战时变化、校址迁移、多校联合、条件恶劣等的主动适应，以协力求新的伟大实践成就，体现了中国教育家群体的家国情怀和办学智慧。

1937年，日本侵略者发动全面侵华战争，北京大学、清华大学、南开大学先迁至湖南长沙，组成长沙临时大学。在日机狂轰滥炸下，1938年4月西迁昆明，改称国立西南联合大学。这个由三所著名大学组成的联合大学，会集了一大批著名专家、学者、教授。为了保存中国教育的种子，培养未来最需要的学术人才，三所大学的校长蒋梦麟、梅贻琦、张伯苓齐心合力，组成校务委员会，订立办学宗旨和校规校训，融合三校办学经验，提炼出"民主自由、严谨求实、活泼创新、团结实干"的校风精神。学校组建完成后，张伯苓、蒋梦麟主动退出学校管理，让更年轻的梅贻琦担任西南联大校长。梅贻琦坚持"民主自由、严谨求实"的治校原则，充分发挥教授会的作用，在艰苦卓绝的办学环境中，以刚毅坚卓、爱国团结的精神鼓励广大师生与困难作斗争，保存了抗战时期的重要科研力量，培养了一大批卓有成就的优秀人才，使西南联大成为全国最有成就的高等学府，"内树学术自由之规模，外立'民主堡垒'之称号"，成为中国现代教育史上的一朵奇葩。

---

[1] 伏耀祖：《心之路》，敦煌文艺出版社，2010，第65页。

西南联大的校风建设，是对北大、清华、南开校风的创造性发展，体现了以爱国为主题的学术自由与教育民主相结合的精神，是中华民族精神和西方现代大学精神在特定历史条件下的结晶，既体现了新文化运动和五四运动以来民主、科学和爱国的主流意识，又承接了北大、清华、南开三校的光荣历史传统，更突出了抗战烽火中联大自身的精神特质。其中，教授会作用巨大。教授会作为一个校务咨询机构，既是校长的得力参谋，也是办学校务骨干的资源库。各学院有院教授会，学系有系教授会。院教授会主席后来改称为院长，系教授会主席后来改称为系主任，院长、系主任均由相应院系教授会民主推选，校务委员会讨论备案，报校长批准任命。各院系教学及管理业务，统由教授会评议，由院长、系主任执行实施。

从上述两例可总结出搞好校风建设必须注意的三个基本原则。一是校长要有大格局、新思想。这是适应时代发展和人才培养模式创新而推进校风建设的前提，如果校长只想为自己树立权威或凸显个人对教育的理解而不顾学校精神传承，动辄以改革为借口，将前任所作所为全面否定、推倒重来的话，效果往往适得其反。二是坚持民主管理原则。要充分尊重教师的主体地位，调动教师的主动性、创造性，以整体提高师德修养为抓手，通过教师的示范作用带动校风趋向高品质发展。三是注意校风的包容性、吸纳性和创造性。校风发展的原则是守正创新，应继承和弘扬已有的优秀传统，在传统中吸纳并有效激活最具生命力的文化基因，赋予校风新的时代内涵。

三、学生成长面临的文化冲突

近年，人们普遍关注中小学设立的家长学校。这种专为提高家长教育能力而设置的家教指导服务机构，既加强了学校与家庭的联系，也成为我国新时代校风建设的一种重要元素。家长不仅可获得学校提供的家庭教育资源和专业培训的帮助，而且作为现代学校制度中不可缺少的合作伙伴，既是受教育的对象，更是监督学校行为的主体和学校文化的建设者。由家长学校形成的家校合作精神作为校风的重要组成部分，日益引起学校的重视。中小学的家长学校应当有效解决家校矛盾，即学校以正确的教育理念引导家长树立科学的教育观念，掌握科学的家庭教育方式方法，为孩子成长打好成人的基础，让家校教育形成合力。大量研究表明，当教育形成合力时，学生最易取得学业成就和最佳发展结果。

早在一千多年前开始推行科举考试之后，学校教育就不可避免地陷落于某种功利化的追求中。烦琐单调的文字章句教学,使学生的学习负担过重,不仅会导致儿童的天性被泯灭,立德树人之本义也会丧失。鉴于科举制度推翻了传统教育价值体系,明代教育家王阳明在《训蒙大意示教读刘伯颂等》指出:"古之教者,教以人伦。后世记诵词章之习起,而先王之教亡。"①

王阳明认为,教育是为孩子养德、开智的,学校应该顺应孩子的天性发展道德与智慧,即将教育价值追求归本"为己"。他说:"大抵童子之情,乐嬉游而惮拘检,如草木之始萌芽,舒畅之则条达,摧挠之则衰痿。今教童子必使其趋向鼓舞,中心喜悦,则其进自不能已。譬之时雨春风,沾被卉木,莫不萌动发越,自然日长月化;若冰霜剥落,则生意萧索,日就枯槁矣。"②为了鼓励学校尊重儿童天性,率性而教,让教育活动富有娱乐性、趣味性,他对地方负责教育的教读刘伯颂提出要求:"今教童子,惟当以孝、弟、忠、信、礼、义、廉、耻为专务。其栽培涵养之方,则宜诱之歌诗,以发其志意;导之习礼,以肃其威仪;讽之读书,以开其知觉。"③

王阳明提出这样的要求,是因为当时学校教育以适应八股化的科举考试为目的,偏离了育人的本质:"若近世之训蒙稚者,日惟督以句读课仿,责其检束而不知导之以礼,求其聪明而不知养之以善,鞭挞绳缚,若待拘囚。彼视学舍如囹狱而不肯入,视师长如寇仇而不欲见,窥避掩覆以遂其嬉游,设诈饰以肆其顽鄙,偷薄庸劣,日趋下流。是盖驱之于恶而求其为善也,何可得乎!"④这是说,学校唯知"督以句读课仿",只抓书本知识学习和作业检查"而不知导之以礼",注重发展智慧"而不知养之以善"。学生学习负担过重,是其产生厌学情绪的主要原因。为了强迫孩子上学,家长将孩子"鞭挞绳缚,若待拘囚"般地送到学校,使他们视学校为"囹狱",视教师为"寇仇"。这种不良的学校文化和家长做法只能将学生逼上"梁山","驱之于恶"。

教育本质异化,导致学校与家庭对教育价值的追求始终跳不出"考试—升学"的怪圈,加上个别家庭和学校的教育方法严重违背儿童身心发展规律,造成孩子严重的厌学、逃学、害怕考试等挫败心理。这些问题非解决不可。

人文环境是影响青少年成长的重要因素,而实际作用最大的莫过于校风和家风。我国青少年成长面临的文化冲突,主要来自不良的家风和校风。从校风方面看,在

---

① 王阳明:《传习录:叶圣陶点校版》,叶圣陶点校,中国致公出版社,2018,第143页。
② 王阳明:《传习录:叶圣陶点校版》,叶圣陶点校,中国致公出版社,2018,第143页。
③ 王阳明:《传习录:叶圣陶点校版》,叶圣陶点校,中国致公出版社,2018,第143页。
④ 王阳明:《传习录:叶圣陶点校版》,叶圣陶点校,中国致公出版社,2018,第143—144页。

城镇化不断加快的进程中，后发展社区、城乡接合部的办学条件一般落后于先发展社区。城乡之间、校际之间乃至班级之间的差距拉大。家庭条件较好的学生，在家境贫困的学生面前拥有天然的优越感，而个别师德修养较差的教师，在对待学生时往往与其家庭的经济、权势、地位等因素直接挂钩。

从家风方面看，在和谐美满的家庭中，孩子都是幸福的；而家庭不和睦会给孩子的心理带来较大的消极影响。大量事实表明，孩子的品德养成与家庭贫富贵贱没有关系，而孩子的心理问题与家庭伦理、父母教养关系密切。家庭中的夫妻关系是否和谐，是否互相尊重和忠诚，是否主动承担家庭责任，是家庭伦理的重要表现。夫妻关系的和谐程度，对于孩子成长过程中的亲情依赖、心理发展等都有多方面的直接影响。

进入 21 世纪，我国基础教育课程改革不断深入，开始要求父母成为学校教育教学改革的合作伙伴，父母的辅导责任与负担日益加重。

今天，我们既要看到物质生活条件的巨大变化，如学校教育基础设施得到前所未有的改观，又要警惕孩子的成长环境中不断增加的不利因素，如网络游戏的诱惑，人际交流和沟通的缺乏，亲情的冷漠，父母陪伴的缺乏，各种学习压力和负担的施加等，这些不利因素容易给孩子造成诸多心理问题。

四、构建协同育人文化生态

如何解放文化冲突中的孩子，是教育必须解决的新课题。近年的"双减"政策，整顿了校外各种以营利为目的的培训机构，清理了各种以学科知识为主的补习班、辅导班，为中小学生减轻了课外学习压力，为教育回归正常秩序扫清了障碍。但是，我们必须看到，改变校风的问题没有如此简单，我国的校风建设任重而道远。

坚持党对学校的全面领导，落实党委领导下的校长负责制，是坚持社会主义办学方向的重要保证。2022 年 1 月中共中央办公厅印发了《关于建立中小学校党组织领导的校长负责制的意见（试行）》，这为学校加强党的建设、增强依法办学意识、进一步完善学校内部管理体制、推进学校民主管理和校风建设提供了制度保证。

以良好的校风影响家风是促进教育价值体系建设和加强家庭伦理建设的重要方式，其中最关键的是要解决学生面对两种文化冲突时的精神压力问题。立德树人是家校共育的根本任务，要引导校风、家风建设，使家庭与学校都牢固树立社会主义核心价值观，共同提高协同育人文化的精神品质，构建和谐共生、相互促进、共建共享的育人文化生态。家风、校风建设要遵循法律、政策规定，从以下几方面入手，共建一种以促进人的全面发展为根本的教育价值体系。

1. 关爱青少年身心健康

健康第一，人尽皆知，但事实上沉重的学习压力导致青少年室外活动时间少，睡眠不足，学生始终处于高度疲劳状态中。过分压抑不利于孩子身心健康发展。古人云，"治其已然，不如防于未然"。与其事后进行治疗，不如有效消除影响身心健康的消极做法。有关调查发现，学习压力过大是导致青少年身心问题的主要原因。关爱青少年身心健康，必须尊重青少年身心发展规律，关注不同年龄阶段的心理发展特征，给孩子的成长压力要适度，要以可接受性为原则。

2. 共同制定个性化的人生发展规划

首先就要摒弃教育中的"学校化"倾向。所谓"学校化"，就是以满足更高一级学校优质生源需要为培养目标，急功近利，关门办学，看不见围墙之外的大社会、大世界，将升学考试作为检测学校教育质量的唯一标准。其实，片面追求升学率的本质就是分数挂帅，只要考试成绩好，就是好学生。在这种风气中，家长的满意度就不能客观地反映学生的人生发展向度。摆脱"学校化"对学生人生发展的羁绊，针对每一个孩子的个性制定适切的人生发展规划，促进学生社会化，促进人才培养面向未来社会发展对各种高素质人才的需要，以培养担当民族复兴大任的时代新人、社会主义建设者和接班人标准重建教育质量评价标准来引领学生德智体美劳全面发展，让"人民满意度"与"学生人生发展向度"统一起来，是当今教育价值观调整的重要课题。

3. 将品德教育贯穿在人生过程中

立德树人，家校应有明确分工。家庭教育以习惯养成为主要方式，对奠定德性根基，陶冶心性情感，培养人生态度具有不可替代的作用。曾国藩说，看一个家族能不能兴盛，可以看孩子们是否做三件事情：第一，早起。这是修身的问题。第二，做家务。这是齐家的问题。第三，读圣贤书。这是正心的问题。读圣贤书，在于闻道明理，确立人生志向；早起和做家务则是勤奋品德养成的基础。家庭要在品德养成上下功夫，为孩子人生发展打好做人的基础。

4. 突出过程性评价

随着现代教育技术、互联网、大数据的广泛应用，家校教育合作，必须借助教育新技术，通过大数据搭建家庭学校共享的教育资源平台，突出过程性评价，让家长和学校在清晰认知学生个性发展实际情况的前提下开展协同育人合作。人的发展是过程化的，是动态的，家校合作过程的重点应在于掌握个体过程变化，深度了解和把握学生发展的主流，以积极的过程性评价激励学生发展。

第五编

新家庭教育与育人文化生态

第 11 章

家庭教育变革的文化思考

> 2020年11月3日,新华社受权发布了《中共中央关于制定国民经济和社会发展第十四个五年规划和二〇三五年远景目标的建议》,该建议首次明确了"建设高质量教育体系"的发展方向和目标。"健全学校家庭社会协同育人机制"既是推进高质量教育体系建设的重要途径,也是新家庭教育的本质体现。

一、家庭教育变革的历史必然性

习近平总书记关于家庭教育的重要论述,是新中国成立以来党中央领导集体对家庭教育属性、地位、作用与任务的最具权威性的科学表述,为中国家庭教育进入新时代的全面变革提供了根本遵循。

中国家庭教育进入新时代,家庭教育模式随之发生变革,主要表现在以下四点。

1. 家庭教育变革是对家文化建设的回应

文化自信是一个国家、一个民族发展中最基本、最深沉、最持久的力量。向上向善的家文化,是中华民族大家庭休戚与共、血脉相连的重要纽带。牢固树立中国文化自信,弘扬中华优秀传统文化,必须从注重家庭家教家风建设入手,培养中国人民的家国情怀,唤醒中国文化自身固有的原创力、凝聚力,这是今天中华民族文化复兴的应有之义。

中国文化根植于血浓于水的血缘亲情中,以亲情友爱凝聚起来的民族意志,是抗拒一切灾难和风险的精神力量。2020年9月8日,习近平总书记在全国抗击新冠肺炎疫情表彰大会上的讲话指出："历史和现实都告诉我们，只要不断培育和践行社会主义核心价值观，始终继承和弘扬中华优秀传统文化，我们就一定能够建设好全国各民族人民的精神家园，筑牢中华儿女团结奋进、一往无前的思想基础。"[①] 在今天我国社会进步与发展中，不仅要在物质财富上更上一层楼，实现民富国强，更要在精神财富上让人民生活得更有文化自信、更有民族自豪感和凝聚力。因此，家庭教育变革必须积极回应新时代文化自信和公民道德建设的客观需要。

2. 家庭教育变革是教育现代化的需要

建设教育强国必须走中国式现代化发展道路。我国要从教育大国变成教育强国，核心问题是完成高质量教育体系建设。2019 年，党和国家已经明确提出在 2035 年实现教育现代化目标。教育现代化无论是教育思想、教育制度、教育装备技术手段、课程与教材，还是人才培养模式、师资建设、质量评价、教育精神品质等，其整体质量都要与教育强国相匹配。家庭教育是现代教育制度的重要组成部分，是教育生态系统不可缺少的子系统。推进家庭教育变革迈入制度化、法治化轨道，既是高质量教育体系建设的需要，也是教育现代化的需要。

3. 家庭教育变革是教育综合改革的重点

经过 40 多年的改革开放，我国教育事业已经完成了单项性改革的历史任务，全面进入整体综合改革的新阶段。2019 年以来，党和国家根据教育事业现代化建设需要，出台了以促进学校教育、家庭教育、社会教育相互叠加、融通、联动为目的的系列新政策，将家庭教育转型发展纳入教育综合改革的整体计划中。将我国家庭教育事业提升到国家战略地位，是因为新家庭教育关系国计民生，是构建幸福家庭的基础，也是构建和谐社会的基础。坚持以政府为主导，构建一种融通学校、家庭、社会各种教育资源共建共享的协同育人机制，对于推进教育综合改革以建立学习型国家具有战略意义。

4. 家庭教育变革是人才培养模式创新的突破口

面对世界新格局，国家发展新布局，经济社会新发展、新矛盾，科技革命新突破，人才强国新需求，我国人才培养模式必须创新。坚持以立德树人为根本任务的学校教育，要全面贯彻落实德智体美劳全面发展的教育方针，必须激发出学校的办学活力。家庭教育是学校教育的基础，一个人的身体、心理、思维、品德、习惯、情感等能

[①] 中共中央党史和文献研究院编：《习近平关于注重家庭家教家风建设论述摘编》，中央文献出版社，2021，第 72 页。

否健康发展，关键在家庭、家长的教养。要树立正确的人才观和价值观，坚持"五育"并举，破解"五唯"难题，必须从家庭教育变革中寻找突破口。凸显家庭教育在人才培养模式创新中的地位与作用，让家长成为家校协同育人的合格伙伴，是开发教育资源、释放办学活力的有效途径。

二、新家庭教育要坚持守正创新

立足本国发展人才建设需要，重视学校家庭社会协同育人，是二战以来世界教育现代化演进进程中的普遍现象。在20世纪60年代以来的历次教育改革浪潮中，每一次教育改革都促进了家校教育合作，都明确要求家长必须成为学校教育改革的合格的合作伙伴。为此，一些国家的部分大学设立了家庭教育专业，并先后迈上了家庭教育法治化轨道。学习借鉴世界家庭教育的先进经验，对于推进我国家庭教育变革具有重要意义。

东西方家庭教育存在不同的家文化传统。以家庭为本位，是中国自古以来的文化特色。以儒家为代表的古典正统伦理学说，其本质是基于家庭（家族）人伦道德关系展开的家文化哲学。中国家文化体现了家国一体的文化特征。

中国古代家庭理论起源于儒家对宗法制度的阐释，中国是由氏族发展为国家的。家（家族）是以亲子血缘关系为基础建构的生命共同体。中国古代社会的婚姻要旨是"成家立业""传宗接代"。婚姻是成家的起点，在家庭生命共同体中，繁衍人口是第一位的，爱情是夫妻二人的"私事"，其行为规范必须恪守以家为本的原则。

中国古代家庭的幸福观不止于夫妻恩爱，为人父母的角色责任也是其中之一。"爱子而教"是父母的天职，而且对孩子的爱抚与教养不会因为孩子成长或独立而终止，即使孩子成为高官巨富，甚至当上皇帝，也必须服从父母之教。"孝"是立德之本，人伦之首。子女应孝敬父母，多生多育，促进家族人口繁衍不息，奉公守法，为国家富强与安全承担责任和义务。中国古代纲常法纪的道理和家庭教育理论均源于此，由此形成了中国古代家庭教育的理论模式和价值追求。

扎根中国大地办教育，就要高度重视中国家文化。自古以来，中国家文化体现了家国同质异构的品质，强调个体的社会性，即在家庭、社会、国家的利益关系中实现人生价值。合格的家庭成员是合格的社会成员的基础，延伸到社会，个人的价值也是在人际关系中实现的。如果得不到组织和大多数人的认可，就很难体现出个人的价值。所以家庭教育、社会教育、学校教育在立德树人的价值追求上是一致的。

培养爱家庭、爱社会、爱国家、爱他人的家国情怀，既是人性发展逻辑关系的统一，也是家庭利益、国家利益和社会利益关系的统一。今天要促进中国家庭教育发展模式守正创新，必须以弘扬中国家文化优良传统为基础，而过分放任个体自由、不顾责任、随意离婚、生而不养、老而不敬，实际上是对家庭责任特别是对父母、子女责任的亵渎。

家庭教育创新是家庭教育变革的必然要求。如何推进创新？

第一，明确新时代的历史站位。以习近平总书记关于注重家庭家教家风建设重要论述和社会主义精神文明建设重要论述为根本遵循，整体性认识和把握家庭教育变革的时代特征、目标任务，凸显新家庭教育对培养和提高公民道德素养的重要作用，加强家庭家教家风建设，弘扬中华民族传统家庭美德，提高家庭生活质量，夯实公民道德教育工程的基础，综合治理和改善育人文化生态，推动形成社会主义家庭文明新风尚。

第二，主动回应家庭结构和生活方式已经和正在发生的重大变化。新家庭教育发展模式必须适应时代进步，以满足人民群众对高品质家庭生活和精神追求的需要为出发点，以有效解决城镇化、社会化、信息化、技术化等引发的新家庭教育问题为创新点，以推进家庭教育体制机制创新为突破点，以推动家庭教育由低质量向高质量发展为着力点。

第三，推进家庭教育内容、方式和方法创新。教育内容，既要继承弘扬传统家庭美德，又要以社会主义核心价值观为引领，贴近家庭生活、贴近人性发展、贴近身心健康、贴近综合素质培养；教育方式，要善于利用现代教育技术手段，借助互联网、大数据等技术平台，以问题为导向，有针对性地指导受教育者选择所需要的学习内容，提高解决实际问题的能力；教育方法，要尊重受教育者个性发展需要，以平等关系进行思想、情感的交流和沟通，不断提高专业化水平。

第四，加强法治化建设，落实多主体责任。家庭教育促进法和国家系列新家庭教育政策已明确了多主体的教育责任，而落实多主体责任是推动形成家庭、学校、社会协同育人全链条的保障。

三、新中国家庭教育发展概况

自古以来，中华民族基于亲子血缘关系构建了家国一体的道德政治秩序，具有慎终追远的家庭教育传统。"孝"为德本，立"三德"（至德、敏德、孝德）、"三行"（孝行，以亲父母；友行，以尊贤良；顺行，以事师长）、"六顺"（君义、臣行、父慈、子孝、兄爱、弟敬）之教，故"民德归厚矣"。中国家庭教育，是支撑中华民族生生不息、薪火相传的重要精神力量，是中华文明的宝贵精神财富。

鸦片战争以后，中国遭受西方列强欺凌和文化侵略，传统文化和教育中心地位日渐动摇，但在百年民族抗争中，以家为本的家教古风犹存。进入20世纪，中国民族意识和文化意识开始觉醒。1904年，清政府坚持"中体西用"文化路线，颁布了中国教育发展史上第一部涉及家庭教育的法规《奏定蒙养院章程及家庭教育法章程》。1919年，鲁迅发表《我们现在怎样做父亲》，强调家庭教育对国民精神建设的重要性。1940年，《推行家庭教育办法》颁布，次年《家庭教育讲习班暂行办法》颁布。可见，中国始终重视家庭和家庭教育在国家建设和社会发展中的基础性作用。

新中国成立70多年来，家庭教育事业取得了重大成就，经历了三个发展阶段。

从1949年10月到1978年12月，是新中国家庭教育发展的第一阶段。主要任务是适应社会制度变革，建立新中国社会主义公有制时代的新型家庭教育。

1950年，《中华人民共和国婚姻法》的颁布，标志着我国现代社会合法婚姻与家庭的产生。新中国成立之初，教育的主要任务是将中国旧教育改造成中国共产党领导的民族的、科学的、大众的人民教育。为普遍提高工人和农民的政治文化素质，"扫盲"和新社会公民道德教育成为社会教育和家庭教育的主要内容。1952年，新中国教育部颁布各项教育规程，其中在《小学暂行规程（草案）》中明确要求成立家长委员会，首次确定了家庭教育在学校教育中的地位和作用。

社会主义公有制改造，不仅促进了我国家庭教育性质与作用发生重大转变，而且促进了家庭教育主题发生了深刻变革。基于苏联教育学的影响，当时的教育部副部长叶圣陶提出马卡连柯的教育学说对中国社会主义家庭教育具有指导作用。著名教育家陈鹤琴认为，新中国应该坚持发展自身的家庭教育理论。当时教育界强调，要批判杜威"儿童中心论"，倡导家庭教育"发扬革命传统、培养革命接班人"，父母应该将子女看作国家富强、民族兴旺之栋梁，把青少年一代培养成为又红又专的社会主义事业建设者和忠诚的保卫者。

"文化大革命"中，教育领域遭到严重破坏，家庭教育的根基也受到猛烈冲击。尽管如此，新中国前30年的家庭教育在扫盲、科普、爱党爱国教育和公民道德教育方面，依然有很多可圈可点的成就。

从1979年到2012年，即从改革开放初期到党的十八大召开，是新中国家庭教育发展的第二阶段。该阶段的主要任务是适应改革开放后经济社会变化，推进以儿童发展权利为主的家庭教育环境建设，促进家庭教育与学校教育紧密合作。

改革开放后，我国经济体制和政治制度开始改革，恢复了家庭本位。农村分田到户，责任到家。城市个体户大量涌现，民营和私营企业壮大发展，传统家庭和家庭教育观念得以复苏。随着改革的不断深入，升学考试、专业技能、就业教育内容受到普遍重视。1979年后，"独生子女"教育成为中国家庭教育的新课题。与此同时，因农村劳动力进城务工潮持续高涨，留守儿童、困难儿童和特殊家庭儿童的家庭教育成为社会问题。

为推动我国家庭教育转型，国家出台了系列政策法规。如《中华人民共和国教育法》（1995），首次提出学校、教师应对学生家长提供家庭教育指导。《中华人民共和国义务教育法》（1986），提出应把德育放在首位，形成学校、家庭、社会相互配合的思想道德教育体系。《中华人民共和国未成年人保护法》（1991），提出父母或者其他监护人应当学习家庭教育知识。中共中央、国务院颁布的《关于深化教育改革全面推进素质教育的决定》（1999），提出要将素质教育贯穿于学校教育、家庭教育和社会教育过程中，形成学校、家庭和社会共同参与德育工作的新格局。

2004年，中共中央、国务院印发《关于进一步加强和改进未成年人思想道德建设的若干意见》，专门阐述了"重视和发展家庭教育"。2006年修订的《中华人民共和国未成年人保护法》规定，有关国家机关和社会组织应当为未成年人的父母或者其他监护人提供家庭教育指导，首次以法律形式规定国家机关和社会组织有提供家庭教育指导的义务。2007年，全国妇联、教育部、中央文明办、民政部、卫生部、国家统计局、国家人口计生委、中国关工委八部委共同制定了《全国家庭教育工作"十一五"规划》，首次将家庭教育作为关系国计民生和家庭建设的单项教育发展问题正式提到国家政策层面，促进全社会形成了关心家庭教育的共识。

全国妇联作为这一时期的牵头单位，联合教育部等多部委出台了系列文件，如《全国家长学校工作指导意见（试行）》（1998）、《关于进一步加强家长学校工作的指导意见》（2011）等。《国家中长期教育改革和发展规划纲要（2010—2020年）》（2010），明确提出建立"中小学家长委员会"。2010年2月8日，全国妇联、教育部、中央文明办、民政部、卫生部、国家人口计生委、中国关工委七部委联合印发了《全国家庭教育指导大纲》。2012年8月14日，上述七部委联合研制和印发《关于指导推进家庭教育的五年规划（2011—2015年）》。

这一时期主要成就有三：一是制定了《关于指导推进家庭教育的五年规划（2011—2015年）》，由学校教育主导家庭教育的共识基本形成，诞生了指导家庭教育的专门机构——家长学校。二是全国妇联联合多部委出台了若干重要文件，形成了多主体参与推动家庭教育事业的工作管理模式。三是家庭教育学术研究日渐成为提高政策科学决策的重要支撑，沉寂的家庭教育科学研究活力被激发。

2013年至2022年是新中国家庭教育发展的第三阶段。主要任务是遵循习近平总书记关于"三个注重""四个第一"的家庭教育论述，促进新时代家庭教育适应国家治理体系和治理能力建设需要，构建覆盖城乡的家庭教育服务指导体系。这一时期取得了三大进步。

首先，确立了家庭教育指导思想。党的十八大以来，习近平总书记关于家庭教育的重要论述，明确了家庭教育发展性质、目的、方向和任务，成为我国新时代家庭教育的重要遵循。2015年，他强调家庭是社会的基本细胞，要求"注重家庭、注重家教、注重家风"，初步确立了新时代推进家庭教育的指导思想。2016年，他在考察北京市八一学校时明确提出，加强家庭教育，"学校要担负主体责任"。2016年12月，他在第一届全国文明家庭表彰大会上讲话时对"三个注重"又做了精辟论述。2018年9月，他在全国教育大会上指出，"家庭是人生的第一所学校，家长是孩子的第一任老师，要给孩子讲好'人生第一课'，帮助扣好人生第一粒扣子"，从"四个第一"的高度对家庭教育做了深刻阐述。他指出学校、家庭、政府、社会在教育上都有责任，教育、妇联等部门要统筹协调社会资源支持服务家庭教育。在这次具有里程碑意义的讲话中，"教育"第一次被放在"妇联"的前面，这意味着家庭教育领导体制的调整，即教育部要理直气壮、责无旁贷地担当起家庭教育政策研究和管理责任。

其次，明确了家庭教育政策目标。"十三五"期间，为了贯彻落实习近平总书记家庭教育重要论述，家庭教育政策的工作重心有了重大调整。为了切实强化家庭教育配合学校教育，2015年10月11日，教育部独家发布《关于加强家庭教育工作的指导意见》。2016年，全国妇联、教育部、中央文明办、民政部、文化部、国家卫生和计划生育委员会、国家新闻出版广电总局、中国科协、中国关工委九部委共同制定并实施《关于指导推进家庭教育的五年规划（2016—2020年）》。与前面两份五年规划相比，该规划指导思想更加明确，家校合作育人色彩更加浓重。

2019年10月，党的十九届四中全会通过《中共中央关于坚持和完善中国特色社会主义制度　推进国家治理体系和治理能力现代化若干重大问题的决定》，规定家庭教育建设是"构建服务全民终身学习的教育体系"的一部分，目标指向"构建覆盖城乡的家庭教育指导服务体系"，要求家庭教育通过"创新教育和学习方式，加快发展面向每个人、适合每个人、更加开放灵活的教育体系，建设学习型社会"。

最后，推动了家庭教育制度化。党的十八大以来，特别是"十三五"期间，促进家庭教育转型，将家庭教育纳入教育现代化体系、纳入国家教育事业发展计划、纳入法治化轨道的呼声日益强烈，形成了全社会的共识和行动。2018年，全国教育大会以后，教育部担当起家庭教育管理的主体责任，编制了《家庭教育指导手册》，为家庭教育规范化管理进行了新的积极探索。各地政府在家庭教育工作机制建设、机构设立、经费投入、政策法规建设等方面积极行动，有些地方还出台了家庭教育新政策、新法规，城市社区和农村建立了家庭教育指导中心或工作站。与此同时，家庭教育科学研究空前活跃，一些高等院校成立了家庭教育研究院，不少教育科研机构和社会教育机构着力开发家庭教育的新内容，线上家庭教育呈现出百花齐放的新气象。

我国家庭教育事业发展进入了新阶段，标志着新家庭教育地位确立。2020年，党和政府将家庭教育提升到国家战略地位。2021年，《中华人民共和国家庭教育促进法》的正式公布，推动我国家庭教育事业发展进入了法治化轨道。2021年出台了多项政策，特别是被正式提出的"健全学校家庭社会协同育人机制"和随后实施的"双减"政策为推动家庭教育变革扫清了障碍。2022年，《关于指导推进家庭教育的五年规划（2021—2025年）》出台，标志着新家庭教育突破传统模式，正式成为一种新形态。

四、健全学校家庭社会协同育人机制的着力点

新家庭教育具有促进个体发展和社会发展两大功能。认识这两大功能是健全学校家庭社会协同育人机制的前提，其着力点是推进学校、家庭、社会三者在功能、课程方面有机融合。

1. 坚持以人的发展为中心

健全促进学校家庭社会协同育人机制，旨在形成家庭教育、学校教育、社会教育无缝衔接、相互融通、资源共享、互补共生的教育生态。人是社会关系的总和，每个人的成长与发展总是在不同的人际关系和不同的社会环境中通过认知社会角色进行的。促进个体社会化始于人伦角色认知，而角色认知的起点是"明人伦"，即帮助个体在家庭人际关系中培养角色意识、承担角色责任。

立德树人，家庭教育是基础。对家庭教育而言，旨在让每一个个体都成为合格

的家庭成员。合格的家庭成员的培养是品德教育的起点。对学校教育而言，旨在让每一个学生成为合格的在校生。对社会教育而言，旨在让每一个社会成员成为合格的公民。从学校教育、社会教育反观家庭教育，受到良好家庭教育的孩子大多会成为人生发展的优胜者。

2. 加强协同育人课程体系建设

家庭教育、学校教育、社会教育的本质属性一定要厘清，该是谁的责任就归谁承担。学校要发挥协同育人的主导作用。作为教育的专业机构，学校要全面掌握并与家长及时沟通学生在校期间的思想情绪、学业状况、行为表现和身心发展等情况。家庭是孩子的第一个课堂，家长是孩子的第一任老师。家长要切实履行家庭教育的主体责任，强化责任意识，注重家庭建设，树立科学家庭教育观念，掌握正确家庭教育方法，为子女健康成长创造良好家庭环境。社会要加强教育资源建设和供给，成为健全学校家庭社会协同育人体系的重要的一环。家庭教育要回家，学校教育要回课堂，社会教育更要落实在政府主导的社区去。政府要遵循家庭教育促进法，担负其统筹、投入、管理、协调、督导等责任，根据现代社会管理的特征，有效增强社区的教育功能。加强学校家庭社会协同育人，应从课程体系建设入手，从人文素养、科学素养、审美素养、健康素养和社会实践能力等几个方面，形成相互衔接、相互补充、相互促进的终身教育课程体系。

第 12 章

家庭教育变革推动教育生态系统改造

> 2020年,人们对家校教育合作进行了深度思考。提高家庭、家长的家庭教育能力,分清家校教育属性,促进家庭教育变革推动教育生态系统改造,必须加强对家庭教育系统的投入与管理,必须进一步明确家庭教育变革的文化基础,以此形成学校家庭社会协同育人的文化生态。

现代教育是一个功能完善、结构合理、涵盖全人教育的生态系统,主要由学校教育系统、家庭教育系统、社会教育系统三部分构成,加强家校育人文化生态建设,推动教育生态系统的进一步改造,是新家庭教育建设的客观要求。

一、"教育回家"引发的教育生态系统问题思考

2020年年初,突如其来的疫情严重威胁人民的生命安全,国家迅速采取最严格的防控措施阻断疫情的传播。在"抗疫"斗争中,学校停课不停学,依靠网络信息技术,通过"空中课堂"将教育送回千家万户,实现了家校的紧密合作。

这是改革开放以来,第一次大规模、长时间的"教育回家"。抗疫事件的偶发性与家庭教育变革的必然性,机缘巧合地交会于迈向教育强国的转折点上,并由此引发了家庭教育变革。这场变革,唤醒了教育生态系统改造的意识。

家庭成为学校网络课程的辐射课堂,丰富的课程资源通过强大的信息技术输送能力,传播到千家万户。学校教育因家庭的有力配合,不仅完成了知识教学任务,而且保障了每年一次的中考和高考顺利进行。在此过程中,我国学校教育表现出的

应急能力是可圈可点的。但"教育回家"之后,人们却普遍对家庭教育产生了烦恼。

1. 来自家教乏力的烦恼

首先,家长难以承受对孩子线上学习的课业辅导。其次,家长缺乏亲子沟通的能力和方法。家庭教育问题的凸显,催生了整个社会对家庭教育问题的反思。注重家庭家风家教,分清家庭、学校教育属性和家长、教师的应有职责,不再是一句空话,而是新一轮教育改革必须厘清的问题。

2. 来自家庭教育模式滞后的烦恼

为解决家庭教育模式滞后问题,党的十六大以后,全国妇联联合其他部门先后研制并出台了三个关于指导推进家庭教育的五年规划。全国中小学普遍增设家长学校,希望学校为家庭教育提供指导服务。党的十八大以后,习近平总书记多次发表有关家庭教育的重要讲话,提出"三个注重"和"四个第一",要求政府、社会、学校、家庭都要重视家庭教育事业。党中央在十九届四中全会上对发展家庭教育作出战略部署,提出"构建覆盖城乡的家庭教育指导服务体系"。

党和政府如此重视家庭教育,但还有不少家长对子女的教育仍停留在传统的旧模式上,重智轻德,教育方法简单,所以当孩子居家时间一长,有的家长与孩子之间反而产生了矛盾。

3. 来自家校教育属性不明的烦恼

健全学校家庭社会协同育人机制,是以习近平总书记关于家庭教育重要论述为指导,根据新时代教育发展特征和我国家庭教育发展需要提出的新思路、新模式。健全学校家庭社会协同育人机制,是解决家庭教育模式严重滞后问题的重大举措,而解决问题的关键是促进学校教育、家庭教育和社会教育建立共同的价值观,并在这种共同的价值观引领下将家庭教育转变到以人为本、立德树人、聚焦核心素养发展、家校合作、和谐发展和依法治教上来。

家庭教育是人生发展的起点,是一切教育的基础,这种社会共识已经形成,但服务高质量教育体系建设的家庭教育,其属性应该怎样界定?家校教育合作关系与责任如何确立?怎样健全学校家庭社会协同育人机制才能适应人才培养模式变革?如何让长期困扰在单一价值体系中的家庭教育模式在突破功利化、市场化影响中破茧化蝶,走进现代教育体系?这些问题引起了人们的思考。

其实,以上问题归结到一点就是教育生态建设问题。

二、家庭教育变革推动教育生态系统改造

教育生态系统是一种有目的的育人系统，系统内的功能主要是育才，系统外的功能则主要是传递文化、协助个体社会化、使人们建立共同的价值观等。一般来说，现代教育系统由学校教育、家庭教育和社会教育三大子系统构成，要让它们都对社会发挥促进作用，就一定要给予能量输入。子系统共存，彼此间应有恰当的能量分配比例。

1. 教育生态系统的发展规律

新兴的教育生态学研究揭示，教育生态系统与外部生态环境之间以及教育内部各环节、各层次之间，均有本质的、必然联系的基本规律可循，其中包括迁移与潜移律、富集与降衰律、生态平衡与失调律等。遵循这些规律，对于推进教育生态系统良性发展具有非凡的意义。一个国家的教育生态系统，如果唯有学校教育子系统，而无家庭教育、社会教育子系统，则教育生态系统发育不成熟，是缺乏活力的。中共中央提出建设高质量教育体系，将家庭教育纳入现代教育制度，应该说是对教育宏观生态环境建设的重要举措。

2. 教育生态环境的层次

教育生态环境是对教育产生、存在与发展起制约和调控作用的多元环境体系。其大致可分为三个层次：一是以教育为中心，综合外部自然环境、社会环境和规范环境组成的单个或复合的教育生态系统；二是以单个学校、某一教育层次为中心构成的生态，反映教育体系内部的相互关系；三是以学生的个体发展为主线，包括自然、社会和精神因素组成的系统。

家庭教育、学校教育和社会教育之间既有交叉联系，又有本质属性区别。家庭教育是学校教育之外的子系统，又是学校教育最重要的外在环境。教育现代化首先是制度的现代化。在教育现代化程度较为发达的国家和地区，家庭教育均在现代教育制度中得到体现，并且具有法律保障。例如，在大学开设家庭（生活）教育专业学位课程，在中小学设置专职的家庭教育指导师，在社区也按照家庭教育法规配置专职的家庭教育咨询师；家庭教育子系统不仅体系完备，而且家长和其他监护人看护和教养孩子的行为受国家政策和法律干预，对其行为规范、质量评估等方面都有严格要求，以保障教育生态系统的完备和成熟。

3. 家庭教育在教育生态平衡中的重要角色

当今，我国教育正处于综合性改革的新阶段，改革的重点是教育生态结构大调整。政府在不断推进学校育人模式变革的同时，不断发展家庭教育和社会教育，不断健全学校家庭社会协同育人机制，旨在建立以共同价值观为支撑的生态平衡的大教育系统。教育系统的生态平衡，可以从教育生态系统的结构、功能两个不同角度考察。我国要在2035年实现教育现代化，今后的教育变革必然要按照教育生态平衡的周期律，不断完善教育生态系统的结构与功能，以此促进教育制度、教育理论、教育资源开发和配置系统、教育装备技术和手段的现代化。

党的十八大以来，我国学校教育事业的快速发展，推动家校教育供需关系发生了重大转变，教育供给侧也必须改革。办好学校，激发学校创新活力，家庭教育要提供高品质的教育生源。

家庭环境对教育影响有明显的文化生态特征。有利的环境可以促成个体的超常发展，不利的环境可能造成相反的结果。一般来说，具有良好家风、高素质家长的家庭，对子女教育更为重视，这些家庭的孩子在学校竞争中往往处于优势地位。家长的教育能力对于孩子的成长至关重要。所以，促进家庭教育能力的公平很重要。新一轮的教育均衡，必须重视提高家长的教育能力。

家庭教育的好坏，既决定于父母的教育方法与能力，也决定于家文化的品质。因为以亲子血缘关系为核心的家庭成员之间的双向沟通与相互影响，潜移默化于家庭生活的点滴中，家风品质的好坏，父母的道德修养如何，对于形成孩子的人生观、世界观、价值观以及各种行为习惯等具有重要意义。家庭教育是教人"做人"的教育，家风以无言之教规范着家人的言行，是家庭育人的规范环境。无数事实证明，一个家庭的家教是否成功，不决定于父母和长辈的社会地位、经济实力和学历，而决定于家文化的品质和它对人格培养的能力。

为了从薄弱处补齐德育短板，以新的育人方式推进德育朝着体系化努力，家庭教育应受到高度重视。长期以来，人们习惯将孩子身心成长和素质发展的一切问题归责于学校，很少反思家庭教育做了什么，很少检讨父母在助力孩子成长时应该做好什么。同样，政府在扩张和整合教育资源时，主要考虑政策资源、教育经费、办学设施问题，很少思考教育生态系统中家庭教育应发挥的作用。这些问题应该解决了。

4. 家庭教育系统的投入和管理

改革开放以来，我国多渠道、多种方式解决学校的资金问题，给学校教育生态系统带来活力和动力。从理论上来讲，政府教育财政投入的主要对象是学校，而家庭教育的经费投入主要是家庭。经济社会越发展，家庭对教育的投入比例就越大。客观上，我国家庭对子女教育的投入是舍得花费的，但由于我国家庭教育学校化特征明显，不少家庭的教育更多地仅仅扮演着校外课业辅导的补充角色。

我国家庭教育、社会教育必须在属性、界限上与学校教育清晰地区别开来。家庭教育主要是以家庭生活为主的非学科性人生教育，能够为孩子奠定德性成长的基础，诸如培养良好的生活习惯与生活能力，培养健康的体魄和心理，培养人伦角色意识和相应的行为规范，学会人际交往的沟通能力，培养有关人文、科学、审美和体育等方面的情趣与爱好，树立正确的世界观、人生观、价值观等。政府对家庭教育的投入，主要应集中在办好家长学校，做好专业家庭教育教师培训，研发家庭教育课程与平台，配置家庭教育资源，管理家庭教育事业与质量评估，等等。社会教育的投入主要集中在社会教化，社区文化、卫生、体育、健康、科普服务以及成人职业培训等。

学校、家庭、社会三大教育的投入与管理应纳入法治轨道。有无完善的教育投入体制与机制，是衡量一个国家教育现代化程度的重要方面。

5. 推进教育生态系统平衡的主要途径

推进教育生态系统平衡的主要途径和措施，主要是构建覆盖城乡的家庭教育指导服务体系，开发、配置社会教育资源，健全学校家庭社会协同育人机制。一是补齐家庭教育短板，将家庭教育变革重心转向教育生态系统改造，加强政府统筹和财政投入，促进家庭教育专业化；二是加强学校系统教育供给侧改革，无论是基础教育、职业教育还是高等教育，都要为提高家庭教育质量提供师资培训、课程建设服务，尤其是师范院校要尽快增设家庭教育专业，培养家庭教育专业师资和科研、管理人员；三是调整教育生态系统结构与功能，加强社会教育系统人力资源管理和学校后的再教育，建立大学毕业生就业能力和就业人员的职业教育投入与管理，促进人才资源保值和增值。这种系统性综合改革，对促进我国教育事业的现代化意义深远。

三、加强家校育人文化生态建设

家风、校风都是育人文化环境中的要素。家庭教育的好坏决定于家风是否纯正，学校教育的成败与校风好坏息息相关。要推动协同育人、家校联动，必须以立德树人为本，加强家风、校风建设，形成良好的育人文化生态。

1. 提升家文化的育人品质

中国家文化具有独特的人性涵养功能，家长是孩子的第一任教师，要帮助孩子扣好人生的第一粒扣子。家庭因时代而变革，但家庭教育责任始终与家庭、家长同在。家风建设，最重要的是增强育人责任感。家长要关切孩子的生命发展、人生规划、身心安顿、情绪控制，其家风建设必须跟上时代的发展步伐。

增强家庭教育的主体责任感，是搞好家风建设的基础。家庭教育促进法已把家庭、家长的主体责任摆在首位。家庭因婚姻而诞生，但婚姻承载的不仅仅是夫妻的爱情，还有家人生命成长与发展的责任。一个没有责任感的家庭，是无法做好家庭教育的。

2. 加强家校育人文化优势互补

要促进家校协同育人产生联动效应，关键在于促进家庭、学校形成优势互补的育人文化生态。现代学校以班级组织教学为主，课堂是实施教学的主阵地，具有个性特征的班级文化对学生心性的成长有直接影响。一方面，课堂教学是有目的、有计划、有步骤地传授系统的学科知识，以规范化、标准化方式培养学生应用知识、解决问题的能力，有利于促进学生共同发展；另一方面，学生德智体美劳核心素养的发展主要是在班级文化氛围中进行的。教师对学生的真情大爱，同学之间的团结友爱，构成了激励每一个学生好学乐群、和谐共处的育人环境，而良好的班风又有利于激励每一个学生在相互尊重中赢得向上发展的动力。

立德树人是家校合作的根本任务，贵在德育互补。学校德育需要与社会实践、生活实践结合起来，而注重生活实践、关切个性情感的家庭教育，正好可以弥补学校德育的不足。所以，要有效推进德育一体化，学校就要指导家长掌握科学的育人方法，帮助家长营造良好的育人文化环境，建立良好家风。

第13章

实施"双减"促进协同育人发展

> 进入"十四五"以来,中共中央、国务院为推进高质量教育体系建设,出台了系列改革政策。如实施"双减"专项治理措施、落实家庭教育促进法,二者目的一致,均是要切实促进教育回归本质,推动协同育人发展,着力打造高质量教育体系新生态。

"十四五"以来,我国教育事业进入高质量体系建设新阶段。改革传统的教育模式、人才培养模式,坚持德智体美劳"五育"并举,促进学生全面发展,培养担当民族复兴大任的时代新人,激发学校办学活力,健全学校家庭社会协同育人机制,全面提高教育教学质量,成为新时代教育改革和创新发展的新任务、新课题。回答新时代的新课题,理论和实践上都必须解决教育本质回归问题。

一、"双减"政策的实施

改革开放后,我国学校办学条件不断改善,师资学历水平越来越高,这是提高办学质量的基础,但不是充分必要条件。从现实情况看,随着城市化、信息化、市场化、功利化日益严重,教育"内卷"导致校际非正常竞争越演越烈,学生的学业负担沉重,苦不堪言。与此同时,家庭不仅要在校外培训上投入大量经费,甚至还要拼命竞抢学区房,承受着经济和精神的双重压力,人民群众对教育改革的满意度、获得感反而降低。事实证明,教育生态恶化必将导致教育质量下滑,所以改善教育生态已经成为提高教育质量的关键。

1. 为高质量教育体系建设采取重磅举措

2021年7月,中共中央办公厅、国务院办公厅印发《关于进一步减轻义务教育阶段学生作业负担和校外培训负担的意见》。这一"双减"政策层次之高、执行力度之大、影响范围之广,是我国教育改革历史上的第一次。2021年10月23日,国家主席习近平签署中华人民共和国主席令第98号,公布《中华人民共和国家庭教育促进法》。这是新中国成立以来第一部家庭教育法,对推进协同育人教育生态建设具有重大历史意义。

"双减"政策的实施和家庭教育促进法的颁布体现了国家对建设高质量教育体系的意志与决心。实施"双减",旨在坚持以习近平新时代中国特色社会主义思想为指导,全面贯彻党的教育方针,落实立德树人根本任务,促进学生全面发展、健康成长,为创建高质量教育体系生态环境扫清障碍。实施家庭教育促进法,旨在促进家庭家教家风建设,努力使千千万万个家庭成为国家发展、民族进步、社会和谐的重要基点,通过弘扬以家为本的育人传统,推动形成爱国爱家、相亲相爱、向上向善、共建共享的社会主义家庭文明新风尚,端正人才发展方向,为立德树人筑牢人生发展基础。不难看出,"双减"政策与家庭教育促进法,根本目的与任务是一致的,二者相互作用,重在推动家校协同育人产生联动效应。

2. 实施"双减"的出发点、治理成就与影响

关于实施"双减"的出发点,教育部有关部门明确指出:一是事关立德树人根本任务。学生学业负担过重是个顽瘴痼疾,学生苦不堪言,严重影响到学生的德智体美劳全面发展和健康成长。二是事关国家教育体系根基。培训行业野蛮生长,形成了另外一个教育体系,功利主义倾向严重,扰乱学校正常教育教学秩序,对学校教育体系产生强力冲击。三是事关人民群众小康生活成色。培训机构炒作渲染焦虑,裹挟全社会被动参与,收取高额费用,严重降低了人民群众教育获得感、幸福感、安全感。[①]

2021年,教育部将落实"双减"督导列为教育督导"一号工程",联合宣传、网信、财政、民政、市场监管等多个部门一起发力,明确责任分工,在较短时间内,专项治理校外培训机构。在坚决压减学科类校外培训、合理利用校内外资源、强化培训收费监管等方面,各地统一行动,雷厉风行,收到了立竿见影的效果。

在治理成就方面,据教育部校外教育培训监管司介绍:"原12.4万个线下校外

---

① 《教育部:"双减"后原12.4万个线下校外培训机构压减到9728个》,央视网,2022年02月25日。

培训机构压减到 9728 个，压减率为 92%；原 263 个线上校外培训机构压减到 34 个，压减率为 87%；'营转非''备改审'完成率达 100%；预收费监管基本实现全覆盖，监管总额超过 130 亿。所有省份均已出台政府指导价标准，收费较出台之前平均下降 4 成以上；校内普遍实现课后服务'5+2'全覆盖。第三方调查显示，85% 的家长对学校课后服务表示满意，72% 的家长反映教育焦虑有所缓解，90% 以上学生表示学业负担有所减轻。"[①]

实施"双减"政策，为高质量教育体系建设开启新局，影响深远。一是这一实实在在的惠民之举，不仅让学生的课业负担明显减轻，而且因学校遵循"严禁给家长布置或变相布置作业，严禁要求家长检查、批改作业"的政策要求，主动担负起课后服务责任，人民群众教育满意度增高。二是实施"双减"，促进教育本质回归。由于治理有力，各地校外培训机构大规模压减，有效遏制了商业化资本对教育公益性的破坏。三是向不健康的教育生态提出了挑战，有助于促进人才培养模式变革和健全学校家庭社会协同育人机制，为建设高质量教育体系营造社会环境。

3. 实施"双减"政策后出现的新问题

中共中央办公厅、国务院办公厅印发《关于进一步减轻义务教育阶段学生作业负担和校外培训负担的意见》提出了"双减"政策工作目标："学校教育教学质量和服务水平进一步提升，作业布置更加科学合理，学校课后服务基本满足学生需要，学生学习更好回归校园，校外培训机构培训行为全面规范。学生过重作业负担和校外培训负担、家庭教育支出和家长相应精力负担 1 年内有效减轻、3 年内成效显著，人民群众教育满意度明显提升。"

实施"双减"，是一项长期而艰巨的社会综合治理工程，不可能一蹴而就，故以 3 年为限。现实情况表明，实施"双减"政策后，要形成协同育人的良性教育生态，需要多主体齐心协力。如仅将课后服务任务全部甩给学校，学校会因害怕担责而不敢让学生走出教室，这种做法显然与"双减"政策的初衷背道而驰。

当前的问题是，个别地方的教育部门把"双减"问题行政化，课后服务"一刀切"，强制教师执行。一些学校的教师缺乏所教学科外其他学科的辅导能力，家庭教育改革跟不上步伐，非学科类校外教育资源进不了校园，社会教育资源又不能向学校免费开放，所以课后服务时间，多以读书活动代替体育、美育、劳动教育、科技活动、社会实践、兴趣培养等。本该留给学生自主发展的时间出现"断档"或"低质"看

---

① 《教育部："双减"后原 12.4 万个线下校外培训机构压减到 9728 个》，央视网，2022 年 02 月 25 日。

护等新问题。

这种现象，其实是中国国情和教情的综合反映，必须理性思考。客观地讲，"双减"是看得见摸得着的硬任务，政策目标明确，责任清晰，问责有主，配之以迅猛的专项治理行动，从形式到内容都相对简单，所以成效显著。即使出现反弹，也能快速解决问题。而家庭教育变革是一项软任务，依赖的是学校家庭社会协同育人机制的软实力。这种软任务、软实力，很难明确个体性的责任界限，尤其是在学校家庭社会协同育人机制还不健全的情况下，多元主体并存，问责制的效能有限，因此要让家庭、学校在前台唱好戏，必须依靠社会资源的有效开发与配置。没有形成育人全链条政策体系，学校只能唱单调乏味的独角戏。所以，关着校门搞"双减"，不是"双减"政策的本义。

二、实施"双减"政策的作用与意义

实施"双减"政策具有重要的作用和意义，主要表现在以下三个方面。

1. 维护学校教育公平

新中国成立后，特别是改革开放以来，党和政府坚持优先发展学校教育，把"双基"作为重中之重，始终以人民发展为中心，以满足人民群众不断增长的教育"刚需"推动教育改革，促进了基础教育迅猛发展。同时，客观上也造成了富集度过高、学校教育系统"一家独大"的局面。改革开放几十年来，从最早的重点学校到今日的名校，其实就是升学率超高的学校；学校认可的"好学生"，其实就是各级考试的优胜者。这种知识本位的人才培养模式，严重制约了学生德智体美劳的全面发展。认识这一历史事实，是理解实施"双减"的前提。

学校教育生态系统的日益完善和强大，归因于学校教育是刚性的。学校教育本质上是按照知识类别和其内在结构逻辑研制课程体系的，制度设计上的淘汰机制决定了以考试分数筛选学生升学或分流。考试制度遵循公平原则，以个体的实际考试成绩作为事实评价，是符合依法治教原则的。淘汰与竞争，是学校教育本质的特性，不管升学考试制度怎么改，这一特性无法改变。客观地说，若一个国家的学校教育没有竞争，也没有淘汰，既无比较又无鉴别，学好学差都一样，学校办好办差都一样，优秀人才从哪里来？"文化大革命"彻底否定考试，停办大学，结果人才荒芜。竞争、淘汰机制本身没有错，关键在于淘汰机制必须是学校体制内的，而且应始终坚守公平原则。

校外培训机构的野蛮生长，形成了左右学校教育质量和学生发展的独立体系，不但给学生、家长造成了沉重负担，而且对学校内部有序竞争的公平原则造成了猛烈冲击，其宣扬的校外补课和特长培养已经成了干扰竞争名校学位的决定性附加值。此外，校外培训机构的学科类培训内容，以超出国家课标规定的范围吸引学生，给学生造成过大的学习压力，严重影响了学生的身心健康，出现了诚如教育部指出的"事关国家教育体系根基"的严重问题。在这种情况下，对不规范的校外培训机构进行治理可以维护学校教育的公平。

2. 完善教育生态

教育生态系统由学校教育、家庭教育、社会教育三个子系统组成。功能清晰、分工明确、均衡发展，是高质量教育体系的基本体现。

必须清醒地认识到，家庭教育系统、社会教育系统与学校教育系统不匹配，是导致我国整体教育生态发展不均衡的根本原因。实施"双减"政策，重拳治理校外培训机构不规范行为，促进教育回归本质、回归正常教育秩序是一方面，而其更深远的意义在于破解学校教育价值单一化难题，促进学校教育、家庭教育、社会教育同频共振。要落实立德树人根本任务，更大力度地激活国家教育活力，必须大力发展家庭教育系统和社会教育系统，让学校教育、家庭教育、社会教育三大系统均衡发展，以构建资源丰富、宽松自由、充满活力、多系统平行发展的育人生态。"双减"是手段，建设一个高质量教育体系的生态环境才是目的。

3. 促进教育向社会开放

2018 年 9 月 10 日，习近平总书记在《加强党对教育工作的全面领导是办好教育的根本保证》中指出："社会是大课堂，生活是教科书。现在，校外活动场所不足，教育载体缺乏，有效活动少，家庭教育、学校教育、社会教育之间出现'断档'、'脱节'现象，没有形成育人全链条。要健全社会教育资源有效开发配置的政策体系，加大图书馆、博物馆、科技馆、纪念馆、运动场、少年宫、儿童活动中心等公益设施的建设力度，免费向学生开放。"[①] 习近平总书记提出的"健全社会教育资源有效开发配置的政策体系"，立足现实，着眼长远，抓住问题核心，倡导向学生开放社会大课堂，让学生阅读生活教科书，为构建新时代中国教育生态圈指明了方向。

[①] 中共中央党史和文献研究院编：《习近平关于注重家庭家教家风建设论述摘编》，中央文献出版社，2021，第 70 页。

从新中国教育发展史看，党中央首次明确提出健全学校家庭社会协同育人机制，其本质是中国教育生态系统建设的一场革命性变革。如果不能从本质上认识当今中国教育改革是综合变革，只注重学校教育系统的枝叶改良，要建设高质量教育体系是极其困难的。

三、推动"双减"与家庭教育促进法产生联动效应的对策

党的十九大以来，党中央以更高远的历史站位、更宽广的国际视野、更深邃的战略眼光，对加快推进教育现代化、建设教育强国作出总体部署和战略设计，坚持把优先发展教育事业作为党和国家推动各项事业发展的重要先手棋，不断使教育同党和国家事业发展要求相适应、同人民群众期待相契合、同我国综合国力和国际地位相匹配。

家庭教育促进法的正式公布，将家庭教育纳入国家教育制度，是新时代构建全民教育体系推进教育现代化的重大举措。加强家庭学校社会协同育人机制建设，是国家治理体系现代化建设的内在要求，也是完善我国教育体制和建设高质量教育体系的重大举措。认识这一时代背景，是推进"双减"与家庭教育促进法产生联动效应的前提。

1. "双减"破局，学校应顺势大力推进"五育"并举

2021年，"双减"的专项治理工程取得了决定性胜利，为了把"双减"进行到底，教育部2022年工作要点强调，要继续把"双减"工作摆在突出位置、重中之重，巩固成果、健全机制、扫除盲点、提升水平、维护稳定、强化督导。健全违规培训检查常态化机制，严厉打击"线下转线上""众筹私教""一对一""以非学科名义开展学科培训"等违规行为，严管非义务教育阶段学科类培训，防止出现新的培训热。将"双减"政策落实到底，是教育部门的应尽职责，但是"双减"不应仅为一种阶段性的治理手段，其根本目的是在减掉不必要的、影响学生身心发展的负担的同时，形成必要的、助力学生健康成长的教育生态环境。

"双减"减除了校外学科培训，也减除了校内过重的学科作业。为学生减出的时间，不应留给学生在教室"静坐"，也不应留给教师作安全"监护"，而应用于落实德智体美劳"五育"并举，促进学生全面发展。

众所周知，以往重智轻德且偏重考试科目轻视非考科目，造成了我国一些中小学教师专业知识结构和技能结构呈现单一化特点，所以当教改政策提出要增设新教

育内容时，很多学校会喊缺师资、缺编制。例如，增设足球、人工智能、饮食安全、卫生防疫、心理咨询、应急教育、书法绘画、传统文化、社团活动、戏曲舞蹈等，几乎都很难在校内找到称职的教师。此外，不少教师作为学科教师很优秀，但在家庭教育专业知识和技能素养方面，与广大学生家长没有什么本质区别，所以仅依靠这些教师为家长提供有效的家庭教育指导服务，存在现实困难。

"双减"减出的时间，能否转换成学生自主发展的空间和教师拓展专业知识技能的空间，取决于我们对"教育回归本质"的认识角度和深度。学校教育本应该回到学校，家庭教育本应该回到家庭，但目前所表现的回归只是归位性回归，而非本质回归。所谓本质回归，是人的个性化、全面发展的回归，简言之，即立德为本的"五育"并举，生动活泼的个性化发展。学校教育必须担负起"五育"并举的应尽责任，解决教师适应"五育"并举能力必须有实招，而不是空喊或抱怨。

2. 落实家庭教育促进法，促进三大教育系统均衡发展

改革开放以来，我国教育改革发展存在客观逻辑，学校教育发展到一定阶段，新的变革应该跟进，特别是在基本满足人民群众对孩子上学、上好学的诉求后，教育改革的主题就必须转移到提高办学质量、激活办学活力上来。

我国基础教育、高等教育、职业教育体系完整，办学条件也得到很大的改善，全面提高学校教育质量成为新时代教育发展的主题。如何提高教育质量？影响教育质量的变量有哪些？什么是高质量的标准？这需要实事求是的认知。我国教育已经全面进入综合改革的新阶段，不能再用老眼光盯着学校系统自身的内部改革，只关注学校系统内部的均衡发展。尽管还有很多事情需要深耕细作，但更重要的是树立大局观念、宏观思维，以更广阔的视野，正视高质量体系建设的新问题，发现新特征，分析新要素，从改良整个教育生态系统的结构，把促进学校教育系统、家庭教育系统、社会教育系统均衡发展提到国家政策改革层面上来，着力补齐家庭教育、社会教育两大系统的短板。

在我国三大教育系统中，家庭教育系统和社会教育系统功能、属性很不清晰。客观而言，我国家庭教育正处于从传统经验型向规范型转变的起步阶段，要形成独立的现代家庭教育系统必须大力推进规范化、专业化建设。

长期以来，我国的社会教育是指社会文化教育机构对青少年和人民群众开展的各种文化和生活知识的教育活动。在世俗观念中，社会教育与传统的知识普及、风俗教化、社会培训、企业培训、校外补课、学生社会实践活动等混为一谈。社会教育尚未形成独立的规范化体系，要建设高质量的教育体系，社会教育系统应从传统的"社会文化教育机构对青少年和人民群众开展的各种文化和生活知识的教育活动"上升到"公民教育""终身学习"等层面，上升到人力资源开发和人力资本建设层面，即以社区为办学主体，以提高公民素质为主要目标的、灵活多样的学校后再教育。党的二十大提出"实施科教兴国战略，强化现代化建设人才支撑"，加强社会教育对人力资源开发势在必行，大有可为。

落实家庭教育促进法，作为现代家庭教育系统建设的开端，对促进社会教育发展具有长远的战略意义。家庭是社会的基本细胞，家庭与社会、个人、学校存在必然的千丝万缕的联系，社会风俗与校风、家风互为因果，只有全面综合治理才能促进社会、家庭和个体共同发展。

总而言之，促进家庭教育、学校教育、社会教育三大系统均衡发展，是我国高质量教育体系建设的客观需要。《中华人民共和国国民经济和社会发展第十四个五年规划和2035年远景目标纲要》提出"健全学校家庭社会协同育人机制"，反映了打破学校、家庭、社会三大教育体制之间的壁垒，促进三大教育系统由外在的"结合"转向内在的"融合"的时代新要求。我们要认真遵循习近平总书记提出的"健全社会教育资源有效开发配置的政策体系"思想，推动形成家庭、学校、社会协同育人全链条，努力实现三大教育系统均衡发展。

3. 促进三大教育系统形成合力，需政府统筹规划并以社区为主体

近年的实践证明，健全学校家庭社会协同育人机制，促进三大教育系统形成合力，必须由政府统筹规划，提供政策、管理制度和人财物基本保障。随着我国城市化进程不断加快，发展社会教育，通过社区组织协调学校、家庭和社会力量提供教育活动空间、场所，由社区支持和健全学校家庭社会协同育人机制，形成一个个有社区特色的生机蓬勃的健康教育生态，是提升整个城市人口素质和文化品质的根本途径。

我国城乡人口结构、家庭结构、生活方式以及社会组织形式发生了深刻变革，构建和谐社会于基层，加强城市社区建设和农村居委会基层建设已经成为社会治理体系现代化的重要内容。城市管理模式也已由街道粗放型向社区精细化、精准化管理发展。社区是居民生活的主要依托，涉及居住、生活、教育、养老、入托、文化、环境、体育、休闲、娱乐、医疗、安全、网络等现实问题。在我国部分发达城市，已经出现了人工智能化社区，如何促进人工智能化社区迈入学习型社区，依然是值得探索的新问题。

随着党和国家对社会经济发展与治理理念的转变，社区建设的重要性愈加凸显。实现社区化管理，是社会管理现代化和国家管理体系现代化的重要标志之一。以北京市为例，推进社区化管理，使社区环境、文化、经济、教育功能以及社区居民归属感发生明显变化。社区作为城市社会最基层的组织，具有独特的综合管理功能，依靠社区联系千家万户，建立社区教育中心，是推进学校家庭社会协同育人机制建设的必由之路。

从全国各地社区建设的经验看，发展社区教育功能，是带动社会整体提升文化品质的有效途径。以鄂尔多斯市康巴什区为例，政府努力把发展教育放在首位并作为推动社会创生力发展的重要对策，在全力办好人民满意学校的同时，充分利用各种资源，建立了以公益性为原则的学生发展中心。该中心整体规范区内青少年科技教育中心、儿童活动中心、博物馆、图书馆、劳动教育基地、爱国主义教育基地，合理配置中小学（幼儿园）优秀师资和课程资源，为所有在校学生提供了开放有序、保质保量、学科与非学科课程交叉互补、教学成绩互联互认、免费与收费合理、学校教育与校外教育一体化的协同育人体系，深受当地居民的支持和拥护。

实践证明，政府统筹规划，以社区为主体，融合学校、家庭和社会教育为一体，是新时代建设高质量教育体系生态系统的正确选择。

| 第六编 |

新家庭教育的五大必修课

第14章

认清伦理角色是学会做人的教育起点

> 人的本质是什么？从哪里来？到哪里去？这是人类思想史上永恒的哲学命题。中西方的人学理论，对人的本质的定义都涉及了人的自然性、精神性、社会性，但不同的逻辑起点决定了人们对后面两个问题的不同回答。中国以儒家为主的思想家对这一问题的理解与阐释，理性地揭示了中国人的生命价值观和教育观。在今天的家庭教育变革中，继承和弘扬中国传统的人学思想，对于坚持以人的伦理角色认知为主线，注重角色意识、责任、素质的培养，具有重要意义。

一、伦理角色是人的社会性体现

人的本质是什么？在西方，马克思之前的唯物主义思想家，如费尔巴哈、斯宾诺莎等人，多用自然性的定义；唯心主义思想家，如康德、黑格尔等人，多用精神性的定义。马克思则揭示了人的社会性的真正内涵，即人是"一切社会关系的总和"。

这一论断，是马克思在《关于费尔巴哈的提纲》一文中提到的。在马克思看来，人类生存的基础是物质生产，生产关系总和起来就构成社会关系。人的本质问题，不是空洞的，而是与生产力、生产关系辩证发展紧密相连的实践问题。因为人离不开以物质资料生产为基础的劳动实践，所以只有在这种社会关系中才能实现人的本质。这一观点对我国现代人类学、教育学、社会学影响深远。

在西方亚里士多德提出人是"社会的动物"时，我国古代的诸子百家也针对人性本质问题做了深入探讨。春秋战国时期，我国正处于从古代井田制向以家为本的小农经济社会过渡的阶段，以孔孟为代表的儒家，依据社会存在的事实和社会变迁的总体趋势，探讨了人伦道德秩序建设与人性的关系问题。他们从社会性的视角，分析了个体与家庭、社会、自然万物之间的关系，由此提出了系统的家国一体、天人合一的伦理学说。

《易经》作为儒家思想的理论基础，阐释了万物生成均有规律可循的道理。在儒家看来，万物从生到死是一个完整的生命过程，但唯有人类对人生过程能有生命意义的自觉。人生在世对生命意义的自觉，是激发个体对生命价值执着追求的动力之源。每个人的生命或长或短，追求生命的长度、宽度、高度和亮度，是每个活着的人奋力追求的权利。尽管人也像动物一样需要摄取食物维持生命发展，但人活着不只是为了吃饭，不只是为了满足物质与人性欲望的享乐，而是要以入世的情怀为家人、社会和国家创造出更多的物质和精神财富。精神不朽，是生命价值的最高体现，也是人生追求的崇高目标。

在孔子看来，以家为本的生产与生活方式的社会事实已先于人的认知存在，具有外在性和客观性特点。以家为本是社会变迁的结果。"礼崩乐坏"的伦理变革，既不是个别国家的特征，也不是人力所能左右的问题，而是一种历史发展的必然。社会变迁是从外部影响个人的行为方式，而直接影响人性发展走向的则是普遍存在于家庭的人伦关系变革。从伦理关系中去认识、分析、理解"礼"，基于家庭伦理完善社会道德秩序，规范人们的社会行为，是促进人口增长、社会安定的根本出路。因为人的自然生物性是父母赐予的，而后天的习得性，主要依靠道德理性的培养，起始于家庭人伦关系的角色认知，形成发展于人生的成长过程。

孔子认为，人与世界万物同生同在，人的生存发展离不开自然，离不开社会，更离不开以家为本的生活依托。"性相近，习相远"，即人的本性是相近的，人与人的区别是后天习得造成的结果。唤醒人的道德实践与理性自觉，是伦理关系建设和家庭教育的根本任务。

在此基础上，孟子指出，家是物质生产和人口繁衍的基本组织，物质生产与人口繁衍互为依存，而维系这种依存关系的主要途径是人伦孝悌之教："五亩之宅，树之以桑，五十者可以衣帛矣。鸡豚狗彘之畜，无失其时，七十者可以食肉矣。百亩之田，勿夺其时，数口之家可以无饥矣。谨庠序之教，申之以孝悌之义，颁白者不负戴于道路矣。"①

孟子认为,"孝悌之教"是与家人的物质生产实践紧密结合的,尊老爱幼不是一句空话,而是要通过自己劳动成果来体现,人口的繁衍,幼有所养,老有所依,要以物质财富为基础。孝悌之教与劳动相结合的功能在于构建人性向善的家庭人伦关系,以此促进代际之间、家庭与社会之间的和谐发展。孟子从人与自然、子女与父母、自我与群体、主体自由、道德功能、道德原则以及人格理想等方面,将孔子伦理学说的"仁"引申到"义",构建了以向善追求为轴心,注重以家为本,以教育为手段,追求主体道德自由,重视群体认同,凸显理性本质,最后归于人格完善的儒家伦理思想体系。孟子的"性善论"为后世儒家思想发展展示了以家为本的方向。

战国末期的儒家代表荀子指出:"人之所以为人者,何已也?曰:以其有辨也。饥而欲食,寒而欲暖,劳而欲息,好利而恶害,是人之所生而有也,是无待而然者也,是禹、桀之所同也。然则人之所以为人者,非特以二足而无毛也,以其有辨也。今夫狌狌形笑,亦二足而无毛也,然而君子啜其羹,食其胾。故人之所以为人者,非特以其二足而无毛也,以其有辨也。夫禽兽有父子而无父子之亲,有牝牡而无男女之别。故人道莫不有辨。"②

按照荀子的说法,人区别于动物的是"有辨",即所谓"分""礼",也就是人伦和基于人伦关系的社会道德秩序,这是人的本质体现。总体看来,荀子以"分"和"礼"界定人的社会性,突出了人类社会共同遵循的行为准则,同时还强调了个体在伦理关系中的角色、态度、情感、良心与责任内涵。

二、伦理角色的认知是家庭教育的起点

人之所以成为人,是教育的结果。教育始于家庭,父母不仅生育孩子,抚养孩子,更重要的是把孩子培养成人。

毫无疑问,在孩子成长过程的起始阶段,家庭教育的主要内容是家人伦理角色的认知,认识父母、祖父母、兄弟姐妹,然后将这种伦理角色的认知扩大到家庭成员之外的亲友之中,再延展到社会。在伦理角色的认知教育过程中,不同角色的定位、

---

① 孟子:《梁惠王(上)》,载《孟子》,万丽华、蓝旭译注,中华书局,2007,第5页。
② 荀子:《非相》,载《荀子》,安小兰译注,中华书局,2007,第42页。

责任、规矩以及与自己血缘关系的疏密,作为一种常识性的知识潜移默化于孩子的心中。等到孩子对角色有认知、有情感、有意志、有行动而且达到知行合一的时候,也就完成了个体的家庭化过程。现代教育社会学认为,青少年教育的任务就是促进个体社会化,以培养合格的社会成员。客观上,个体社会化的起点在家庭,首先要成为合格的家庭成员。

何谓合格家庭成员?就是在家庭人伦关系中,能够找准自己的角色定位,根据角色规定,以应有的姿态、情感、良心和责任做好自己应该做的事情。

《周易》中讲道:"家人,女正位乎内,男正位乎外;男女正,天地之大义也。家人有严君焉,父母之谓也。父父,子子,兄兄,弟弟,夫夫,妇妇,而家道正,正家而天下定矣。"这段文字把治家原则讲得很清晰。第一是妻子适宜主家,妻子在家内要有权威地位,丈夫在社会上有正当事业。在农业社会,妻子的主要任务是生养和教育孩子,照顾家人生活,主管家政;丈夫是家庭的主要劳动力,负责养家糊口。第二是管理一个家庭,父母必须成为有权威的当家人、合格的家庭教育责任人,这才是"家人有严君"的本义。第三是家庭成员要有严格的人伦角色定位与分工。当父亲的负起父亲的责任,当母亲的负起母亲的责任,兄长要有兄长的样子,弟弟要有弟弟的样子,这样家道才会端正。家道端正了,天下就会安定。

这是中国古代关于家道的经典论述,从"家人有严君"到"家道正"再推导出"正家而天下定",形成了严密的逻辑关系。晋代陆绩曰:"圣人教先从家始,家正而天下化之,修己以安百姓者也。"定天下系于齐家,其关键是正家道。一家虽小,无角色之分则无尊严孝敬。角色定位始于夫妇,夫妇各得其正位,即夫正身,妻正家。这是人伦角色的分工,家道正则家兴人旺。

明确人伦角色的定位,遵循伦理原则做好合格的家庭成员,但履行伦理角色的意义并不止于此。孔子强调践行人伦角色的责任与义务,是确定"礼"的基础,可以直接延伸到国家政治伦理关系中的君臣层面,君臣也都有各自必须遵守的礼,非礼之臣非臣,非礼之君非君。

孔子说:"克己复礼为仁。一日克己复礼,天下归仁焉。"[1]这是说,在家国一体的伦理体系中,从君臣到老百姓,每个人都在这个伦理关系网上有一个位置,扮演着一个乃至多个角色。只要人人认知自己的角色,遵循"礼"的规定,承担起角色应当承担的责任,天下的道德秩序就形成了。子路曾问什么是"君子",孔子告

---

[1] 孔子:《颜渊》,载《论语》,张蓝婴译注,中华书局,2007,第171页。

诉他"修己以安人"和"修己以安百姓"。即修养自己的德行，以身作则，修身然后可以齐家，家齐然后国治。孔子曰："君子之于天下也，无适也，无莫也，义之与比。"①说的是君子与人交往，没有厚此薄彼，没有亲疏远近，标准只有一个"义"字。这里所强调的"义"，就是指君子对待家人和天下百姓都要遵循"义"的准则，与礼相匹配。这里的"义"，即是准则中的适度。

何谓适度？荀子讲："人有三不祥：幼而不肯事长，贱而不肯事贵，不肖而不肯事贤，是人之三不祥也。人有三必穷：为上则不能爱下，为下则好非其上，是人之一必穷也；乡则不若，偝则谩之，是人之二必穷也；知行浅薄，曲直有以相县矣，然而仁人不能推，知士不能明，是人之三必穷也。人有此三数行者，以为上则必危，为下则必灭。"②言行举止不能适合自己角色，就是不能适度，不能适度必然会带来不良后果。

家庭教育要培养孩子从小懂规矩，守分安礼，即在人伦关系中，分清上下、左右、大小、老少、亲疏、尊卑、贤与不肖，养成尊老爱幼、尊贤敬长、虚己以待人、谦恭以敬上、宽厚以待下的品行。荀子认为，为上不知道爱护在下的，为下的喜欢非议尊长和领导；相处时不和，背后就诋毁；知识肤浅，德行平平，是非曲直不明，一生没有什么值得称道的。这三种德行不修，是"必穷"的直接原因。这里所谓的"穷"是与"达"相对应的，人生得不到发展，总是遇到窘境，遭受挫折，甚至走向穷途末路，其实都是自己违背人伦角色必须遵循的原则造成的，不要怨天尤人。

早在两千多年前，齐国的晏婴说："君令臣共、父慈子孝、兄爱弟敬、夫和妻柔、姑慈妇听，礼也。"后世儒家将人伦要义概括为"父子有亲，君臣有义，夫妇有别，长幼有序，朋友有信"，所谓"明人伦"就是明白这五大人伦关系的道理和交往原则。

三、人生成长过程是伦理角色不断丰富的过程

家庭教育贯穿人生的全过程。随着年龄增长，个体在家庭、社会中的人际关系日益复杂起来，因此在某种意义上，人生发展就是伦理角色不断丰富与成长的过程。提高对不同角色的认知，在不同场合和情境中准确定位自己的角色，以守住角色规矩的底线，是非常重要的人生课程。

---

① 孔子：《里仁》，载《论语》，张蓝婴译注，中华书局，2007，第44页。
② 荀子：《非相》，载《荀子》，安小兰译注，中华书局，2007，第40—41页。

人是社会实践的产物，人生价值只有在社会实践中才能实现，而要实现自己的人生价值，首要的任务就是学会与人相处，学会交流与合作。要知道，一个人的言行举止是否适当，是否受人待见，都取决于行为主体对自己角色的定位。如果不明白自己是谁，就会说错话、办错事。家庭教育是人生教育的基础，家长要教给孩子的知识很多，但最根本的也是最首要的应是在人际关系中的角色。

　　角色行为的利他性表现是品德的核心要素。当一个人的行为举止对他人产生实际影响时，就会有品德的评价。说到底，品德就是个体在人际交往中的行为表现所展示出的对角色规则的适切程度，是对人伦角色"应该做"或"不应该做"的自觉行为。如晚辈对长辈要尊敬，不可狂妄无礼，不可欺负老人；长辈对晚辈要慈爱，不可恶意训斥或侮辱——这是人伦角色的基本要求。

　　习近平总书记说："少年儿童正在形成世界观、人生观、价值观的过程中，需要得到帮助。"[1]那么，家庭教育应该如何帮助孩子？宋代陆桴亭在《思辨录》中说："教子工夫，第一在齐家，第二方在择师。若不能齐家，则其子自孩提以来，爱憎颦笑，必有不能一轨于正者矣。虽有良师。化诲亦难。"[2]这是说教子之方，首先在于树立良好的家风，端正家庭成员的角色定位；其次是为孩子选择良师。如果治家没有规矩，孩子从小就缺少教养，必然会有爱恨之心不端、一颦一笑不恰当的情况。当一个孩子的品德基础不好，坏习惯已经形成，即使请到良师，也难以感化教诲。所以家庭教育要从小做起，要在生活点滴中培养孩子的角色意识，规范言行举止，筑牢立德树人的基础。

　　以人伦角色定位的品德养成，是人生发展的基础，会影响一个人在发展过程中的角色转换能力。在现实中生活，每个人都在人际关系中通过自己的角色获得成长所需要的资源和机会。所谓成长就是角色的有序转换和地位的提升。笔者认为，人的社会角色有五大类：一是家庭伦理关系中的家庭成员角色，二是社会道德关系中的个体身份角色，三是社会生产关系中的自然经济人角色，四是国家政治道德关系中的自然政治人角色，五是以性别为主要特征的情感关系中的男女角色。

　　在上述五类角色中，家庭伦理关系角色在人生全程都占有十分重要的位置。一个人能否成为一个合格的家庭成员，不仅限于儿童时期，还包括长大后能否成为一个好丈夫或好妻子，好爸爸或好妈妈。如果一个人对家庭关系角色的认知不能达到

---

[1] 中共中央党史和文献研究院编：《习近平关于注重家庭家教家风建设论述摘编》，中央文献出版社，2021，第17页。
[2] 陆桴亭：《思辨录》，载陈宏谋《五种遗规·训俗遗规》，团结出版社，2019，第235页。

及格水平，就会对其他四类角色的转换产生不良影响。人们常说的教养问题，其实主要是家庭人伦角色的养成问题。孩子从小缺乏伦理关系方面的教育，往往会导致未来角色意识不清，角色定位不准，角色责任感不强，由此导致言行举止失态，或在人多场合手足无措，或言行举止怪异，或有意无意地伤害他人利益或名誉，导致在品行方面受到诟病。当一个人的品德被否定，其人生很难有大出息。

在人生的成长与发展过程中，阶段性角色转换是重要标志。简而言之，人生过程大体有如下八个阶段：6岁前，角色启蒙阶段，在关爱中朦胧地接受"好孩子"角色概念。6—12岁，角色由"孩子"发展到"小学生"，这是人生走出家庭的第一步，在班级学习中接受"我是小学生"角色的新概念。13—18岁，进入青春期（女生比男生约早2年），性别角色的自觉，将导致自我角色认知的内在升华，个体独立性明显增强，同时对家庭人际关系依赖性的认识更加清晰。19—22岁（或因继续上学留在学校），参加工作之前，个体社会价值日益凸显，职业生涯教育将进一步开拓其面向社会关系的角色认知领域，劳动者角色开始觉醒。23—26岁，就业、恋爱、结婚、成家、创业等成为人生关切的主题词，多种角色接踵而至，角色转换成为人生教育的重要课题。27—50岁是人生打拼的关键期，为人父或为人母者，大多上有老下有小，很多人成为工作岗位的骨干、领导。角色变化频繁是这一阶段的主要特征。51—70岁，从51岁起，进入人生马拉松长跑的折返点，大格局基本定型，多处于职业生涯的巅峰期和人生的黄金期。尽管大多数人60岁开始从职场退居二线，但身体健康者至70岁仍可活跃于职场，角色相对稳定。职场中的社会角色逐步减少，而在家庭中的角色则向长辈提升，成为爷爷或奶奶的将收获家庭成员角色的大满贯。70岁以后，随着社会关系的不断减少，人生的伦理角色，一方面逐渐走向简单化，所能承担的实际责任在减少；另一方面作为子孙共同维系的家庭象征意义不断增强，家有二老，对子女而言就有完整的家的存在，家庭（家族）就有较强的向心力、凝聚力，所以人生进入70岁以后更应该注重家庭、家教、家风建设。

四、注重亲情互动是伦理角色教育的基础

从家庭人伦关系看，在入学以前，儿童最先接受并得到不断强化的角色概念是自己的名字，然后是姓氏。稍长，知道"我是谁家的孩子"，逐步确认父亲、母亲是谁。这种看似不经意的小事，将给孩子带来一种最原初的家庭归属感，人伦角色意识是

在与父母的关系中开始建立的。孩提时对人伦关系的认识进一步深入，表现在对家庭其他成员，如兄弟姐妹、爷爷奶奶、姥爷姥姥的认识和接受。孩子的自我意识，是他在与父母的密切接触并且得到实实在在的养育、爱抚、庇护中形成的。

一般来说，如果一个孩子生长在夫妻和睦、亲情浓厚的家庭，父母在孩子成长过程中给予的关怀多，与孩子接触的时间长，亲情付出充分，孩子的自我角色意识就觉醒得早。相反，如果父母对孩子不管不顾，将其生活照顾托付给祖父母或其他监护人，尽管父母为孩子的物质生活辛勤付出，但孩子无法感受到父母的爱，长大后对父母的情感可能是淡漠的。儿童角色意识的形成与发展与其认知能力相关。儿童的观察是具象的，父母对孩子的爱也是具象的，但在亲情付出中，孩子接受的爱既是具象的、可见的，也是充满温情的、和蔼可亲的。将孩子托付于其他人照顾，哪怕这种照顾是无微不至的，也与父母的亲情之爱存在本质区别。对于孩子来说，亲情的缺失造成了伦理教育的不足。

习近平总书记说："每个人的生活都是由一件件小事组成的，养小德才能成大德。"[1]儿童的教养，是在生活中的一件件小事中渗透、浸润的，人伦角色是由亲情滋润、涵养而成的。当代西方人类学家科塔克在《人类学：对于人类多样性的探索》中说："人类终生都与儿子们和女儿们保持联系。维持这些亲属和婚姻联系的体制造就了人类与其他灵长类的主要区别。"[2]家庭是以亲子血缘关系为基础来维系亲情的，父母与子女之间的亲情不应是空洞的，需要父母在生活点滴中全身心地投入。如果父母不能对孩子的成长全身心地投入，导致在孩子成长的关键期亲情缺失，那么即便以后通过物质方式来弥补，想要得到子女的亲情回报，也是非常困难的。

父母与子女之间的关系，是人类特有的亲情关系，凡是孩子与父母的关系亲情浓厚的，孩子都会把父母当作最可靠的倾诉对象。孩子是否愿意向父母倾诉内心的想法、苦恼、惆怅、忧虑、喜悦和快乐，是否愿意说知心话、悄悄话，可以检验父母与孩子关系的亲密度。其实，孩子向父母倾诉时的信任感是最真实的亲情体验，这种体验越深，保持越久，就越容易在孩子长大后唤醒儿时的记忆，他们会照着父母的样子去寻找人生的另一半，建立自己的幸福家庭，知道怎样做父母。

无数事实证明，一个家庭是否兴旺、子孙是否有出息，不在于贫富，而在于亲情。亲情是维系一家的根本，是家风建设的重点。一个充满亲情的家庭，其乐融融，

---

[1] 中共中央党史和文献研究院编：《习近平关于注重家庭家教家风建设论述摘编》，中央文献出版社，2021，第 16 页。
[2] 张祥龙：《家与孝：从中西间视野看》，生活·读书·新知三联书店，2018，第 68 页。

家人彼此依恋、坦诚倾诉、感激牵挂，即使家庭物质贫乏，其精神仍是富足的，是向善向上的。生活在这样的家庭里，孩子更健康积极，更容易有出息。

家和国的道理是一致的。家庭是社会的细胞，家庭的前途命运同国家和民族的前途命运紧密相连。千千万万个家庭相亲相爱，向上向善，人民自然团结，社会自然和谐，民心自然凝聚。苏轼曾向神宗皇帝上书曰："国家之所以存亡者，在道德之浅深，不在乎强与弱；历数之所以长短者，在风俗之薄厚，不在乎富与贫。人主知此，则知所轻重矣。……爱惜风俗，如护元气。"以此反证，要让家庭和谐幸福，就应该让家中的每一个人明白自己的伦理角色，承担自己应该承担的角色责任。

性别角色教育是家庭教育的一门必修课。孩子在儿童期接受的性别概念是模糊的，只有进入青春期后，才开始形成性别角色意识，真正分辨出自己是男性或是女性，才能对性别角色的含义形成清晰的认知。孩子进入青春期，是家庭教育的关键期，父母回避性教育是错误的，应该给予孩子清晰的男女性别差异概念，告知与生命来源有关的知识，根据孩子性别差异传授正确的生理卫生知识，以敬畏之心对待男女有别。

婚姻是人生的一件大事，家庭教育要帮助孩子树立正确的恋爱观、择偶观、婚姻观。要教给孩子与异性同伴交往的方法与原则，对于孩子两性交往中的不良行为，家长要及时进行有效干预，防止青少年被误导而迈错步、走错路。当孩子进入青春期时，父母必须注意观察孩子的思想动态和行为变化，引导和帮助孩子平稳度过青春期，防止孩子被错误的情感伤害，防止孩子因早恋受挫而一蹶不振甚至轻生，这是保障孩子健康成长的大事。对女孩子，母亲应该加强女性生理与心理卫生的指导。

生育是家庭人伦角色转换的重要课程，树立正确的生育观是核心。生育是生命延续的根本途径。人类生育与动物自然繁衍的不同之处在于，人类通过子孙繁衍可以享受人伦之乐。中国人自古注重人伦之乐，将此称为"天伦之乐"。要享受天伦之乐，就要结婚成家，生育儿女。古今中外，养育儿女都是要辛勤付出的，正因为这种付出，父母才会赢得子女的真心爱戴。同时，生育也是一种社会责任，如果都不生育，人类社会就无法延续。

"家庭是孩子的第一个课堂，父母是孩子的第一个老师。家长要时时处处给孩子做榜样，用正确行动、正确思想、正确方法教育引导孩子。要善于从点滴小事中教会孩子欣赏真善美、远离假丑恶。要注意观察孩子的思想动态和行为变化，随时做好教育引导工作。"①习近平总书记的这些话,既是一位政治家对广大家长的要求,也是一位父亲与家长朋友的经验交流。注意观察孩子的思想动态和行为变化,随时做好教育引导工作,尤其是在孩子的青春期,正确引导孩子顺利完成性别角色的认知,不断提升角色转换能力,是每一个家长应该深思的家庭教育课题。

---

① 中共中央党史和文献研究院编:《习近平关于注重家庭家教家风建设论述摘编》,中央文献出版社,2021,第17—18页。

第15章

学会交游是适应社会的基本需要

> 人生价值只能在社会关系中实现。学习人际交往的知识与技巧是人生成长的必修课。人的社会性决定了个体离不开人际关系,一个人要想在复杂的社会人际关系网中,准确识别、判断、选择出有助于自我道德完善的益友,远离摧毁道德底线的损友,就必须学习交游能力。人际交往是一门做人的学问,始于家庭人伦角色教育。家长要在孩子人伦角色认知基础上,外修仪表,内修德行。

一、交游之道重在明辨义利

交游是交往、交友的总称。交游,是人的社会性需要。善交游,是社会化成熟的表现,也是人格魅力的体现。交游之道,首先在于明辨义利是非,即在人际交往活动中准确判别一个人的为人处世原则,尤其在义利是非之间的选择态度。

人际交往是社会交游的重要方面。物以类聚,人以群分。意趣相投的人往往会自然而然地走到一起。但意趣相投仅仅是能玩到一起的伙伴,至于是否能成为有助人生成长的益友,还需要认真考察并经历实践的检验。

考察一个人道德修养的水准,有一个简单的方法,春秋齐国政治家管仲在《管子·权修》中指出:"观其交游,则其贤不肖可察也。"就是考察他喜欢与什么人交往、如何交往以及交往的影响力怎样,就能知道其人品和能力的大概。

交友,是在交游中有原则地选择深交。人人都有思想情感交流的需要,也都具有一定的交流能力。人在社会生活中会认识、接触各种各样的人,有亲友、同学、同事以及在各种场合或机遇中接触到的熟人。但是从接触、认识到"相知""相交",终其人的一生,能称得上"知己"的人则非常有限。

在朋友之交中,既有亲朋故旧之交、缘情之交、情趣之交,也有道义之交、事业之交、利益之交。朋者,是同声相应、同气相求、意趣相投的同类人。从字源的演进角度来看,朋,最初见于古代以贝壳为货币时期,五贝为一系,两系为一朋。《诗经·小雅·菁菁者莪》有"既见君子,锡我百朋",这里的"百朋"即货币,衍义为"同有所系者",依此又引申为共同志向、共同利益、共同爱好者。有关"朋"的词汇很多,诸如朋友、朋辈、朋侪、朋俦、宾朋、朋党、至爱亲朋等。

《荀子·君道》云:"其交游也,缘类而有义。"同类人可为朋,而能走到一起成为好友者则缘于"义",故交游之道应遵循"以义为本"。为何要"以义为本"?下面这段话说得十分通透:"以金相交,金耗则忘;以利相交,利尽则散;以势相交,势败则倾;以权相交,权失则弃;以情相交,情断则伤;唯以心相交,方能成其久远。"以金钱相交,钱财花尽人就散了;以利益相交,无利可图,就分道扬镳了;以势力相交,大势若去,树倒猢狲散,哥们儿义气也烟消云散;以权相交,官员权位没了,攀援者马上离开,人走茶凉;以感情相交,情断了人也就散了,甚至亲兄弟之间也会反目成仇,不如路人;所以说,"情不及义,难以持久",只有以心相交,淡泊明志,才是交友的正道。

如王通所说,"唯以心相交"——交心才会不失去朋友。何为"心"?用今天的白话解释,就是三观相近、志同道合。"心"代表一种志向,一种追求。朋友之间志趣相投,淡泊名利,能互相促进人格完善,患难时可相依,困境中不离不弃,这才是靠得住的真朋友。交心,是一种精神,一种信仰,一种真情义之交。真情义是通过长时间的沉淀、经过大是大非甚至生死考验的精神财富,是牢不可破的道义结晶。

以心相交的真友有两大特点:一是在大是大非面前都会坚守原则,不会背叛;二是不管顺境还是逆境,都不会因私人关系徇私情,搞小圈子。坚持以真心为本的交友之道,范仲淹是古今学习的典范。

范仲淹在庆历变法时,和晏殊、韩琦、富弼等人被政敌指责为"朋党",罢官贬谪。欧阳修愤然上书仁宗,从君子小人之别、道义利益之辨阐述了朋党关系,上书内容成为一篇著名的《朋党论》。他在文中指出:"大凡君子与君子以同道为朋,小人与小人以同利为朋,此自然之理也。然臣谓小人无朋,惟君子则有之。其故何哉?小人所好者禄利也,所贪者财货也。当其同利之时,暂相党引以为朋者,伪也;及其见利而争先，或利尽而交疏，则反相戕害，虽其兄弟亲戚，不能自保。故臣谓小人无朋，其暂为朋者，伪也。"君子以"同道"为朋，坚守的是道义、理想；小人以"同利"为朋，因以利禄、财货而结合，利尽之后就会疏远，或者反目成仇。所以，小人无真朋。

对于君子的"真朋"，欧阳修文中提出："君子则不然。所守者道义，所行者忠信，所惜者名节。以之修身，则同道而相益；以之事国，则同心而共济；终始如一，此君子之朋也。故为人君者，但当退小人之伪朋，用君子之真朋，则天下治矣。"

以古鉴今，党的十八大以来，习近平总书记大力推进反腐倡廉，反复告诫广大干部"交往要有原则、有界线、有规矩"[①]。他指出："有的人为了扩大'关系网'、达到个人目的，想出种种办法接近领导、攀附权势，甚至不惜重金拉拢腐蚀他们认为有用的人。"[②] 可是，"大量事实证明，领导干部一旦掉进关系网、人情陷阱而不能自拔，就很容易出问题"[③]。势利之交，难以经远。以权钱交易、钱色交易、裙带关系拉拢腐蚀当权者，以此构建一种肮脏的关系网，严重污染政治生态，其结果是害人害家、害国害民。所以，势利之交是害人之交，家庭教育一定要引以为戒。

二、择友之道贵在崇德亲贤

中国自古至今之所以注重崇贤、交友之事，是因为交友不仅会影响到人生发展，而且还关系到一个家庭的兴衰。

明代庞尚鹏在《庞氏家训》中说："若交游非类，济恶朋奸，是自陷其身也。恶嫉正人，厌闻正论，直待亡命破家而后悔，已无及矣。"[④] 他在家训中特别强调，自家子孙要亲近贤良正直的人，远离奸猾邪恶的人，要把"崇德亲贤"作为家庭教育的重要原则，以此引导家人树立正确的择友观。

明嘉靖皇帝执政后期，阉党势力日盛，国家政治风气日坏。理学家姚舜牧在天启年间撰写了《药言》一书，又名《姚氏家训》，被世人称为"简洁明快、切中膏肓"的家训。该书论述了社会人际交往、修身治家、个人生活原则等方面内容，颇具参考价值。

---

① 2014年5月8日习近平同中央办公厅各单位班子成员和干部职工代表座谈会上的讲话。
② 习近平《在河南省兰考县委常委扩大会议上的讲话》（2014.3.18）。
③ 习近平《在河南省兰考县委常委扩大会议上的讲话》（2014.3.18）。
④ 方羽编著：《中国古代家训三百篇》，商务印书馆国际有限公司，2019，第232页。

姚舜牧指出人生成长与所交的师友有关，做家长的一定要用心。他说，一家之内有三件事不可轻信人言，就是医药、择师、契约。"凡亲医药，须细加体访，莫轻听人荐，以身躯做人情；凡请师傅，须深加拣择，莫轻信人荐，以儿子做人情；凡成契券、收税册、大关节，须详加确慎，莫苟信人言，轻为许可，以身家做人情。"① 为孩子择师，要亲自详察审核，否则就是拿"儿子做人情"。

　　清代张英根据自己为官处世的亲身经历和心得体悟，作《聪训斋语》，他认为，官宦之家的家教要难于平民，因为官宦之家子弟更容易变坏，其原因在于亲戚朋友和老师都会照顾主人的面子，很可能不敢直指他们的过失。"世家子弟，其修行立名难，较寒士百倍。何以故？人之当面待之者，万不能如寒士之古道。小有失检，谁肯面斥其非？微有骄盈，谁肯深规其过？幼而娇惯，为亲戚之所优容；长而习成，为朋友之所谅恕。"官宦之家和富豪之家的孩子，如有小过失而不能得到及时矫正，长大后更难改变。北齐文学家颜之推有《颜氏家训》传世，其中说道："吾见世间，无教而有爱，每不能然；饮食运为，恣其所欲，宜诫翻奖，应呵反笑，至有识知，谓法当尔。骄慢已习，方复制之，捶挞至死而无威，忿怒日隆而增怨，逮于成长，终为败德。"② 元代郑太和著有寓意深刻的道德规范——《郑氏规范》，其中写道："为家长者，当以至诚待下，一言不可妄发，一行不可妄为，庶合古人以身教之之意。"③

　　此外，陆游还特别提醒世人，家有聪明孩子，也要特别警惕："后生才锐者，最易坏。若有之，父兄当以为忧，不可以为喜也。切须常加检束，令熟读经子，训以宽厚恭谨，勿令与浮薄者游处，如此十许年，志趣自成。不然，其可虑之事，盖非一端。吾此言，后人之药石也，各须谨之，毋贻后悔。"④

　　交友的目的在于"辅仁"，慎交友是古代家教的优良传统。与姚舜牧同时代的大臣吴麟征，为了在风俗败坏的社会环境中保护自家不至家毁人亡，亲撰《家诫要言》立为家教之本。他说："师友当以老成庄重、实心用功为良，若浮薄好动之徒，断断不宜交也。"⑤ 这些观点与姚舜牧一致。

　　吴麟征还认为读书对于建立良好的家风很重要。孩子不知世事，通过读书，可以前人事迹为鉴来观察世事。他告诫家中子弟，不要好名结交、嗜利招祸。在我国

---

① 方羽编著：《中国古代家训三百篇》，商务印书馆国际有限公司，2019，第237页。
② 闻钟主编：《颜氏家训译注》，商务印书馆，2016，第7页。
③ 颜之推等：《中国家训精华》，天津古籍出版社，2018，第233页。
④ 王爽主编：《中国家训》，海南出版社，2018，第338页。
⑤ 方羽编著：《中国古代家训三百篇》，商务印书馆国际有限公司，2019，第229页。

历史上，许多贤臣名相、清官廉吏在治家教子方面崇尚耕读，注重交友之道的教育。从一些史料也可以看出，一些有权势的家庭不注重耕读传承，子弟横行乡里，乱交恶友，一旦失势，则门第急剧衰败。而一些文化底蕴深厚的家族，因子弟崇德亲贤，慎交师友，代有才人。因此，慎交友是家风建设的重要内容，对家族递相传衍、代代培养人才，具有重要作用。

三、交友之道智在察人知微

　　交友之道，须知察人知微。2018年7月3日，习近平总书记在全国组织工作会议上讲话时引用了《管子·权修》中的"审其所好恶，则其长短可知也；观其交游，则其贤不肖可察也"。强调察人好恶的重要性，即从个人的兴趣看才能的长短；观其交游，即从所交的朋友种类、朋友的修养反观其人属于何种类型、品位高低。观其二者，可知大概。人是复杂多变的，察人知微，方能准确判断是否可交。

　　朋友，是人生发展过程中必不可少的同行者，有的朋友能影响人的一生，所以家长要引导孩子学会观察人，学习择友方法。

　　古今察人方法很多，在日常生活中，一般方法是直观地看其言行举止，通过对其言行举止的分析，透析细微的精气神，由此可知其人格品性。有了基本的人格能力认知，大体可知所交之人是益友还是损友。益友则亲近，损友则远离。

　　明代李际阳，曾在京城为官，史书上对他的事迹没有什么记载，但其母写给他的《与子书》却很有名。李母在家书中说："莫视应对为末节，要知洒扫应对，便可精义入神。试味足以兴，足以容，皆是小心中做出事业。从古圣贤，没一个不仔细小心，只有子路率尔对，夫子哂之。须慎哉，须慎哉？"①李母告诫儿子要在复杂的人际交往中谨言慎行，注意在小节中品味交友的"精义"。这是古代一位普通母亲教孩子择友的经验之谈，"世事洞明皆学问，人情练达即文章"，观察人的品行可知其人品高低、情趣雅俗，择友就有了前提。人生中的交友不慎，主要是由结交朋友之前对其人品知之不深造成的。

　　陈抟是宋初的著名隐士，世称"希夷先生"。他年轻时科举落第，又适逢唐末乱世，一直隐居武当山九石岩，后又同麻衣道者隐居华山云台观。陈抟年轻时专攻孔孟之学，隐居名山之后喜好研读《易经》，注意观察和研究世人的交游之道。他依据孟子"胸

---

① 方羽编著：《中国古代家训三百篇》，商务印书馆国际有限公司，2019，第336—337页。

中正，则眸子瞭焉。胸中不正，则眸子眊焉"的论断，结合自己对世人的观察经验，提出了"相由心生"的观点，以为"心者貌之根，审心而善恶自见。行者心之发，观行而福祸可知"。他一生发表了许多有关游居交友、以人观心的言论，被世人认可。清代陈宏谋所编《训俗遗规》也曾摘其多条语录，在此略作列举以供借鉴。

1. 从言语风格察品性修为

"语言多反复，应知心腹无依。"一个人言语无信，反复无常，可以断定此人没有什么知心朋友，没有可依靠的人。

"开口说轻生，临大节，决然规避。逢人称知己，即深交，究竟平常。"[1] 逢人说话，开口豪言壮语，见人就说可以为你两肋插刀、赴汤蹈火，这种人每临大事、大节，一定是逃得最快的人；逢人尚未深交，就号称人生知己，这种滥交朋友的人，对其接触深一些，就会发现他很平常。

2. 从处事态度察责任担当

"处大事，不辞劳怨，堪为梁栋之材。遇小故，辄避嫌疑，岂是腹心之寄。(?)"[2] 面临大事而能勇挑重担、任劳任怨的人，足以成为栋梁；碰到一点麻烦事就避嫌躲闪、害怕承担责任的人，岂能委以重任？

"处事迟而不急，大器晚成。见机决而能藏，高才蚤发。"[3] 凡遇大事沉着稳重，理性思考，不急不躁，此种人必定大器晚成；凡遇大是大非，胸有成竹又能藏而不露，此种人必定是大才而且会少年得志。

"消沮闭藏，必是奸贪之辈。披肝露胆，决为英杰之人。"[4] 凡是消耗他人财物而藏起自己的财物不给别人用的人，一定是贪婪奸诈的小人；凡是仗义疏财、心胸坦荡的人，一定是讲信用、豪侠有担当的君子。

"责人重而责己轻，弗与同谋共事。功归人而过归己，尽堪救患扶灾。"[5] 凡遇事喜欢责备别人、把过失责任推给别人的人，对自己不作自我反省，是没有担当的表现，不能与这样的人同谋共事、患难与共；凡是能把功劳归于他人，把过失归于自己，善于自我批评而不责备别人的人，足以堪当大任，在患难危机或灾祸中，能够扶危济困。

---

[1] 陈希夷：《心相编》，载陈宏谋《五种遗规·训俗遗规》，团结出版社，2019，第 54 页。
[2] 陈希夷：《心相编》，载陈宏谋《五种遗规·训俗遗规》，团结出版社，2019，第 55 页。
[3] 陈希夷：《心相编》，载陈宏谋《五种遗规·训俗遗规》，团结出版社，2019，第 57 页。
[4] 陈希夷：《心相编》，载陈宏谋《五种遗规·训俗遗规》，团结出版社，2019，第 53 页。
[5] 陈希夷：《心相编》，载陈宏谋《五种遗规·训俗遗规》，团结出版社，2019，第 59 页。

3. 从待人接物察为人胸襟

"重富欺贫，焉可托妻寄子。(?) 敬老慈幼，必然裕后光前。"① 见到富人就巴结，见到穷人就欺侮，这种人怎么能托以重任？敬老爱幼、宅心仁厚，这样的人一定不仅自己有成就，而且子孙也会优秀。

"有能吝教，己无成，子亦无成。见过隐规，身可托，家亦可托。"② 有才能却不肯教人，自己难有成就，子女也会一无所成；见到他人有过失，能够暗中规劝的人，是值得信赖、可以托付身家的人。只会向他人索求，却不肯为他人付出，无法与人合作与分享。

"好与人争，滋培浅而前程有限。必求自反，蓄积厚而事业能伸。"③ 争名夺利、好出风头，只看重眼前利益，是缺乏涵养的人，因此前程有限；遇事沉稳，做人低调，能够反求诸己、自我反省的人，就能够蓄积深厚的人脉，事业一定有大成就。

4. 从情绪控制察前途命运

"喜怒不择轻重，一事无成。笑骂不审是非，知交断绝。"④ 喜怒无常，说话不分场合，逢人遇事随便发脾气，容易与人发生冲突的人，难以合作，所以很难有朋友。讲话没口德，不分是非曲直，随意调侃取笑他人，即使是最好的朋友也会与之疏远。

"少年飞扬浮动，颜子之限难过。壮岁冒昧昏迷，不惑之期怎免。（?）"⑤ 少年时要学会持敬稳重，认真充实自己的才干，加厚德行修养，日后才能成才。如果一个人到了壮年还鲁莽行事，处世不知轻重，做事不顾大局、不辨是非，就容易招来灾难。

陈抟从观察人的外在表现分析人的品性与命运，其告诉人们一个道理，凡是人格存在缺陷者，言行举止怪异者，心浮气躁者，都不可以深交。

其实，凡是有一定的人生阅历的家长，在观察人的品性方面都积累了一些自己的经验，也能对孩子言谈举止中的优缺点有较多了解。在家庭教育中注重孩子的人格修养，尤其是在教导孩子交友择友方面，家长应该注意观察孩子身边的伙伴与朋友，引导孩子掌握一些察人方法，学会识别益友。

---

① 陈希夷：《心相编》，载陈宏谋《五种遗规·训俗遗规》，团结出版社，2019，第53页。
② 陈希夷：《心相编》，载陈宏谋《五种遗规·训俗遗规》，团结出版社，2019，第57页。
③ 陈希夷：《心相编》，载陈宏谋《五种遗规·训俗遗规》，团结出版社，2019，第60页。
④ 陈希夷：《心相编》，载陈宏谋《五种遗规·训俗遗规》，团结出版社，2019，第61页。
⑤ 陈希夷：《心相编》，载陈宏谋《五种遗规·训俗遗规》，团结出版社，2019，第61页。

四、处友之义善在扬善去恶

古今中外，一家一校能产生杰出人才往往与育人环境相关。学校育人环境中，校风最重要，这些已在第四编中有论述。校风纯洁，良师益友，砥砺其中，人才圈将由此生成。其实，家庭出人才，也在于家风品质。古今中外，许多家庭人才辈出，正是因为家风正，家人既是亲人，更是人生益友，家风如雨露阳光滋润禾苗，亲人间相互教诲和影响，向善向上，恶习陋习自然无法滋长。

《礼记·学记》说："独学而无友，则孤陋而寡闻；燕朋逆其师，燕辟废其学。"如何择友则是一门学问。宋代著名教育家朱熹，深谙孩子在学校需要师友辅助道德成长，当长子朱受之长大后，就被送到好友吕祖谦那里学习，临行前给儿子写一文作为赠言。文中说送他出门学习的原因有三：一是担心儿子"在家汩于俗务，不得专意"；二是"父子之间，不欲昼夜督责"；三是在家"无朋友闻见"。

朱熹说："交游之间，尤当审择，虽是同学，亦不可无亲疏之辨。此皆当请于先生，听其所教。大凡敦厚忠信、能攻吾过者，益友也；其谄谀轻薄、傲慢亵狎、导人为恶者，损友也。推此求之，亦自合见得五七分，更问以审之，百无所失矣。但恐志趣卑凡、不能克己从善，则益者不期疏而益远，损者不期近而日亲。此须痛加检点而矫革之，不可荏苒渐习，自趋小人之域。如此，虽有贤师长，亦无救拔自家处矣。"[①] 交友要选择交"能攻吾过者"的益友，学会远离"导人为恶"的损友，若要做到益友日亲，损友日远，这就需要自己对不良习惯"痛加检点而矫革之"。

关于在学校的处友之道，朱熹说："居处须是居敬，不得倨肆惰慢。言语须要谛当，不得戏笑喧哗。凡事谦恭，不得尚气凌人，自取耻辱。不得饮酒，荒思废业。亦恐言语差错，失己忤人，尤当深戒。不可言人过恶，及说人家长短是非。有来告者，亦勿酬答。于先生之前，尤不可说同学之短。"[②] 居敬持志，是朱熹一贯主张的德行修养方法，上述文字中最令人注重的是，朱熹告诉儿子"不可言人过恶，说人家长短是非"，特别是"于先生之前，尤不可说同学之短"。这是处友的要义，处友在于扬人之善，去己之恶。

出门学习是角色的一种转换，学习交友是立德成才的重要途径。朱熹教导孩子

---

① 方羽编著：《中国古代家训三百篇》，商务印书馆国际有限公司，2019，第216页。
② 王爽、裴颖编著：《中国家书》，海南出版社，2020，第31—32页。

一种自修方法："见人嘉言善行,则敬慕而纪录之。见人好文字胜己者,则借来熟看,或传录之而咨问之,思与之齐而后已。不拘长少,惟善是取。"[1]

"德业相劝,过失相规",是交友之道的本义,也是交友的追求。"闻赞美之言则喜,而闻纠错之言则怨;德业相劝易做,过失相规难为",这一人性的弱点往往会将诤友拒之千里。一个人要成就自己,必须学会善交诤友。

交游之道,吕祖谦深得要义。朱熹称其"德宇宽弘,识量闳廓。所立甚高,无求不备,盖相推者至矣"[2]。这是朱熹将儿子送到吕祖谦处去学习的重要原因。吕祖谦出身儒学世家,其祖吕蒙正、吕夷简、吕公著皆科举入仕,官至宰相。自吕公著始,为了家族世代兴旺、人才辈出,注重吕氏家学。几十年的传承与积淀,至吕祖谦,吕氏家学大放异彩。

中国古代学生成人之后应举科考,或入仕途进入官场,或科举落第走入社会,学会交友成为适应社会和适应官场的基本需要。注重为官交友之道,是吕氏家学的重点。吕祖谦主张为人要自立,重在作为。针对当时士大夫为谋求官职、觅权贵要人举荐的不良风气,不仅作《官箴》警戒子弟,还将伯祖吕本中《舍人官箴》收录在《东莱集》中。从此,吕家秘传的为官交游之道被吕祖谦公之于世,且成为成年学子的必修课程。

交游是读书人适应社会的必修课。因为人的社会性要求所有成年人都要在一定的社会组织和制度下工作,所以入职前学习、领悟在各种人际交往中择友、交友、处友之道,是非常必要的。

当今,我国社会、家庭结构和生活方式的巨大变化,推动了人与人的交往方式和交友方式变革。概括起来主要有三点:一是传统农业社会的家人聚多离少被现代社会的聚少离多替代,父母对孩子交友情况的了解由深入转向肤浅,故在孩子成长过程中的交友指导明显减弱;二是互联网交互方式普遍存在于人们的物质生活和精神生活中,虚拟世界的信息沟通大于线下直接交往,以满足个人需要的个性化沟通,呈现出快捷、简单、高效的特点,虚拟世界的娱情性交游方式成为社交的主流,以心交友的线下空间被挤压;三是改革开放以来,社会变化具有迭代性、开放性、多元性等特点,多样化的交友方式,对交友之教提出了挑战。

不管社会如何变化,人的本性对交游的需要和对真心朋友的依赖是不会改变的。

---

[1] 王爽、裴颖编著:《中国家书》,海南出版社,2020,第32页。
[2] 吕东莱:《官箴》,载陈宏谋《五种遗规·从政遗规》,团结出版社,2019,第7页。

崇尚交友之道，要注意突出以下几点：一是人生择友，与善人居为第一事。首先家人与亲友中的贤达者都是应该亲近的人，其次是睦邻。二是以谦逊诚实立本。谦逊和微笑是全世界的通用语言。"三人行，必有我师焉"，人之有言，求谢而思改。三是"己所不欲，勿施于人"。为人处即是为己处，教人即是教己，欺人即是自欺。真伪不可掩，褒贬不可妄。须有以我容人之意，不求为人所容。四是为人处世，树德不树怨。无论贵贱，皆当亲贤远不肖。五是力戒骄傲自满。不要取笑他人过失与缺陷；核真伪，远佞谀，近忠正，不徒高谈阔论，唯勤学守德。

第 16 章

生活情趣是涵育情操的重要滋养

> 今日我国人民的生活已经从物质层面的满足转向精神层面的升华,这是人的全面发展的必然要求,也是文明进步的重要标志。要过上物质充裕、情趣高雅的幸福生活,情趣修养应成为家庭教育的必修课。

一、培养高雅情趣是提高生活品质的重点

家庭生活为个体提供了人生发展最直接的经验和最原始的成长平台。事事皆知识,处处是学问,立足家庭生活教育,提高家庭生活品质,是每一个为人父母者引导青少年健康成长的主要途径。

家庭生活品质是由家庭生活方式决定的。生活方式是人的生存方式和人自身的需要满足与实现的方式。家庭生活方式包括消费生活以及社会生活、精神生活等多方面内容。以婚姻为基础构建的家庭,是人的生命来源、人生发展的原点、精神安顿的家园,也是影响家庭生活品质最重要的因素。

我国现代化进程的不断加快,加速了人口结构从传统农业的、乡村的、封闭半封闭的社会向现代工业的、城市的、开放的社会转型,进而引起了家庭生活方式的巨大变化,其主要体现在以下方面。

一是家庭结构发生变化。我国家庭已由以复合家庭为主转向以小家庭为主,呈现出家庭人口结构小型化和家庭人际关系简单化的特征。第七次全国人口普查数据显示,我国户均人数降到 2.62 人,父母与未婚子女共同生活的家庭逐渐成为中国家庭的主体,此外,空巢家庭、隔代家庭、丁克家庭、单人家庭越来越多,传统家庭

结构面临巨大挑战。

二是家庭生活模式发生变化。我国家庭生活模式已由农业社会为主转向城镇化为主。传统的农村家庭是开放的，邻里之间交往频繁，守望相助。而城市家庭则相对封闭、相对独立，邻里之间很少交往。一方面，城市家庭代际之间对传统的家文化和家伦理、价值观的传递趋向减弱；另一方面，随着互联网、高科技、市场化的快速发展，抚养后代、赡养老人、家庭饮食以及习惯养成、文化传承等部分生活与教育功能开始向社会溢出。家庭部分功能社会化，对重塑家庭关系与家庭功能影响巨大。

三是家庭婚育观念发生变化。在传统婚姻和家庭中，婚姻的本义是成家立业，生儿育女是第一要务，抚育子女成人是父母的终生责任。在社会变迁中，年轻一代的婚姻、家庭观念明显改变，晚婚晚育或不育、生而不养等问题凸显，在城市特别是发达大城市中，未婚大龄青年比例大、离婚率增加、心理健康问题与家庭矛盾冲突频发，并不断上升成为社会问题。与此同时，由于物质财富不断丰富，家庭子女少，追求"物质生活高档次、精神生活高格调、生活规律高节奏、文化知识高结构"的趋势正在对传统生活方式产生强有力的冲击。如何建立符合未来发展趋势的科学、健康、文明、现代化的生活方式，已经成为我国家庭教育的重点和难点。

改善生活方式，提高家庭生活品质，丰富家庭精神生活内涵，增强生活情趣，让生活富有人情味、富有艺术感是根本。注重家庭、家教、家风建设，要建立积极健康的精神生活环境。其中，培养高雅的生活情趣是提高生活品质的重点。

二、培养读书习惯是追求健康生活方式的起点

书籍是人类进步的阶梯，习近平总书记在强调干部修养时指出，"读书可以让人保持思想活力，让人得到智慧启发，让人滋养浩然之气"[①]。

勤耕苦读是我国家庭教育的优良传统，"好读书，读好书，善读书"是书香门第修身齐家的法宝，所以历朝历代都有无数值得称道的人才辈出的家庭。培养好读书的习惯以育德为目的，重在习惯养成高雅情趣，不同于历朝历代以博取功名为目的的阅读。觉性地、有选择地阅读书籍，是加强自身精神修养的需要。在高等教育大众化的今天，培养人们的读书习惯，扩大阅读量，已经成为提升整个国民科学文

---

① 《国家领导人谈读书　习近平：启发智慧滋养浩然之气》，人民网，2014年2月11日。

化素质和培植民族创新活力的迫切需要。

近年的国内统计显示，随着国民精神文化水平的提高和需要的增加，各媒介综合阅读率持续稳定增长，图书阅读率和数字化阅读方式接触率呈上升态势，人均纸质图书和电子书阅读量均较过去有较大提升，深度阅读人群的规模持续扩大。

提高人们的图书阅读量，是学习型社会的客观要求。理由有三：一是知识技术不断更新，且更新速度不断加快，阅读成为解决工作难题的实际需要。二是从个体人生发展轨迹来看，在新知识的积累过程中，不断吸纳新知识与提高学习能力是一致的。学习能力，只能在学习过程中提高，掌握不同学科的方法论是提高学习能力的根本途径。三是阅读相关书籍，可以帮助人们有效提炼自己的人生经验。

从学校教育来看，一个教师要教好学科知识，要针对不同学生因材施教，除了熟练掌握学科知识及其教学方法，还必须长期坚持教育学知识拓展性学习，才能跟得上课程改革的步伐，适应新生代学生全面发展的需要。一个教师必须在专业知识之外大量阅读，通过总结提炼自己的教学实践经验，将隐性的教育知识呈现出来。作为家长也是这样，已经不能像过去那样仅关注孩子的温饱即可。在信息化社会，家长如果拒绝学习先进的知识和技术，拒绝向正在急剧转型的社会学习新的规则、新的生活方式和信息交互方式，就会在孩子面前逐步失去话语权。

人生经验主要是个体在社会实践中的感性认知，具有碎片化、生活化、个性化的特点，要将其提炼、上升到理性认知，成为一种对家人、工作和人生有指导价值的知识，需要相关知识的启发和理性提炼。对于学生也是这样，学科课程知识体系是固定的，学好学科课程是基础，其主要任务是提升学习能力，而要获得个性化发展，必须通过广泛阅读课外书籍，弥补课程知识的不足，发现兴趣所在，才能走出千篇一律的人才培养模式，形成百花齐放、万紫千红的局面。

爱读书的父母，是受孩子尊敬的，也是值得模仿的。父母养成爱读书、善读书的习惯，对培养家庭读书风气具有不可替代的作用。在家庭生活中，一家人可以在闲暇时光围绕某一问题共同阅读一本书或一篇文章，一起交流学习心得；可以围绕某一问题，相互质疑问难、启发思考，这不仅会让生活充满情趣、充满快乐，而且能帮助孩子将教养方面的现实问题呈现出来，然后共同解决。

苏轼就是一位善读书且善诱导孩子读书的家长，在此仅举一例。

仕途坎坷的苏轼，在遭贬黄州时，已经考取了进士的长子苏迈一直陪伴在其身边。有一天，苏迈从古书中发现关于鄱阳湖石钟山的说法很多，无法辨别真伪，特向父亲求证。苏轼认为儿子提出的问题很有价值，但并没有直接做出回答，而是和苏迈一起翻阅了包括郦道元的《水经注》在内的有关石钟山的记载，认为古人的说法多有牵强附会之处，于是提出此事需找机会实地考察方能解决。四年后，苏轼从黄州移汝州，携全家老小路过鄱阳湖。他认为考察石钟山的机会来了，白天亲自带着苏迈访问山中僧人，但对僧人的解释也觉得牵强。于是到了晚上，趁着月光明亮，父子俩划着小船到山下绝壁处考察。当游到一个遍布石窍的地方，他们发现此处石窍的大小、深浅、形状各异，当波浪激荡涌入时，发出了各种不同声调类似钟声的回响。见此情境，父子二人终于明白"石钟山"之名的来历。于是，苏轼写下了《石钟山记》，文中记述了考察石钟山的经过，说明"事不目见耳闻，而臆断其有无"是不可能得到正确答案的，教育儿子为官处事一定要注重实际考察。

这个故事告诉我们，父母和孩子一起读书，遇到疑难问题，要为孩子提供解决问题的方法，而不是直接提供答案，要在分析问题和解决问题的过程中培养孩子严谨务实的精神。同时，还要像苏轼那样举一反三，教育孩子将所学方法运用到实践中。

家庭读书，不是为了帮助孩子应试，而是为了启发智慧、滋养德行，所以家长在指导孩子阅读时，一定要根据孩子的实际需要，有针对性地选择有益发展心性、涵养人生智慧、提高学习方法、培养生活情趣的书籍，鼓励孩子广泛涉猎有关新知识、新思想、新技术的书籍，以扩大视野。古人非常注重课外阅读的指导，编有系统的阅读书目指南，通过指南可以准确地选择需要的书籍。当今世界知识生产和书籍出版很快，信息量巨大，一是要学会选择方法，二是要回归经典，过泛过滥是不可取的。聪明的家长要善于指导这些。

其实，建设学习型家庭也应如此。夫妻之间之所以常有矛盾，往往是在处理家务事、孩子的教育、双方父母的赡养等问题时产生了分歧，与其争来争去，不如找一本有指导性的书共同研读，形成共识，行动步调就一致了。在日常生活中，细心发现对方在知识结构、道德修养、治家处世、情趣培养、身心健康以及适应新工作等方面的需要或不足，积极主动地寻找和推荐相关书籍或学习资料，对于帮助对方高效解决问题大有裨益。

养成阅读习惯，贵在持之以恒。宋代欧阳修为一代文宗，亲手带出好读书、善读书的弟子无数，其中，曾巩、王安石、苏洵、苏轼、苏辙跻身"唐宋八大家"之列。欧阳修年轻时在洛阳为官，深受上司钱惟演无时无处不读书的影响，也养成了一生手不释卷的好习惯，他甚至总结出"三上"（马上、枕上、厕上）读书法，勤于学习，勤于思考，勤于笔耕，一生留下无数优美的诗词文赋，这些著作至今仍散发着蓬勃的生命力。

三、训练生活能力是提高生活质量的前提

生活能力是人在社会生活、发展中所需要具备的最基本的能力,家务劳动是训练孩子生活能力的途径之一。例如学会做饭,其实学习做饭并不难,关键是父母要为孩子创造学做饭的机会。很多孩子衣来伸手、饭来张口,对饮食挑三拣四,动不动就要到超市买现成的或叫外卖,吃完饭也不知道主动收拾碗筷,连这些简单的劳动也由父母全包,以致走出家门没有独立生活能力,成家之后也离不开父母照顾。这些缺乏独立生活能力的孩子,其实都是父母过分照顾造成的。

在我国,不让孩子做家务的家长,大多是为了不影响孩子的学习,所以对孩子照顾得无微不至,其实这是极其错误的。长期不让孩子做家务,势必将孩子养成"巨婴",只会接受别人的关爱,使孩子错误地认为被照顾是理所当然的。大量事实案例表明,没有得到生活能力训练的孩子,长大后不仅自己要父母照顾,而且结婚成家生子之后还是离不开父母。一旦父母的照顾跟不上,家庭矛盾马上爆发。

基于衣食住行的生活教育,主要在家庭进行。教孩子学会生活是父母的责任。教孩子学会理财购物,精打细算;学会洗衣扫地,垃圾分类,归置物品,爱护家庭;学会炒菜做饭,照顾小孩和老人;学会养花种草,美化环境;学会待人接物,迎来送往……这些既是人生的生活课,也是必要的劳动课,对于培养勤劳节俭、热情好客、尊老爱幼等家庭美德,十分必要。宋代的司马光、陆九韶等人对居家生活教育经验都曾做过深入探讨。司马光撰写的《居家杂仪》及编著的《家范》,成为中国古代家庭教育经典,在今天仍有重要参考价值。

有了生活能力,才能提高生活质量,才能在人生遇到挫折时以生活情趣调适心情,战胜困难。再以苏轼为例,苏轼一生遭贬多次。第一次被贬至黄州时,他就曾以"自笑平生为口忙,老来事业转荒唐"自嘲。谁知后来又贬至惠州、儋州,生活状况更糟。但是不管贬谪之地多么偏僻荒凉,他始终保持积极向上的生活态度,总能在苦难中找到生活情趣。他善于发现和利用充饥的食物为家人解决吃饭问题,并且能以独特的烹饪技术制作成美食,以至形成了为世人称道的"东坡菜系"。据不完全统计,他一生至少发明了 60 多种菜肴,写了上百首有关饮酒、品茗和品尝各种美食佳肴的著名诗词。

不仅如此,苏轼还善于在艰苦生活环境中教育儿孙,让他们从中体验生活的意义,了解社会现实和人民疾苦。苏轼深知家庭生活是人生的立足之本,因此教导家人要

学会生活，特别是要在逆境中享受人生乐趣。他晚年被流放到海南岛的儋州，小儿子苏过离妻别子，一直陪伴在他左右，不仅很会照顾他的生活，而且还跟随他教化风俗，执教书院，在诗词文赋、书法绘画等方面有其父之风，人称"小东坡"。

四、培养高尚雅好是提升生活品位的关键

一些人在社会物质生活富裕后反而觉得生活压力越来越大，经济负担越来越重，幸福感低，主要原因有二：一是外在的，即社会变迁带来家庭结构和生活方式的变化；二是内在的，即无意经营精神家园，心浮气躁，人生发展找不到方向，因此不知在闲暇时光如何享受生活情趣，有的闲极无聊，浑噩度日；有的投机取巧，想入非非。

南宋大学士何坦，号西畴，为官廉洁刚毅，有富贵贫贱不能移之志，著有《西畴常言》。他告诉家中子弟，做人要安守本分，踏踏实实做事。"富儿因求宦倾货。污吏以黩货失职。初皆起于慊其所无，而卒至于丧其所有也。各泯其贪心，而安分守节，则何夺禄败家之有。（?）"[1]强调做人要安分守己，清净内心，抛弃非分之想，将更多时间用于培养生活情趣，提高审美能力，享受精神快乐。

1. 提升个人高雅艺术修养

高雅的音乐、舞蹈等艺术最能涵养情趣。习近平总书记强调："文艺是时代前进的号角，最能代表一个时代的风貌，最能引领一个时代的风气。实现'两个一百年'奋斗目标、实现中华民族伟大复兴的中国梦，文艺的作用不可替代……""好的文艺作品就应该像蓝天上的阳光、春季里的清风一样，能够启迪思想、温润心灵、陶冶人生……"

艺术可以让平凡的生活更加丰富，帮助人们陶冶性情，无论是音乐、美术、书法、舞蹈还是其他艺术，都会潜移默化地影响心灵，促进身心健康。荀子在《乐论》中说："乐者，圣人之所乐也，而可以善民心，其感人深，其移风易俗易，故先王导之以礼乐而民和睦。"

注重从小培养孩子的审美兴趣，营造家庭审美艺术氛围是关键。所谓书香门第，指的就是充满读书氛围的家庭。腹有诗书气自华，唯有书香能致远，艺术审美能力离不开广博的诗书修养。一个人能够拥有很高的素养，和他具有深厚的文化底蕴是分不开的。培养家庭成员能够通过艺术作品欣赏而获得精神满足和情感愉悦，就是

---

[1] 何西畴：《常言》，载陈宏谋《五种遗规·从政遗规》，团结出版社，2019，第23页。

对其内在气质的陶冶。现实生活中并不缺乏健康高雅的艺术，诸如写诗、填词、弹琴、下棋等，一个家庭只要能使这些爱好变成家人的一种健康向上的精神娱乐活动，自然其乐无穷。

高雅艺术，既可涵养心性，又可以趣结友，有益身心健康，有益陶冶情操。

2．培养对体育的爱好和兴趣

身体是人生的本钱，爱好体育是健康的起点。健康之于家庭是幸福的基础，家长要经常带领孩子参加体育运动，保证每天至少锻炼一小时，既有助于身体健康，又能促进家人情感交流，尤其是对孩子远离网络游戏、避免长时间看手机大有帮助。

当前，社会发展速度不断加快，不少人长期负压、身体处于"亚健康"状态，究其原因，是由紧张焦虑、不能有效管理压力、缺少体育活动造成的。

体育锻炼和业余爱好应在家庭生活中常态化。一代伟人毛泽东将其一生都献给了中国人民的解放事业，平日里工作非常忙碌，但他的身体一直都保持良好状态，晚年仍然容光焕发，头脑清醒，思维敏捷，这与他在青年时代养成的良好健身习惯是分不开的。无论是在战火纷飞的年代还是在政务繁忙的和平时期，他都因时因地制宜，合理选择适当的健身方式，如散步、游泳、爬山等。

2013年3月19日，习近平总书记在人民大会堂接受金砖国家媒体联合采访时谈道："我也是体育爱好者，喜欢游泳、爬山等运动，年轻时喜欢足球和排球。"2014年2月7日，他在俄罗斯索契接受俄罗斯电视台专访时透露："我本人现在还是抽出时间来游泳，一天一千米。"锻炼身体可以保持身体健康，也有助于提高工作效率。他生动地形容："锻炼身体是'磨刀不误砍柴工'。"

3．勤于动笔写文章

一个人需要一种精神，一个民族需要一批精英。自古以来，文章是"经国之大业，不朽之盛事"，写作自古以来是无数贤人志士所热爱并孜孜以求的事业。欧阳修在《送徐无党南归序》中说："其所以为圣贤者，修之于身，施之于事，见之于言，是三者所以能不朽而存也。"立言，自古就是"三不朽"之一，而培养勤于动笔写文章的习惯，对于培养情操非常重要。

历代改革家多借助于击中时弊的文章启迪世人。纵览历史，如王安石、欧阳修等，既是文章大家，又为能臣干吏。他们的思想也随其文章流传千古，影响后世。战国时韩非的改革理论为秦始皇采用，把封建社会推向高峰，统一了全国。王安石的改革主张被采用，其《上仁宗皇帝万言书》也成为千古奇文。一篇集体创作的《实践是检验真理的唯一标准》，成为改革开放的先声。新时代需要焕发创新活力的思想，而思想需要借助于雄文。

勤于写作是保持创造力的有效途径。首先，笔耕需要多方面知识的积累，需要理论修养和知识储备，需要勤于动脑和独立思考。其次，写作是一种创造性活动，它能使人的思想处于积极活跃的状态，这种状态是产生新思路、新观点的基础。养成勤于动笔的习惯，就有可能成为写作高手。一个热爱阅读并努力想要表达思想情感的人，胸中有大义，笔下有乾坤。

南北朝时期的北齐大臣魏收，是北魏骠骑大将军魏子建的儿子，出身将门，但长大后弃武从文，勤奋好学，成为著名的文学家、史学家。为教育子孙，魏收在晚年留下遗训《枕中篇》，它是魏晋南北朝时期最有名的、说理透彻、文辞优美的家训。文中说道："雅道之士，游遨经术，厌饫文史。笔有奇峰，谈有胜理。孝悌之至，神明通矣。审道而行，量路而止。自我及物，先人后己。情无系于荣悴，心靡滞于愠喜。不养望于丘壑，不待价于城市。言行相顾，慎终犹始。"

魏收告诉人们，所谓高雅之士，遨游于经术之间，饱读文史书籍；笔下有锦绣文章，谈吐能以理服众；为人忠厚孝悌，感动神明；遵循行事规则，明智选择方法；由我及人，先人后己；真情不被荣辱牵绊，志向不为喜怒左右；退居山林而不沽名钓誉，住在闹市也不攀附权贵。言行如一，善始善终。修养精一，才高德盛，堪为楷模。

注重自我修养，内在精神充实，才德双馨，何愁之有？

第 17 章

生命健康是协同育人的永恒主题

> 在落实"双减"政策、实施家庭教育促进法的新形势下,生命健康教育作为关心下一代健康成长的热点问题,受到家庭、学校和社会的普遍关注和重视。

生命健康是民族昌盛和国家富强的重要标志。健康包括身体健康、心理健康和良好的社会适应能力。一个国家和民族是否兴旺发达,是否具有持久的发展力和竞争力,人口的数量与质量是决定因素。构建家庭、学校和社会协同育人机制,关注生命,推动生命代际传承,促进社会个体身心健康全面发展,是当今我国教育改革和健康中国建设的重大课题。

一、生命健康教育是家庭教育的主题

家庭是人们生活、生育、生长的最小组织单位,家庭教育关系着生命质量。实施家庭教育促进法,凸显生命健康教育主题,既是构建幸福家庭的需要,更是促进青少年健康成长的基础。

家庭的产生、变化与存续,是由社会变迁决定的。在现实生活中,以家为本是中华民族的家文化传统,也是人们生活的主要方式。家庭具有物质生产、生活、人口繁殖和精神生产等多种功能。随着改革开放的不断深入,经济社会发展不断推进,人民生活水平不断提高,城乡家庭结构和生活方式发生了新变化。家庭结构小型化,生活节奏不断加快,社会竞争日益激烈,出现了家庭部分生活功能、教育功能外溢的现象。顺应时代变化，身心愉悦，反之则生活秩序混乱，影响身心健康。

在家庭生活、教育功能外溢的背景下，父母与孩子的亲密度明显减弱。在食品安全、卫生安全、交通安全、心理健康问题频发的大环境中，孩子的生命健康，特别是心理健康问题，已经成为当今家庭、学校和社会普遍关注的热点和难点问题。

坚持以人为本，确立"健康第一"的发展理念。搞好生命健康教育，落实《健康中国行动（2019—2030年）》，牢固树立"大卫生、大健康"观念，坚持预防为主、防治结合的原则，建立生命健康教育体系，必须健全家庭、学校、社会协同育人机制，把生命健康教育放在首位。

建立家庭、学校、社会协同发力的生命健康教育体系，依靠多主体、多渠道、多举措治理的社会环境是非常必要的。但是，这并非意味着家庭责任可以弱化，恰恰相反，生命健康作为家庭教育的永恒主题更加凸显。其原因如下：遗传因素、家庭环境因素、父母的生活方式是影响孩子健康的主要因素；家庭是人们生活的依托，是养成自我健康管理能力的主要场所，个人生活方式和生活习惯的养成主要在家庭；生命过程中形成的生命态度与家庭生命健康教育密切相关；随着孩子的长大，学习维护生命健康的基本知识和技能，培养自我健康管理能力，是家庭教育的主要内容；青少年的近视、肥胖、贫血、糖尿病等问题均与糖盐油摄取量、饮食是否有节、起居是否有常、动静是否结合、心态是否平和、家庭人际关系是否和谐等存在密切关系；某些急性病发作、紧急救援、应急避险等问题常发生在家庭，地方病、流行性传染病预防教育也主要靠家庭。

关注孩子的生命健康，是父母的首责。在家庭教育中，父母的第一责任是教导孩子理解生命发展的自然规律。尊重生命、敬畏生命、热爱生命，是树立正确人生观的基础。随着孩子逐渐长大，要引导孩子增强性别角色和家庭伦理关系认知，使他们能以感恩家庭、学校和社会的人生态度主动学习健康知识和必要的技能，养成健康文明的生活方式，自觉维护和促进自身健康。

二、生命健康教育是健康中国建设的基础

根据中国的国情，构建以防为主的生命健康教育体系，是推进健康中国行动的前提。其基本原则有四：一是坚持以教育为基础，以预防为前提，防治结合，知行合一，确保普及知识和掌握必要技能相统一；二是坚持政府主导，在牢固树立"每个人都是自己健康的第一责任人"意识的基础上，建立个人与家庭、政府与社会、

学校与单位相结合的生命健康教育体系；三是坚持以家为本，营造良好的健康生活环境，所有家庭成员都要从改变不良生活方式和生活习惯入手，提高自我健康管理能力和健康水平；四是明确健康教育内容和行动指标，以关心下一代健康成长为根本，突出和强化家庭、学校两大主体的教育责任，明确家庭与学校在生命健康教育中的责任边界和分工。

党的十九大作出了实施健康中国战略的重大决策部署，制定了全民健康素养的基本目标和标准，把普及健康知识、参与健康行动、提高健康服务及强化家庭、学校、社会与政府协作作为首要条件。

为了提升全民健康素养水平，《健康中国行动（2019—2030年）》提出了15项重要行动内容，包括健康知识普及、合理膳食、全民健身、控烟、心理健康促进、健康环境促进、妇幼健康促进、中小学生健康促进、职业健康保护、老年健康促进、心脑血管疾病防治、癌症防治、慢性呼吸系统疾病防治、糖尿病防治、传染病及地方病防控。这一重要政策文件，是我国改革开放以来首个具有清晰的目标指数和达标要求的政策文件，其所列出的15项重大健康行动的指导性指标，为我国健康素质教育提供了重要依据和可操作的主要内容，既适应各级政府和企业等组织，更适合家庭、学校、社会教育进行广泛实施。

坚持多主体协作，预防为主，教育为先，关键是引导人民群众树立正确的健康观念，养成健康的生活方式，共同营造有利于健康的生态环境和教育环境，以此促进以治病为中心向以健康为中心转变。这是提高中国人民健康水平、实现健康中国行动目标的根本途径。

健康中国15项重大行动，政府主导是前提，家庭、学校、社会共同着力于生命健康教育是基础。学会生存是人类健康发展的基础。人类生存于现实社会和自然环境中，在认识生命规律的过程中积累了与各种疾病和自然灾害作斗争的经验。从某种意义上讲，建立科学医疗制度，是一个国家提高国民健康水平的主要保障。但是，即使具有最先进的医疗制度、治疗手段与方法的国家，如果不能以教育为先、预防为主，也无法与医疗技术相对落后但却能把全民预防做在前面的国家相比。良医治未病，这是中国传统中医健康文化的核心理念，也是健康教育在先的依据。

以防为主，教育是基础。在今天，生命健康教育不仅是个人的私事，更是全民族的大事，每个人都要承担起自我健康管理的责任，而培养这种责任感和管理能力，是家庭教育的重要任务；学校重在普及健康知识和通过体育培养学生的运动习惯；社会除了普及教育生命健康的知识和方法，更多的是环境治理、疾病预防和依靠医院组织有效医疗。因此，为了落实健康行动目标，个人、家庭、学校、政府和社会均要以教育为基础，清晰地划分各自的责任与义务，走防治结合的道路。

三、家庭、学校生命健康教育的五大重点

生命健康教育，也是全民健康素质教育。普及卫生知识，养成健康习惯，提高健康素养水平，个人、家庭、学校、政府和社会多主体参与防治结合，关口前移，是以较低成本获得较高健康成效的策略和途径。对于家庭和学校而言，以下五个方面是重点。

1. 知识普及

世界卫生组织研究发现，个人行为与生活方式因素对健康的影响占到60%。养成健康文明的生活方式，改正不良生活习惯和不卫生行为，注重饮食有节、起居有常、动静结合、心态平和，是促进健康的有效方法。

生命健康教育知识普及的重点是个人与家庭。现代健康概念，不仅是身体健康和心理健康，还包括良好的社会适应力。崇尚健康文明的生活方式，注重家人之间无微不至的关怀，树立正确的人生观和价值观，保持心态平和，是预防心理疾病的有效手段。在健康知识与技能的普及教育中，关注并记录自身健康状况，做好个人生命健康档案，定期体检，积极参加健康有益的文体活动和社会活动，增强主动健康意识，提高健康自我管理能力，都应该把提高个体对社会的适应力作为重点。

2. 合理膳食

合理膳食是保障健康的基础，学校与家庭都有责任。当今社会，预防病从口入，要与加强食品安全和合理膳食统一起来。一是食品安全日益成为影响人们特别是青少年身心健康的主要因素，饮食风险因素导致的疾病负担占到15.9%。二是膳食配餐不科学是造成青少年超重、贫血、消瘦、抑郁等疾病的重要原因。合理膳食是家庭教育的主要内容。

合理膳食的教育内容包括：学习膳食科学知识，根据个人特点合理搭配食物；针对存在超重、贫血、消瘦、抑郁等问题的孩子，家庭和学校都要掌握科学的营养调配方法，制定合理的膳食标准；要熟悉食品安全标准和营养标准，了解社会以标签化手段促进食品生产、销售、储藏和餐饮服务业管理；养成选购时看食品标签的习惯，按需购买新鲜、应季、卫生的食物，并合理储存。

3. 心理健康

心理健康是生命健康的重要组成部分。我国以抑郁障碍为主的心境障碍和焦虑障碍患病率呈上升趋势，尤其是失眠患病率、抑郁症患病率、焦虑障碍患病率不断攀升。心理健康教育，已成为家庭和学校教育的焦点。

心理健康的教育任务包括：提高心理健康意识，营造良好的家庭环境和学校环境；学会适应环境，适应不同的人际关系，注重逆境中的自我心理调适，培养青少年抗挫能力，对于促进心理健康十分重要。学会使用科学的方法缓解压力，保持乐观、开朗、豁达的生活态度，合理设定自己的目标；重视睡眠健康，制定和落实科学的作息制度，保证充足的睡眠时间；培养科学运动的习惯，结合运动促进情绪缓解；正确认识抑郁、焦虑等常见情绪问题，根据不同程度，采取及时的心理干预与治疗；加强家庭成员之间的平等沟通与交流，尊重家庭成员的不同心理需求，及时疏导不良情绪，营造相互关爱、和谐融洽的家庭关系。

4. 妇幼健康

保障妇幼健康，促进妇女儿童全面发展，维护生殖健康，要从源头和基础做起。诸如，为孕育健康新生命，夫妻都要做好准备；主动接受婚前医学检查和孕前优生健康检查；怀孕后定期产检，确保母婴安全；科学养育，促进儿童健康成长；加强保健，预防儿童疾病；倡导0—6个月婴儿纯母乳喂养，为6个月以上婴儿适时合理添加辅食；等等。

促进妇幼健康的家庭教育，主要包括如下内容：认知生殖健康对个人、家庭和社会都有重要影响，增强性道德、性健康教育，拒绝不安全性行为。普及生殖健康知识，着力提高女性生殖意识和能力，主动获取青春期、生育期保健知识，注意经期卫生，熟悉有关生育方面的知识。适龄人群主动学习掌握出生缺陷防治和儿童早期发展知识。

5. 中小学生健康

促进中小学生健康成长，是家校合作育人的主课。中小学生健康教育的重点有以下三个方面。一是身体方面。重点解决中小学生肥胖、近视、体能不足等健康问题。二是心理健康方面。要减少学生的学习压力，保障学生有充足的睡眠时间；增进亲子沟通与交流，建立有责任、有亲情、互敬互爱的家庭伦理关系。三是教养方式方法。家长要有意识地培养孩子的抗压力、抗挫力，防止溺爱和过度关怀；注重孩子的劳动教育，鼓励孩子户外锻炼；培养孩子阅读纸质书籍的习惯，尽量减少其接触电子屏幕的时间。

四、生命健康教育改革的着力点

生命健康教育问题，既是一个复杂的身心健康教育问题，更是一个伦理道德教育问题。弘扬中华民族家本位文化，强化家庭血缘亲情伦理关系文化传统，注重家庭亲情关怀，营造生命第一的健康教育家文化环境，是落实家庭教育促进法和健康中国行动的根本。

1. 满足心理健康教育刚需

对于我国青少年身心健康问题而言，破解自杀心理障碍难题，已经到了非重视不可的地步。心理问题，说到底是由精神绝望造成的，精神绝望源于精神情感的空虚，而精神情感空虚与家庭伦理亲情关系疏远存在直接关联。因此，必须正视家庭结构和生活方式变革对传统家庭亲情教育的影响。

在社会急剧变迁的过程中，传统家文化受到冲击，家庭结构和功能、家庭生活方式等都发生了深刻变化，最为负面的影响莫过于亲情淡漠现象日益严重。离婚率攀升，单亲家庭比例增大，生活和工作节奏加快，家庭成员聚少离多，人与人之间的隔阂感与陌生感加剧……这些家庭问题，往往是造成孩子心理问题的重要原因。

当一个人看到希望、得到肯定时，才会充满奋斗的活力。中国人历来以家为本，家庭的亲情关爱和社会责任是点燃人生奋斗的火种，注重家庭、家教、家风建设，牢固树立正确的人生观、价值观、伦理观，是促进心理健康的最根本途径。

2. 掌握必备的健康技能

家庭、学校是生命健康教育的主要场所。比如，要通过系统的知识学习和技能训练，让中小学生掌握如下基本技能：会测量体温、脉搏；能够看懂食品、药品、保健品的标签和说明书；学会识别常见的危险标识，如高压、易燃、易爆、剧毒、放射性、生物安全等，远离危险物品和环境；积极参加逃生与急救训练，学会基本的逃生技能与急救技能；等等。

3. 加强课程与实验室建设

为了促进中小学生命健康教育，加强生命健康教育课程建设和实验室建设是当务之急。学校是实施生命健康教育的主体，学生是生命健康教育的主要对象。当前我国中小学实施生命健康教育迫切需要解决的，一是师资问题，二是课程问题。为此，教育部 2022 年工作要点明确规定：启动实施中国青少年健康教育行动计划，继续推进健康中国中小学健康促进专项行动；实施全国健康学校和急救教育试点学校建设计划；践行健康第一理念，实施学校体育和体教融合改革发展行动计划；落实家庭教育促进法，会同相关部门研制构建家校社协同育人的指导意见，推动学校提升家庭健康教育指导能力。

加强中小学生命健康教育，是学校教育的新课题、新任务。为有效培训教师和加强课程建设，紧密结合教育部实施全国健康学校和急救教育试点学校建设计划，选择部分地区推进全国健康学校和急救教育试点学校建设实验是非常必要的。实验校建设，可以实验室建设为先导。其主要任务有三：一是培养生命健康教育师资；二是积极探索适合中小学和幼儿园阶段生命健康教育的课程；三是由学校组织开展实用技能培训，培训对象包括教师、学生以及学生家长。

值得欣喜的是，为了贯彻落实德智体美劳"五育"并举、全面发展的教育方针，2022年4月，教育部发布了《义务教育体育与健康课程标准（2022年版）》，新课标于2022年秋季学期开始正式施行。其特别加重体育与健康、劳动与艺术课程的课时比例。其中，"体育与健康"课占总课时比例10%—11%，超越外语成为小、初阶段第三大主科。这一重大变革，体现了"健康第一"的育人理念，压缩书本知识教学课时，增加学生身心发展与加强体育活动的课时，这为学生从教室解放出来提供了制度保障。新课标明确规定了体育与健康课程内容结构，为家庭、学校、社会三方面加强体育与健康教育提供了政策依据。

第18章

加强青少年儿童食品安全教育

> 青少年儿童食品安全教育事关下一代的健康发展与国家安全。构建覆盖城乡的食品安全教育体系是家庭、学校、社会、政府的共同责任，且必须明确家庭、学校和社会教育的责任分工，把具体教育内容落到实处。家庭应成为食品安全教育的主阵地，并在传播食品安全知识、养成健康饮食习惯方面担负起主要教育责任。

党的十九大以来，健康食品安全体系建设已上升为国家战略，加强青少年儿童食品安全教育受到高度重视。根据我国第七次人口普查公报，全国人口约14.12亿，其中0—14岁人口约2.53亿，占17.95%。青少年儿童是祖国的未来、民族的希望，抓好青少年儿童的食品安全，是关系国家前途和命运的大事，其关键在教育，责任在家庭。

一、加强青少年儿童食品安全教育

党中央、国务院为推动食品产业的高质量发展，提高食品安全风险的管理能力，推进食品安全的社会共管与共治，提出了深化改革加强食品安全工作的意见，推动食品安全放心工程建设行动。由教育部、国家市场监督管理总局、国家卫生健康委员会联合发布的《学校食品安全与营养健康管理规定》，于2019年4月1日起施行。在此情况下，构建青少年儿童食品安全教育体系日臻成熟。

1. 食品安全已上升为国家安全战略

食品安全事关国家安全，将食品安全上升到国家战略具有非凡的意义。党的十八大以来，党中央把维护人民健康摆在优先发展的战略位置，召开全国卫生与健康大会，确立新时代卫生与健康工作方针，制定《"健康中国2030"规划纲要》，发出建设健康中国的号召，明确了建设健康中国的大政方针和行动纲领。党的十九大报告明确提出"实施食品安全战略，让人民吃得放心"，更要保证青少年儿童吃得健康。2019年，国务院办公厅印发了《健康中国行动组织实施和考核方案》。这些重大举措，促进了人民健康状况和基本医疗卫生服务的公平性及可持续性得到极大改善。

为保障青少年儿童食品安全，我国采取了多种措施。一是抓好食品安全源头，正本清源，在全国各重点城市建立"中国青少年儿童安全食品产业基地"，编织中国青少年儿童食品安全网，把好农产品生产质量关。二是狠抓流通领域，通过开展"中国校园健康行动"和"中小学健康促进行动"，通过建立食品大数据中心，采集安全食品产业基地的食品原材料、添加剂及加工、物流销售等一系列数据，建立中国青少年儿童安全食品标识管理机制，对食品产业链进行全程跟踪，实现"一物一码"防伪溯源。三是积极推广青少年儿童安全食品教育与日常管理，推广中国青少年儿童安全食品标准规范，确保广大青少年和儿童远离有毒有害食品。

随着食品安全管理和食品安全教育纳入法治化轨道，坚持安全第一、问题导向、预防为主、依法监管、重在教育的原则，构建青少年儿童健康食品安全教育体系的基本前提已经趋向成熟。

2. 加强食品安全教育法治化建设

《中华人民共和国食品安全法》第五十七条规定："学校、托幼机构、养老机构、建筑工地等集中用餐单位的主管部门应当加强对集中用餐单位的食品安全教育和日常管理，降低食品安全风险，及时消除食品安全隐患。"学校、托幼机构的食品安全教育和日常管理正式纳入了法治化轨道。

加强学校食品安全管理，是教育领域确保学生健康发展的头等大事。我国食品安全教育政策已深入大中小学和幼儿园日常管理。自21世纪初以来，教育部已先后颁布了《学校食堂与学生集体用餐卫生管理规定》《餐饮业和集体用餐配送单位卫生规范》等食品安全管理与食品安全教育的规定。《中小学公共安全教育指导纲要》强调"加强卫生和饮食常识学习，形成良好的个人卫生和健康的饮食习惯"，是学校公共安全教育的重要板块。

《学校食品安全与营养健康管理规定》明确提出："学校应当将食品安全与营养健康相关知识纳入健康教育教学内容，通过主题班会、课外实践等形式开展经常性宣传教育活动。""中小学、幼儿园应当培养学生健康的饮食习惯，加强对学生营养不良与超重、肥胖的监测、评价和干预，利用家长学校等方式对学生家长进行食品安全与营养健康相关知识的宣传教育。"截至目前，中小学食品安全教育在全国各地的学校课程体系中均有体现，旨在促进学生掌握科学安全的饮食知识，养成良好的饮食习惯，切实增强食品安全意识和防范能力。

3. 食品安全教育是家庭教育的主课

习近平总书记在同全国妇联领导班子成员集体谈话时指出："我反复强调要注重家庭、注重家教、注重家风，是因为我国社会主要矛盾发生了重大变化，家庭结构和生活方式也发生了新变化。"后疫情时代，补齐我国家庭教育短板已经成为教育改革发展的主要内容，全国各地重视家庭教育蔚然成风。2021年年初正式出版发行的《习近平关于注重家庭家教家风建设论述摘编》，为我国家庭教育变革指明了方向。

习近平总书记指出："中华民族历来重视家庭，正所谓'天下之本在国，国之本在家'，家和万事兴。国家富强，民族复兴，最终要体现在千千万万个家庭都幸福美满上，体现在亿万人民生活不断改善上。"[1]家庭教育具有生活化特点，由此，习近平提出了以节约粮食为主题的家庭教育，要"从餐桌抓起，从大学食堂和各个单位食堂、餐饮业抓起，从幼儿园、托儿所以及各级各类学校抓起，从每个家庭抓起"[2]。同理，青少年儿童食品安全教育不仅要从餐桌上抓起，也要从每个家庭抓起。家庭是孩子生活的主要依托，一个孩子从出生后靠母乳喂养到长大后自己进食，其摄食能力和饮食习惯都是在家庭教育下形成的。因此，食品安全教育应该在家庭教育中理所当然地作为主课，家长应该担负起食品安全教育的主要责任。

习近平总书记还指出："要全面深化教育领域综合改革，增强教育改革的系统性、整体性、协同性。"食品安全教育不能留死角，政府、社会、学校和家庭都要抓，通过多种形式开展经常性宣传教育活动。

---

[1] 中共中央党史和文献研究院编：《习近平关于注重家庭家教家风建设论述摘编》，中央文献出版社，2021，第11页。
[2] 中共中央党史和文献研究院编：《习近平关于注重家庭家教家风建设论述摘编》，中央文献出版社，2021，第15—16页。

二、家庭是青少年儿童健康食品安全教育的主阵地

抓好食品安全教育是全社会的共同课题，政府、社会、学校要齐抓共管。如何变革教育模式？如何构建青少年儿童健康食品安全教育体系？要回答新时代这一教育综合变革的新课题，正视家庭、学校、社会三类教育主体的不同属性与作用，加强家庭食品安全教育的主责至关重要。

1. 家庭承担着食品安全教育的主要责任

学会生存、学会生活是现代教育的重要内容。在衣食住行的生活能力培养中，饮食安全是第一位。家庭是人们生活的主要依托，尤其是未成年人，90%以上的饮食生活主要在家庭。随着物质生产方式和生活方式的不断变迁，食品安全问题日益凸显。食品生产技术日益科技化，食品来源渠道多样化，食品加工、储存和销售过程复杂化，人们越来越清醒地意识到食品安全隐患的存在，知道携带病毒病菌的食物、不健康的饮食习惯是导致多种疾病的源头。

当前，一些家长和孩子的食品安全意识比较淡薄，诸如食品中的添加剂未引起高度重视，分不清食品的成分与功能，过分迷信"洋食品"，用方便面代替正餐，吃营养补品较多，校外食品安全隐患无法排除，用甜饮料解渴或餐前必喝饮料，吃大量巧克力、甜点，长期"精食"，用乳饮料代替牛奶，等等。因营养失衡和饮食习惯不良导致的健康问题比比皆是，而很多家庭却未能给予足够的重视。

食品安全法明确提出，要抓好青少年儿童食品安全教育。但要让每一个家庭着实提高孩子的食品安全意识和自我保护能力，首先要教育好孩子的家长，因此向家长普及健康食品安全知识十分必要。

食品为人类生存带来福祉，而有害有毒食品又会给人类带来毁灭性的灾难。凡是有人群进食的地方就有食品安全问题。从疾病的源头预防和控制重大疾病，莫过于实施食品安全教育。一般来说，孩子在学校的饮食要少于家庭。学校饮食安全主要靠制度管理，通过集体化和标准化的伙食，注重食品来源，注重营养均衡，食品安全教育则主要渗透在多学科的知识教育中。家庭情况就比较复杂。孩子在家庭中的个性要求得到凸显，加上家庭温情的存在，很多父母以孩子为中心，宠溺迁就大于刚性健康要求。青少年儿童生活经验少、自我管理能力差、食品安全意识淡薄，缺乏饮食生产、储藏、加工等方面的知识及食材质量鉴别能力，如果父母放任或迁就孩子挑食，孩子就很可能会出现食品安全或营养失衡等问题。

青少年儿童营养失衡问题非常普遍,且存在肥胖症、性早熟、糖尿病、甲亢等情况,青少年内分泌疾病发病率也呈现出上升趋势。这一问题必须引起家庭的高度重视,家长应该担负起健康食品安全教育的责任。

2. 家庭食品安全教育的主要内容

食品安全知识在学校教育中已经大量渗透,并以课程方式呈现,家庭中的食品安全知识主要是围绕食品采购进行的。我国现代城市的家庭生活,除了常购的蔬菜、水果,肉食品、饮料以及相关的调配料等主要采购于超市。由于食品种类多、来源多,学会鉴别食品质量并不容易。家长应在日常购买食品时引导孩子科学鉴别食品质量。

此外,在孩子成长的过程中,家长要注重培养孩子的膳食平衡能力。所谓平衡膳食,即要尽可能地保证食物种类齐全,数量比例适当,符合孩子身体发育的需要。家长要根据孩子的个性特征建立合理的膳食制度,包括每日进餐的时间、次数和各餐热能的分配等。合理的膳食制度,可防止过饥或过饱,使胃肠道保持正常功能,促进营养的吸收利用。

3. 孩子的饮食习惯是在家庭教育中培养起来的

家长要帮助孩子养成良好的饮食习惯,这关系到孩子一生的健康。如青春期是身体发育的黄金时期,合理营养对保证孩子的身心健康极其重要,家长要注意培养他们定时定量进餐、不挑食、不偏食、少吃零食的饮食习惯。

饮食习惯与家庭生活关系紧密。一是与家庭外部环境有关,即与所在地区提供的主要粮食和蔬菜有关,常吃某些食物自然会养成一个人的基本口味。二是与家庭经济水平、饮食结构和家风传承有关。在家庭现实生活中,孩子的生活能力有限,父母的饮食习惯具有引导性。三是饮食习惯培养具有教育性。饮食习惯的养成,一般有三种,既有在科学指导下主动养成的,也有在物质条件下不经意养成的,还有顺着孩子对饮食的好恶惯出来的。要养成孩子健康安全的饮食习惯,家庭、家教和家风作用巨大。

三、构建食品安全教育体系要有明确的责任分工

为保证人民健康和生命安全,针对各种食品的生产、运输、储藏、销售等环节存在的隐患及防止境外食物链携带病毒传入中国市场,最有效的办法就是依靠家庭、学校、社会、政府,构建覆盖城乡的食品安全教育体系。要把具体的教育内容落到实处,必须明确社会、学校和家庭教育的责任分工。

1. 社会食品安全教育坚持以预防为主、防治结合

为推进食品产业高质量发展，需要提高食品安全风险管控能力，推进食品安全的社会共管共治，建立稳定的食品安全监管制度，这是做好社会食品安全教育的前提。

食品安全事故的出现，有社会对公民食品安全教育不力的原因。来自社会的食品安全教育内容应主要围绕食品安全法开展政策性、管理性和科普性的知识教育，通过社区街道、村委会的宣传栏、社区网络宣传推广，提高广大公民的食品安全意识和对健康食品的鉴别能力。

2. 中小学食品安全教育按学科知识组织教学

中小学食品安全教育内容主要包括三个方面。一是食品安全基础知识。如生吃瓜果要洗净，以免造成农药中毒；尽量少吃或不吃剩饭菜，防止细菌性食物中毒；不吃无卫生保障的生食，如生鱼片、生荸荠；少吃油炸、烟熏、烧烤的食品（这类食品如制作不当会产生有毒物质）；等等。二是选择食品时的注意事项。如注意食品的生产日期、保质期；不买、不吃腐败变质、不洁及其他含有害物质的食品；不光顾无证无照的流动摊点和卫生条件不佳的饮食店；学会辨认食品包装上的SC（"生产"汉语拼音字母缩写）标志；打开包装后，要检查食品是否具备应有的感官性状。三是养成健康卫生习惯的知识。诸如讲究个人卫生，养成吃东西前先洗手的习惯；常饮白开水，不喝或少喝有防腐剂、色素的饮料。

学校的食品安全课程，主要按照学生的认知能力和学科知识组织教学，一般渗透在生命教育、生物学、环境学、劳动、卫生健康、安全教育等课程中，并应注重与各相关学科课程的结合。学校食品安全教育具有全面性、系统性和阶梯性的优点，但也存在知识碎片化和脱离生活实践等缺点。

3. 家庭食品安全教育从餐桌上开始抓起

家庭生活中的食品安全教育，重在让青少年儿童由知其然到知其所以然，由成人的硬性要求变成孩子的行为自觉。将食品安全教育内容与生活主体的日常饮食活动紧密结合在一起，是最有实效的教育活动。生活化的食品安全教育，既有知识性、实践性的特点，也有随机性、具体化的特点。这种模式是家庭食品安全教育的流行模式。

目前，我国家庭中的食品安全教育主要是传统说教，很多家长自身的食品安全知识也十分有限，一般习惯于就事论事说说而已。在网络信息发达的今天，轻信网络信息内容，造成误导性教育的问题也很突出。

因此，建立以家庭为主体的食品安全教育课程体系，应该将主要教育对象定位于父母等主要长辈，按照食品安全知识结构的内在逻辑和实际操作，组织专家队伍

开发家庭食品安全教育系列课程，通过社区或学校组织家长开展系统性学习，然后通过他们在家庭生活中对家庭成员特别是未成年人实施有效教育是非常必要的。课程化是帮助家长走出有限经验困境，提高科学教育能力的根本途径。

4. 加强家庭、学校、社会食品安全教育合作

我国教育事业快速发展，已经实现了由规模发展向高质量教育体系建设，由点的突破向健全学校家庭社会协同育人机制的重大转变。这一重大历史性转变，为我国推进家庭、学校、社会三个系统的食品安全教育资源整合与开发创造了难得的机遇。

习近平总书记指出："社会是大课堂，生活是教科书。现在，校外活动场所不足，教育载体缺乏，有效活动少，家庭教育、学校教育、社会教育之间出现'断档'、'脱节'现象，没有形成育人全链条。"[1] 因此，防止家庭、学校、社会教育的脱节、断档，突出家庭食品安全教育的系统性、衔接性尤其重要。要提高家庭教育质量，必须将食品安全教育的知识、方法和社会实践课程化。总之，归结到一点，加强食品安全教育课程体系建设是当前提高食品安全教育的重要任务。

---

[1] 习近平：《论坚持党对一切工作的领导》，中央文献出版社，2019，第280页。

第七编

新家庭教育模式问题探索

第 19 章

新家庭教育理论模式探索

> 新家庭教育需要自己的理论模式。坚持以习近平总书记关于注重家庭家教家风建设论述为根本遵循,立足新发展阶段,贯彻新发展理念,坚持以法治为引领,以立德树人为根本任务,基于覆盖城乡的家庭教育指导服务体系,健全学校家庭社会协同育人机制,继承和弘扬中华传统家庭美德,注重家庭家教家风建设,以促进儿童健康成长、满足人民群众对高质量的家庭生活和精神追求需要为根本目标,是新家庭教育理论模式的基本内涵。

我国家庭教育事业发展出现了重要拐点。2020 年以来,注重家庭家教家风建设成为全党全社会普遍关注的一件大事,认识不断深入,新政策、新举措、新法规不断出台,推动我国家庭教育事业快速发展。健全学校家庭社会协同育人机制,作为新家庭教育的重要特征,已经体现在政策法规和实践层面,推动新家庭教育理论深入研究,已经成为一项重大课题。

一、新家庭教育的时代特征

根据我国家庭教育变革的实际,构建中国特色新家庭教育理论,必须认清新旧家庭教育的区别,把握新家庭教育的新特征、新需求、新任务,以此确立理论创新的出发点。

1. 满足传统家庭向现代家庭转型的新需求

在数千年的传统农业社会发展中,我国形成了悠久的家庭教育传统。长期积累的家庭教育著作和论述，诸如古代著名的家教论著《颜氏家训》《温公家范》《袁氏世范》《五种遗规》等，反映了我国家庭教育思想内涵与实践经验。古代家庭教育对于形成中国传统家文化和家伦理，促进中华民族家庭文明进步产生了不可替代的历史作用。这些教育理论与经验，是与古代农业社会的宗法制度、家庭结构、伦理道德、家庭人际关系、生产与生活方式相适应的，是以传统农业社会的家庭观、婚姻观、文明观、人生观、道德观和生活经验为主要内容的，其指导思想是儒家的礼教思想，旨在维护三纲五常道德与政治秩序，适合生产力低下的大家庭（家族），其教育模式的特点是"前喻"性的。尽管传统家庭教育的老思想、老办法、老家训，在今天仍有很多参考借鉴价值，但已经不能满足当今的家庭教育需求了，很多新的家庭、家教问题需要新理论予以科学阐释和指导。

现今居住在城镇的实际人口远大于农村居住人口，传统家庭模式、人际关系、交互方式都发生了深刻变化。传统家庭有的数代同居，家庭人口众多，人际关系复杂，家庭财产统一管理，分配制度以家规家法为依归，家长或族长具有不可挑战的权威性，每个家庭成员必须服从。现代社会以核心家庭为主，人际关系简单，法律也支持婚前财产公证，成家后的家庭财产使用权、分割权、继承权均依法管理，个人权益受到最大限度的保护。在现代家庭中，个体的社会价值日益彰显，体现在家庭人际关系中的交互原则均以"个人需要"为出发点，无论是成人还是孩子，对长辈的说教不再盲从，传统的"前喻"教育模式逐渐被扬弃。

当今的新家庭教育，既要把品德教育放在首位，但又不能以道德绑架孩子的认知、判断、选择权力。要注重亲情，更要尊重"个人需要"，始终坚持平等、共享、理解、包容的育人原则。家长不能以为自己养育了孩子，为孩子的成长付出了辛劳，就有理由要求孩子屈从家长的意志，并在"都是为你好"的意愿下强迫孩子无条件地接受所有干预。一些老观念和老办法，在当今的教育中根本行不通。在法治社会，作为生命个体，孩子从出生的那一刻起，其作为自然人的生存权和发展权就受法律保护。生而不养、养而不教、教而不严，这样的父母是要承担法律责任的。

尊重孩子个体成长需要是现代家庭教育的一个突出特点，家教的出发点必须基于法律赋予孩子的生存权、发展权，立教之本是满足孩子成长的"个人需要"，而非满足家庭、家长控制欲的需要。教育原则以"尊重、平等、理解、引导"为主，传统的家长粗暴干预和道德绑架都被彻底否定。

2. 满足传统社区向新型社区转型的新发展

家庭是社会的基本细胞，生存于一定的社会环境中。对家庭产生直接影响的社会环境是社区，家庭教育与社区育人文化环境密切相关。新家庭教育是在新社区环境下进行的。

《周礼》记载春秋战国时期，"二十五家为一社"。从秦汉到隋唐，郡县制不断完善。宋代推行保甲制度和乡约教化。元代规定五十家或百家为一社，设社长一人管理。随着社会发展，社区更加注重地域空间，并十分强调社区中人群共同的行为规范和意识。厉以贤教授在《社区教育原理》一书中指出："社区是由一定的、具有某种互动关系和共同地缘文化的、有秩序的、有感情的人群，进行一定的社会活动的地域空间。社区是具有共同利益的居民的结合，重视人和人的相互交往和互动。这种相互联系，是一种资源的配置过程，也是一种民众参与的过程。社区是介于社会和团体之间的社会实体。"[①]

社区种类可分成行政社区、自然社区、专能社区。其基本功能包含经济功能、政治功能、文化功能、教育功能、服务功能等；其特殊功能包括社会化功能、社区控制功能、社区参与功能、社区互助功能、社区集聚功能、社区场域功能等。我国传统农业社会的家庭，人们长期生活在一个固定地域的社区内，社区成员终其一生所产生的广泛的社会问题始终受周围环境的统合和规范的控制。在这种社区内的人们世代生活在一起，彼此家庭的情况都很了解，邻里打成一片，朴素的情感是维系社会关系的要素。人们邻里守望，积极主动地参与所住社区的各种活动，通过德业相劝、过失相规、患难相恤等促进社会和谐。

改革开放以来，随着城市化进程的不断加快，我国农村居住人口向城市迁徙，农民变成了市民，新家庭所处的社区与原来农村社区（村委会）相比发生了质的飞跃，家庭与社区的互动关系发生了革命性变革。在城市方面，经济体制改革引起社会结构变迁，社区地位随之凸显，社区功能也发生了重大变革。一是城市职工由"单位人"向"社区人"转变，单位功能外移向社区；二是城市规模不断扩张，住房制度改革和商品房交易活跃，社区人口发生了重大变化，社区成员的异质性明显，社区辐射面扩大；三是随着现代城市管理技术的现代化，诸如互联网、人工智能、大数据的应用，社区服务功能不断放大，原属于家庭的功能，如生活、抚养、教育、养老等，可以部分外包给社会专业机构来完成，而原来必须通过社会交往才能获得大量信息，如今可以足不出户便知天下事。过去城市居民与邻里很少互动，但如今人们可以通过社区微信平台获得各种社区信息，并且不少人还乐意与素昧平生的邻居开展网上

---

① 厉以贤：《社区教育原理》，四川教育出版社，2003，第5页。

交流和互动，主动参与社区活动。

农村的社区环境也发生了重大变化。新农村注重人文环境建设，信息网络已经覆盖了每一个角落；公路、高速路、高铁已经延伸到中小城市，农村不再闭塞，甚至有些经济发达、环境优美的农村，已成为城里人休闲和养老的首选地。

新家庭教育，是家庭与社区关系变革的结果，呈现出一种面向社会开放的、信息量丰富的、交往群体异质化的、有网络平台助力的、家庭和社会可以全方位互动的新形态。在我国社会管理体系现代化建设中，要加强城乡现代化管理，落实社区管理是基础；丰富和完善社区各种功能，服务社区的每个家庭，改造人文环境，最终还是要落实到每个家庭及其所有成员。例如，近几年的防疫工作，既是社区管委会的职责，也是每个家庭应尽的义务。防疫卫生教育是这样，生命安全教育、食品安全教育、公民道德教育等，也可以通过社区带动和影响家庭教育。简言之，家庭与社会联动，是新家庭教育的主要特征。

在新社区中，提高每一个家庭的生活质量和精神追求，促进社区人口道德文化水平和适应现代社会生产、生活方式的能力，都是社区教育的主要内容。家庭教育与社区教育的联系，随着社会发展和科技进步对人口素质整体提升的客观需要而日益紧密，社区教育开始主导家庭教育，特别是对成人的公民教育和劳动教育的规范化要求日益增强。例如我国一些社会管理现代化程度高的社区，往往开办有各种形式的教育机构，如社区教育学院、家长学校、科技指导中心等对改变社区教育形态和促进家庭和社区教育合作有重要作用。

3. 适应传统家教向高质量家教转型的新趋势

党的十八大以来，在新发展理念指导下，中国教育事业进入了高质量教育体系建设新阶段，新家庭教育有了明确的目标与任务。

我国现代教育经过几十年的快速发展，人均受教育年限已处于发展中国家的前列。但我国还不是教育强国，因为教育现代化建设仍处于初级阶段，学校教育相对发达，家庭教育、社会教育相对落后，尚未形成与高质量教育体系相匹配的教育生态系统。在今天，促进我国教育事业适应高质量发展的需要，建立包括家庭教育、学校教育、社会教育三大系统体系完备、功能齐全、统合协调、机制灵活、充满创新活力的大教育生态系统，成为教育综合改革的必然要求。家庭教育是现代国民教育制度的重要组成部分。建设高质量的家庭教育体系，家庭教育不仅要为学校提供可靠的优质生源，更要为提高所有社会成员素质和促进经济社会发展发挥作用。

一个国家的家庭教育模式与其学校教育水平是匹配的。改革开放之前，学校教育处于落后状态，不能满足适龄儿童上学需要，所以满足人民群众不断增长的刚性教育需求，成为改革开放之后普及九年义务教育的出发点和落脚点。客观地说，我国的教育改革主要满足人民群众的教育"刚需"，办人民满意的教育主要是整合社会资源，发展学校规模，保证每个孩子都有学校上，然后再让更多的孩子能上好学校。

进入21世纪，我国学校教育发展取得了长足进步，一轮又一轮的改革举措，推动了教育现代化建设朝着务实性目标前进。在人们重新认知我国现代学校制度时，家校合作、家庭教育变革问题进入教育政策研究的视野。近年来，现代教育技术在学校教育教学实践中得到广泛应用，如大数据、人工智能等新技术日新月异，空中课堂、慕课（MOOC）等"互联网＋教育"开放课堂教学模式层出不穷，教育形态发生了重大变革，教育发展迈上了高质量轨道。中外教育交流与合作不断加强，促进了中国教育在与世界教育接轨中不断提高其质量标准化程度。此外，随着我国劳动力市场、人才市场的竞争日益激烈，用人单位对劳动者和人才综合素质的要求越来越高，学校教育的育人模式发生变革，从"素质教育"上升到"发展核心素养"。在国家整体教育水平不断提高的过程中，家校合作日趋紧密，家庭教育变革问题日益凸显。

家庭教育的任务以筑牢立德树人根基为根本。在我国进入高质量体系建设的新阶段，牢固树立中华民族文化自信是基础。家庭教育促进法规定新家庭教育的目的："为了发扬中华民族重视家庭教育的优良传统，引导全社会注重家庭、家教、家风，增进家庭幸福与社会和谐，培养德智体美劳全面发展的社会主义建设者和接班人……"从教育的目的和培养目标看，家庭教育与学校教育的价值追求是一致的。所不同的是，家庭教育以立足家文化传承为主，注重家庭、家教、家风建设是搞好家教的基础，是个性化的人生教育。学校教育以立足学科课程文化传承为主，注重学科知识技能的系统化教学，是标准化的实用人才培养。一个偏重德，一个偏重才，二者有机结合十分必要。有用的人才必须德才兼备，所以家庭教育和学校教育都不能少。

家庭教育促进法规定的新家庭教育主要解决的是家校合作问题，其概念是狭义的。教育对象的重点是未成年人，"家庭教育，是指父母或者其他监护人为促进未成年人全面健康成长，对其实施的道德品质、身体素质、生活技能、文化修养、行为习惯等方面的培育、引导和影响。"家庭教育主要是品德教育，而家庭的品德教养与学校的德育是重合的，"家庭教育以立德树人为根本任务，培育和践行社会主义核心价值观，弘扬中华民族优秀传统文化、革命文化、社会主义先进文化，促进未成年人健康成长。"客观上学校的德育注重道德知识，而家庭教育具有生活化、实践性以及情感性特点。道德教育是一个知行合一的过程，知是行之始，行是知之成。光有道德知识的认知而无情感激励的道德教育，德育的效果只能停在认知层面。所以，立德树人必须家校有机结合，只有认知、情感、价值、实践融为一体的德育过程才是完整的。

越来越多的人已经深刻认识到，出生在信息化时代的孩子在知识视野和获取知识的能力方面跟过去传统社会同龄人不同。传统的家教内容和方法，已经很难满足新生代求知的兴趣，因此家庭教育外溢现象日益严重。家庭教育要主动承担起对孩子身心健康、食品安全、公共卫生、人际交往、公民素养、劳动习惯、情趣修养、多元智能、社会角色与相应的交往礼仪、人生职业规划等方面的教养责任，并且让这些教养融入现实的生活、生命、生长过程之中。作为家长不仅要树立科学的家庭教育理念，更需要掌握科学的教育知识与方法。这是高质量家教的要求。

在人们的心中，高质量教育不再是普及型、满足型、应试型的教育，而是综合素质全面发展的教育。因为当今社会变化之快，不管你从哪所名校毕业，获得多高的学历，如果你的知识和能力结构不能与时俱进，就很难在急剧转型升级的新兴产业中找到理想的岗位。所以，掌握提高整体综合素质的学习能力，养成坚毅刚劲的进取心，培养适应不断创新的知识社会能力，保持积极健康的人生态度，远比获得高学历更重要。要完成高素质人才培养，家庭教育必须从传统模式中解放出来。

新家庭教育的内容和方法要适应高素质人才培养，传统的家庭教育模式难以胜任，家长必须经过专业化培训。在我国大力推进教育均衡发展之后，城乡之间、区域之间、校际之间的教育差距，主要问题已经不再是硬件建设，而是家庭、家长教育能力建设和学校对家庭教育指导服务能力的问题。

普遍提高广大家庭、家长教育能力，建立覆盖城乡的家庭教育指导服务体系，已经成为新时代教育事业发展的主题，需要学校、政府和社会为家庭、家长提供必要的专业指导服务。2020年10月，中共中央明确提出"健全学校家庭社会协同育人机制"，其本质就是要打通家庭教育、学校教育和社会教育之间的壁垒，由过去的条块分割、各行其是，变成多主体全方位协调，形成协同育人机制，这是育人方式的重大变革。

二、构建新家庭教育理论的着力点

在当今世界现代教育体系中，各国普遍将家庭教育纳入国民教育体系。由于各国家庭文化传统和培养目标有别，家庭教育理论既有共同话题，也有理论建构模式之别。一般来说，影响世界各国家庭教育理论形成自己特色的主要因素是由各国自己的家庭文化传统、家庭教育背景与社会教育背景等决定的。

1. 世界其他国家的家庭教育特色

各国的家庭教育理论模式都不一样，这一问题需要深入探讨。在此，仅以美国、以色列和东亚儒家文化圈的家庭教育为例。

（1）美国的家庭教育。受现代进步主义教育思潮和社会学功能学派影响，美国大学专业设置的家庭教育，被列入人类学范畴。美国家庭教育的基本定义为教育是有目的和系统性地对下一代进行教育的社会功能。该定义可向以下方面延伸：家庭教育不仅是家庭的活动，还关系到整个社会；家庭教育是为了学习家庭关系和生活技巧，也是对家庭每个成员的生理和心理的学习，对每个成员全面发展的学习；家庭教育不仅是父母或者长辈对家庭里的儿童和年轻一代的教育，同时也是所有家庭成员之间的相互教育。

在家庭教育实践方面，注重孩子的独立个性、民主开放、经济意识培养，这三点集中反映了美国家庭教育的全貌。美国家庭教育以培养孩子学会独立生存与发展的能力为根本，而培养开拓精神和竞争能力的目的在于使孩子能够成为一个自食其力的人。父母注重涵养孩子独立自主和对自己负责的精神，鼓励孩子向上进取，反对压抑孩子个性发展，注重发展孩子的主观能动性。父母和孩子共同制定并维护各方面权益的规范，帮助孩子从小树立明确的经济观念和经济独立的意识，教导孩子应该有计划地消费有限的零用钱，以及如何想办法去赚钱。父母常用经济手段来促使或刺激孩子学习进步。父母对孩子的爱，注重的是在孩子出生后，家长努力给子女创造一个最好的成才和受教育环境。家长理解和支持孩子的想法，尽力满足孩子的合理要求。如果孩子的要求不能被满足，家长会耐心解释、讲道理。对孩子采取尊重态度，对话方式重礼貌，善用商量的语气，让孩子在受尊重的氛围中成长，在感受到他人对自己尊重的同时养成尊重他人的习惯。

（2）以色列的家庭教育。以色列是全球创业企业密度最大的国家，是人均专利拥有量最多的国家，也是每年人均读书量全球第一的国家。以色列以注重家庭教育而著称于世。现代以色列国父本·古里安曾说："没有教育，就没有未来。"

以色列的家庭教育有如下特点：

一是重视学习与阅读。家长从孩子小时候就培养他们渴求知识的学习品性，树立唯有学习伴随一生成长的观念和知识是最可靠的财富的价值观，让读书成为孩子不可或缺的一种生活方式。以色列人均每年要买10到15本新书，而他们的阅读量更是大大超过了这个数字。

二是社区注重教育资源建设。以色列的学校很早就放学，学生不在校外上补习班。社区为孩子提供很多免费的活动和学科探索，积极配合国家发现和遴选各种"天才儿童"，为孩子的特长发展创造条件。

三是家校注重创新精神，共同培养学生的创新能力。教师的角色主要是引导学生自主探究学习，鼓励学生提问，鼓励学生之间进行充分的交流辩论，为学生营造自主探索和研究性学习氛围。家长关注孩子的学习力成长，培养孩子对问题的探究能力，重视发展批判性思维，帮助孩子学会从全方位的视角去理解问题。学生放学回家，家长常问的问题是："今天你向老师提了什么问题？"

四是注重孩子社会实践能力。家长有意识地为孩子提供社会实践的机会，培养其劳动素质。如让孩子从小学会经商，鼓励孩子帮忙照看店铺或打理生意、帮助父母分担家庭事务等。通过培养孩子的责任心、社会参与意识、一些基本的商业技能和与人交往的基本准则，培养孩子经商和理财的头脑。

五是带领孩子在世界各地旅游，广泛了解世界，并学会用多种语言进行交流。

六是注重国防教育。

（3）东亚儒家文化圈国家的家庭教育。这些国家曾经长期受儒家文化影响，其家庭教育仍保留着儒家的家庭教育文化传统。在韩国、日本、新加坡、菲律宾、马来西亚等国家，大学开设有家庭教育专业本科和研究生课程。

韩国的家庭教育注重专业人才培养，同时也非常注重尊老爱幼和感恩教育的文化传承；注重家长以身作则和家庭礼仪，利用传统节日开展社区性的家庭教育活动；注重孝道、谦让、诚信、宽容、责任意识教育，同时也很注重心理健康、财商教育。

日本家庭教育受中西方家庭教育思想影响，有以下四大特点：重视礼仪教育，重视自立教育，重视抗挫折教育，重视创新教育。日本家庭注重从小培养孩子自主、自立的精神及抗挫能力。

新加坡是一个多元文化的国度。新加坡人非常清楚学校和家庭的教育合作是决定孩子能否健康发展的重要变量，因此非常注重学校和家庭的紧密配合。新加坡家庭注重协助孩子熟悉学校的新环境，帮助孩子较快适应和融入校园生活；积极配合孩子的学习方式或习惯养成，用心营造有利的学习环境；注重建立和维持良好的亲子关系，尊重和聆听孩子的想法，善于利用《亲子手册》协助孩子科学安排好上学和做作业的时间。在家庭教育实践方面，新加坡十分注重专业化的实操技巧，家庭和学校都有专业的家庭教育指导服务。

2. 我国家庭教育的文化传统

以家为本的儒家"明人伦之教"铸就了我国古代家教的根基，这一文化传统和思想传承始终体现在家庭和学校教育的价值追求中。

在古时，"学而优则仕"的价值观和科举取士制度是激励中华民族尊师重教风气长盛不衰的重要原因。这种文教政策，在古代官学时兴时衰、家庭教育占主导地位的情况下，推动了以家或以家族为本的教育，注重为国家育才，涵育了各级官吏和学术人才的家国情怀，但也形成了根深蒂固的以官本位观念为根基的身份性教育传统。通过教育阶梯实现身份性转变而改变人生发展轨迹，是家庭教育和学校教育共同追求的最直接目标。这种独特的身份性意义既是中国读书人的人生价值内涵的展现，也是成功教育的重要标志。这种单一的价值取向，既有注重道德修养的积极作用，也有刺激教育功利化的负面影响。

改革开放后，我国高等教育规模快速发展，招生人数逐年提高，不仅实现了高等教育大众化，对更高层次的专业人才培养不断加强，而且大学生毕业分配制度随着国家干部人事制度改革发生了历史性变革，但身份性教育价值追求仍在社会心理认同上占有一席之地，对人才的学历考察往往超过了对实际能力的考察，由此"五唯"成了学校和家庭教育共有的痼疾。

党的十八大以来，习近平总书记针对当今社会和家庭变迁的实际，发表了注重家庭家教家风建设的系列论述，我国家庭教育有了明确的指导思想，由此推进了家庭教育理论和实践创新。新家庭教育有别于传统的旧家庭教育，既非完全独立于学校教育之外，亦非学校教育在家庭的延伸，重在健全学校家庭社会协同育人机制，为国家培养担当中华民族复兴大任的新人。新家庭教育之"新"，重在主动积极地适应国家高质量教育体系建设的人才培养模式创新需要，变革教育观、人才观、价值观，发挥家庭教育特殊功能与作用，立德为本，促进人的全面发展，促进人生多元价值的实现。

3. 新家庭教育理论建设的着力点

新家庭教育是新时代教育强国、文化强国建设的客观需要，要促进新家庭教育理论彰显中国文化创新活力,应该从如下几点着力。

(1)明确新家庭教育理论建设的指导思想。加强我国新家庭教育理论建设,促进家庭教育政策创新,必须以习近平总书记注重家庭家教家风建设重要论述为根本遵循。

党的十九大明确提出了中国发展新的历史方位。党中央以更高远的历史站位、更宽广的国际视野、更深邃的战略眼光,对加快推进教育现代化、建设教育强国作出了总体部署和战略规划,坚持把优先发展教育事业作为党和国家推动各项事业发展的重要先手棋,不断使教育同党和国家事业发展要求相适应、同人民群众期待相契合、同我国综合国力和国际地位相匹配,由此推动我国教育事业由服务经济社会粗放型发展需要转入服务经济社会高质量发展需要的新阶段。

2021年《习近平关于注重家庭家教家风建设论述摘编》正式出版发行,这是我党百年来、新中国成立七十多年来,党和国家最高领导人首次系统论述家庭教育变革的重要著作。习近平总书记注重家庭家教家风建设论述,其立足现实,立意高远,内容丰富,思想深刻,涵盖了古今中华民族家庭教育经验,指出了今天中国教育的重点和努力方向。无论是政策、理论还是实践层面,都要以具体化的理论逻辑为基础,只有将习近平注重家庭家教家风建设论述与我国家庭教育实际相结合,与中华优秀传统家文化创新相结合,才能不断推进新家庭教育模式创新走上新台阶。

我国现阶段的新家庭教育处于重大变革时期,新家庭教育理论建设,应该站位高远,着眼未来,逐步打破狭隘的家庭教育概念,以更开阔的国际视野、更深远的战略眼光,立足以家为本的优良家教传统,建设家国一体、爱国爱家、尊重个性、相亲相爱、向善向上、德法兼具的伦理道德体系。"在家尽孝、为国尽忠是中华民族的优良传统。"以家为本的伦理文化传统,是中华民族文化的根基所在,新家庭教育要注入新时代爱国主义和时代精神的新内涵,为筑牢民族文化自信强基固本。

(2)继承和弘扬中国优秀传统家文化。新家庭教育理论创新要正确处理中华民族传统家文化的继承与发展的关系。要结合中国家庭结构和生活方式深刻变革,坚持马克思主义辩证唯物史观,认真总结和吸收儒家的家庭教育思想和传统家庭教育经验,去粗取精,实事求是地作出科学阐释与价值判断,为新家庭教育理论创新打下扎实的文化基础。

中国是儒家家庭教育思想的发源地,有悠久的家庭教育传统与经验。儒家家庭教育思想是辐射范围最广、影响东亚地区家庭家教家风最久的宝贵精神财富,曾为我国构建儒学文化圈,促进人心相通、情感相通以及国家之间和平相处、共同繁荣作出了重大贡献。在今天的新世界格局中，中国的国际地位逐日提高，我们要再现儒学精神魅力，让"活的儒学"融入人类精神家园建设，融入人类命运共同体。

（3）服务新家庭教育实践模式变革需要。注重新家庭教育理论创新，必须坚持以健全学校家庭社会协同育人机制为主线，服务新家庭教育实践模式变革。

健全学校家庭社会协同育人机制，揭示了我国新家庭教育新形态的基本特征与要求，反映了新家庭教育与高质量教育体系建设的新需要，是推动家庭教育、学校教育、社会教育三教融合、均衡发展的重要途径与方法。因此，新家庭教育理论创新要具有前瞻性、创新性、穿透力，既不能局限于眼前的家校教育合作某些现状和表层性问题，仅作枝枝叶叶的改良，更不能将家庭教育视为"儿童中心论"的翻版，必须着眼中国小康社会建设，着眼国家教育生态系统建设，努力使千千万万个家庭成为国家发展、民族进步、社会和谐的重要基点，推动形成爱国爱家、相亲相爱、向上向善、共建共享的社会主义家庭文明新风尚，主动服务公民道德建设，由此汇聚起中华民族伟大复兴的磅礴力量。

（4）有效促进我国人口数量与质量双提升。我国新家庭教育理论创新，要筑牢以家为本的基础，把提高人口数量和质量放在首位。

我国正面临着提高人口质量和人口数量的双重压力，这是家庭家教家风建设要关注的重大课题。要解决人口数量正增长，除了放开生育政策，关键是弘扬中国以人为本的重生和重教传统。新家庭教育要帮助新生代牢固树立正确的家庭观、婚姻观、生育观。"男大当婚，女大当嫁"是人生婚恋教育的常识，"孕育生命""优生优育"是中国婚姻教育的主课，新家庭教育要弘扬敬畏家庭、敬畏生命、热爱生活的传统美德，让一切不利于人口增长的错误行为远离家庭建设、远离社会风俗。

中国要走高质量创新发展的道路，必须注重新生代人口增长。梁建章、黄文政在《人口创新力：大国崛起的机会与陷阱》一书中指出："日本的案例很好地说明了人口质量与数量的关系。20世纪六七十年代，日本的人口不仅年轻，而且数量也在不断增长。虽然大部分年轻人来自贫困家庭，但是他们中的许多人还是成了杰出的企业家和科学家。但在20世纪90年代以及21世纪初，随着年轻人口的减少，尽管日本的教育支出增加了，但其创造力和创业精神下降了。"当一个国家"变老"了，年轻人的晋升前景暗淡，辛勤工作回报降低，他们的进取心也下降了。"由于日本陷入生育率低下、劳动力萎缩和人口老龄化的陷阱，年轻人的素质和数量都受到了影响。增加人力资本投资并不能弥补人口数量的损失。更多的资金应该用来鼓励生育，从而增加未来年轻人的数量。"这些观点应该引起新家庭理论建设的重视。

　　中国素以重生重育的人本思想及注重人口数量和质量双提高，形成了强大的人口资源优势，维系了中华文明绵延不绝，维系了中华民族历久弥新。新家庭教育必须注重婚姻、家庭、生育这一主课，以此确保中国人口可持续发展，中华文明薪火相传。

第 20 章

新家庭教育实践模式探索

> 新家庭教育实践模式，是以新家庭教育理论为指导，以立德树人为根本任务，立足家庭家教家风建设，凸显家庭家长主体责任和健全学校家庭社会协同育人机制的家庭教育新形态。明确政府、家庭、学校和社会等多主体的责任，健全社会教育资源有效开发配置的政策体系和指导服务体系，加强课程体系、师资、管理、评价等专业化建设，是新家庭教育协同育人的基础。

新家庭教育实践模式，是以健全学校家庭社会协同育人机制为基点，旨在构建一种与高质量教育体系建设相适应的家庭教育实践新形态。本章结合我国实施"双减"政策后的实际情况，重点讨论的主要问题包括教育政策、管理体制、教育主体、协同机制、课程体系与教育生态系统等几个部分。

一、新家庭教育实践的创新基础

在习近平总书记关于注重家庭家教家风建设论述指引下，党和国家出台了一系列政策，颁布了家庭教育促进法，新家庭教育实践模式的基本特征更加清晰，健全学校家庭社会协同育人机制的基本任务、工作目标更加明确。

1. 实施新家庭教育实践的政策创新

2020年11月3日，《中共中央关于制定国民经济和社会发展第十四个五年规划和二〇三五年远景目标的建议》发布，明确提出"健全学校家庭社会协同育人机制"

是建设高质量教育体系的重要途径，家庭教育正式纳入到新时代教育生态建设。

如果说 2020 年是中国教育事业发展的转折点，那么 2021 年则是新家庭教育政策创新年。这一年党和国家为推进新家庭教育颁发了系列重要文件，为完善立德树人体制机制，扭转不科学的教育评价导向，坚决破除"唯分数、唯升学、唯文凭、唯论文、唯帽子"的顽瘴痼疾，采取重大举措。其中，具有标志性的文献有四项。

第一，2021 年 3 月，《习近平关于注重家庭家教家风建设论述摘编》正式出版发行，表明我国新时代的家庭教育事业有了明确的指导思想。随之，全党全社会掀起了认真学习、研究习近平总书记关于注重家庭家教家风建设论述的热潮。

第二，2021 年 7 月，为深入贯彻习近平总书记关于注重家庭家教家风建设重要论述，中宣部、中央文明办、中央纪委机关、中组部、国家监委、教育部、全国妇联七部委联合印发《关于进一步加强家庭家教家风建设的实施意见》，表明我国家庭教育事业发展已经正式提升为国家战略。

第三，2021 年 7 月，中共中央办公厅、国务院办公厅印发《关于进一步减轻义务教育阶段学生作业负担和校外培训负担的意见》。为解决学生作业和校外培训负担过重、家长经济和精力负担过重，全面启动校外教育培训市场整顿，严厉打击校外中小学学科类培训的不法行为，为推进新家庭教育治理育人环境扫清了障碍。

第四，2021 年 10 月，国家主席习近平签发主席令，公布《中华人民共和国家庭教育促进法》自 2022 年 1 月 1 日起施行。新家庭教育进入有法可依的法治化时代。

上述重要文献，作为我国新时代家庭教育变革的指导性文献，从根本遵循、理论建设、政策创新、体制机制和依法治教五个方面，为新家庭教育事业发展奠定了扎实的基础。2021 年的下半年，全国各地实施"双减"政策，力度之大，空前未有，各种校外学科类培训活动得到规范，长期造成学生学习负担、给家庭增加经济压力的老大难问题得到快速解决，深得民心。由此可以看出，党和国家推行新家庭教育和全面治理教育体系的决心与意志。

2. 新家庭教育实践的目标与内容更加清晰

2022 年 1 月 1 日，家庭教育促进法正式实施。2022 年 4 月，全国妇联、教育部等十一个部门，印发《关于指导推进家庭教育的五年规划（2021—2025 年）》。从比较研究的角度看，"十四五"家庭教育规划，较之以前的五年家庭教育规划，具有重大的进步，充分体现了新家庭教育的时代性、实践性特点。

（1）明确了新家庭教育的根本遵循。规划首次对指导思想有了全新的表述，即高举中国特色社会主义伟大旗帜，以习近平新时代中国特色社会主义思想为指导，深入贯彻党的十九大和十九届历次全会精神，全面落实习近平总书记关于注重家庭家教家风建设重要论述，围绕"五位一体"总体布局和"四个全面"战略布局，立足新发展阶段，贯彻新发展理念，构建新发展格局，坚持以法治为引领，以立德树人为根本任务，以构建覆盖城乡的家庭教育指导服务体系、健全学校家庭社会协同育人机制、促进儿童健康成长为根本目标，进一步提升家庭教育公共服务供给水平，增强指导服务的覆盖面、精准度和实效性，持续提升家庭教育工作法治化、专业化、规范化水平，全面促进家庭家教家风建设，更好地满足人民群众科学育儿新期盼新需求，为全面建设社会主义现代化国家、实现第二个百年奋斗目标奠定人才基础。

（2）提出了五大基本原则。即坚持党的领导、立德树人、系统推进、守正创新、共建共享。坚持党的领导，是全面贯彻教育方针、确保新家庭教育正确方向的保证。立德树人，是家庭教育的根本任务。系统推进，即"加强家庭教育工作的前瞻性思考、全局性谋划和整体性推进，着眼构建扎实有效的家庭教育指导服务体系，注重家庭家教家风一体化建设，促进学校家庭社会协同育人，推动家庭教育高质量发展"。守正创新，即要聚焦家长关心、社会关注的重点难点问题，进一步加强家庭教育理论创新，完善法律政策体系，拓展指导服务渠道，强化分类和个性化指导力度。共建共享，体现了新家庭教育协同育人机制的特点。

（3）明确了五年发展目标。到2025年，家庭教育立德树人理念更加深入人心，制度体系更加完善，各类家庭教育指导服务阵地数量明显增加，稳定、规范、专业的指导服务队伍基本建立，公共服务资源供给更加充分，覆盖城乡、公平优质、均衡发展的家庭教育指导服务体系逐步完善，学校家庭社会协同育人机制更加健全，家庭教育在培养德智体美劳全面发展的社会主义建设者和接班人中发挥更重要的基础性作用。

（4）重点任务和策略措施。完善家庭教育政策措施，推动家庭教育指导服务纳入城乡社区公共服务、公共文化服务、健康教育服务、儿童友好城市（社区）建设等。探索设立家庭教育指导机构，推动县级以上人民政府因地制宜设立家庭教育指导机构，及时向有需求的家庭提供服务，形成有地方特色、有群体适应性的家庭教育指导服务模式。

其中，所列的具体内容包括完善立德树人根本任务落实机制、完善家庭教育法律政策体系、构建普惠性家庭教育公共服务优化体系、打造专业化家庭教育支持体系、完善精准化家庭教育指导服务机制、构建全链条的学校家庭社会协同育人机制等举措，将参与制定和实施这一规划的部门作为实践的主体，明确规定了各部门应该承担的职责和任务，提出了合理的分工和责任清单，重在落实完成。这一规划体现了明确的分工与责任，是一种有担当、有使命感的政策创新。

（5）强化家长学校。一是在巩固发展学校家庭教育指导，推动中小学、幼儿园普遍建立家长学校，每学期至少组织两次家庭教育指导服务活动，做到有制度、有计划、有师资、有活动、有评估。二要在规范强化社区家庭教育指导，依托城乡社区综合服务设施、文明实践所（站）、妇女儿童之家等普遍建立家长学校，每年至少组织四次普惠性家庭教育指导服务活动。在完善3岁以下婴幼儿家庭育儿指导服务机制方面，推动妇幼保健机构、基层医疗卫生机构开展婴幼儿早期发展服务。

（6）注重经验探索。规划本着实事求是精神，提出积极开展新家庭教育探索。要因地制宜探索完善协同育人工作协调机制，加强统筹规划和资源整合，形成学校家庭社会协同育人合力。充分发挥"家庭教育实验区""创新实践基地"作用，探索学校家庭社会协同育人有效机制和模式，及时总结推广鲜活经验和做法。

从该文件公开报道的内容看，十一部门对"十四五"家庭教育五年规划形成了如下基本共识：要将新家庭教育发展规划纳入全面推进经济社会和文化教育高质量发展的总框架中，明确目标、采取措施，以务实创新的精神健全学校家庭社会协同育人机制；以家长学校为载体，整合政府、社会和家庭的各种教育资源，让中小学的家长学校"有名有实"，同时还要大力发展社区的家长学校，建立覆盖城乡的家庭教育指导服务体系。此外，还特别强调要通过创建"家庭教育实验区""创新实践基地"，因地制宜开展实践经验、发展模式的全面探索。

3. 家庭、学校与社会教育的不同属性更加明确

健全学校家庭社会协同育人机制，是新家庭教育不同于传统家庭教育的显著特征。家庭、中小学和幼儿园都在社区管理的范围内开展各种育人活动，社区人文环境、社区教育资源和教育服务是直接影响家庭和学校育人质量的要素。健全学校家庭社会协同育人机制，家庭是主体，学校是主导，社会是主管。

（1）家庭教育。即发生在每个家庭情境中的以父母为第一责任人的品德教育，孩子是主要教育对象，重在为孩子的终身发展打好做人的基础。要使所有父母成为合格家庭教育者，必须做好三件事：搞好家庭家教家风建设，树立良好的家风，掌握科学的家教知识和技能。要做好新家庭教育的三件事，必须接受系统的专业学习，中小学、社区的家长学校都要针对所有的家长提供高质量的家庭教育指导服务。

（2）学校教育。即在中小学校园内全面贯彻党的教育方针，围绕国家颁布的德智体美劳"五育"并举的学科课程标准，通过有目的、有组织、有计划、分步骤地进行系统知识教学与训练，促进学生身心发展，促进个体社会化，促进人才培养模式不断创新，以造就能够担当中华民族伟大复兴大任的时代新人。

对学校而言，高质量完成国家新课标规定的学科知识教学任务是义不容辞的责任，学校教师要努力提高教书育人能力，让每一个学生着实完成各学科的学习任务，并且通过有目的、有计划、有步骤的教育活动，通过刚健有为的校风建设，落实好立德树人的根本任务，帮助学生形成正确的世界观、人生观、价值观，涵养爱党爱国爱人民的家国情怀，成为高素质的劳动者和革命事业的接班人。

立德为本，以德育人，必须加强学校与家庭的紧密联系。家校之间的合作，重点是育人目标的一致，同时在非学科方面，诸如在培植积极健康的人生态度、人伦角色、心理素质、科学素养、生活习惯、学习态度、劳动习惯、交往礼仪、多元智能、审美情趣与特长爱好等综合素质方面开展有序合作。

（3）社会教育。社会教育主要是由政府主导下的社区教育。社区教育的主体是区县政府，包括政府领导下的职能部门以及各种社会组织机构。

区县政府要联合妇联、教育、公安、民政、司法行政、人力资源和社会保障等部门成立"家校社协同育人服务中心"，然后通过街道、乡镇在社区居委会（村委会）等成立家校教育服务中心。

区县政府要通过开发和整合各种社会教育资源，开展各种公益性家庭教育专业培训，将服务家庭教育、学校教育以及家校教育有机合作落实到社区，指导社区充分发挥环境育人、服务育人、资源育人的功能，整体提升社区居民的公民素养和家庭教育能力。社区家庭教育指导机构应当及时向有需求的家庭提供服务。对于父母或者其他监护人履行家庭教育责任存在一定困难的家庭，家庭教育指导机构应当根据具体情况，与相关部门协作配合，提供有针对性的服务。

社区教育的根本任务，是有效推动形成爱国爱家、相亲相爱、向上向善、邻里和睦、德业相劝、过失相规、风清气正的社会风气。通过总结注重家庭家教家风建设经验，发现家庭教育榜样，表彰家教典型，探索具有社区特色的协同育人模式，将公民道德建设任务落到实处。

二、新家庭教育实践的多主体责任

新家庭教育的实践模式，是由政府主导、多主体参与协同育人的教育实践活动。家庭教育促进法和新出台的家庭教育政策，对多主体的责任定位清晰，为健全学校家庭社会协同育人机制提供了政策依据。

1. 政府的主导责任

（1）国务院和省级政府的责任。国家组织有关部门制定、修订并及时颁布全国家庭教育指导大纲。省级人民政府或者有条件的市级人民政府应当组织有关部门编写或者采用适合当地实际的家庭教育指导读本，制定相应的家庭教育指导服务工作规范和评估规范。省级以上人民政府应当组织有关部门统筹建设家庭教育信息化共享服务平台，开设公益性网上家长学校和网络课程，开通服务热线，提供线上家庭教育指导服务。

（2）县级政府的责任。以县为主，是我国社会管理的传统。政府主导的具体责任主要靠县级政府落实。县级以上地方人民政府及有关部门组织建立家庭教育指导服务专业队伍，加强对专业人员的培养，鼓励社会工作者、志愿者参与家庭教育指导服务工作。县级以上地方人民政府可以结合当地实际情况和需要，通过多种途径和方式确定家庭教育指导机构。

家庭教育促进法规定县级以上政府要负责三大任务。

第一，财政支出。"县级以上人民政府应当制定家庭教育工作专项规划，将家庭教育指导服务纳入城乡公共服务体系和政府购买服务目录，将相关经费列入财政预算，鼓励和支持以政府购买服务的方式提供家庭教育指导。"家庭教育事业的相关经费由县级以上政府负责作出专项财政预算，纳入城乡公共服务体系和政府购买服务。

第二，组织领导。"各级人民政府指导家庭教育工作，建立健全家庭学校社会协同育人机制。县级以上人民政府负责妇女儿童工作的机构，组织、协调、指导、督促有关部门做好家庭教育工作。"具体管理，以教育行政部门、妇女联合会为主，负责"统筹协调社会资源，协同推进覆盖城乡的家庭教育指导服务体系建设，并按照职责分工承担家庭教育工作的日常事务"。县级以上精神文明建设部门和县级以上人民政府公安、民政、司法行政、人力资源和社会保障、文化和旅游、卫生健康、市场监督管理、广播电视、体育、新闻出版、网信等有关部门在各自的职责范围内做好家庭教育工作。

第三，监督管理。"县级以上地方人民政府应当加强监督管理，减轻义务教育阶段学生作业负担和校外培训负担，畅通学校家庭沟通渠道，推进学校教育和家庭教育相互配合。"这一条明文规定，实施"双减"是健全协同育人机制的应有之义，落实"双减"的主抓责任在县级政府。第八条规定："人民法院、人民检察院发挥职能作用，配合同级人民政府及其有关部门建立家庭教育工作联动机制，共同做好家庭教育工作。"公检法是推动家庭教育法治化的保障。

2. 家庭、家长的主体责任

父母或者其他监护人承担对未成年人实施家庭教育的主体责任，在家庭教育促进法中规定得最为详细和具体。

第一，注重家庭家教家风建设。用正确思想、方法和行为教育未成年人养成良好思想、品行和习惯。所有家庭成员都应当注重家庭建设，培育积极健康的家庭文化，树立和传承优良家风，弘扬中华民族家庭美德，共同构建文明、和睦的家庭关系，为未成年人健康成长营造良好的家庭环境。

第二，必须坚持的教育内容、原则与方法。家庭教育促进法规定了家庭教育的六大内容、九大教育方式方法[①]和尊重孩子身心发展需要、平等协商原则。

第三，家长必须完成的任务。主要任务有五条：一是应当自觉学习家庭教育知识，掌握科学的家庭教育方法，提高家庭教育的能力与责任，尤其是在孕期和未成年人进入婴幼儿照护服务机构、幼儿园、中小学校等重要时段更要进行有针对性的学习；二是应当与中小学校、幼儿园、婴幼儿照护服务机构、社区密切配合，积极参加其提供的公益性家庭教育指导和实践活动，共同促进未成年人健康成长；三是未成年人的父母分居或者离异的，应当相互配合履行家庭教育责任，任何一方不得拒绝或者怠于履行，除法律另有规定外，不得阻碍另一方实施家庭教育；四是未成年人的父母或者其他监护人，应当合理安排未成年人学习、休息、娱乐和体育锻炼的时间，避免加重未成年人学习负担，预防未成年人沉迷网络；五是不得因性别、身体状况、智力等歧视未成年人，不得实施家庭暴力，不得胁迫、引诱、教唆、纵容、利用未成年人从事违反法律法规和社会公德的活动。

3. 中小学及幼儿园的指导服务责任

我国家庭教育促进法把未成年人作为家庭教育重点，家庭和家长是主体，学校则归入"社会协同"范围，重在为家庭、家长提高家庭教育能力做好专业指导性服务，核心是课程资源和家长专业培训。

---

① 《中华人民共和国家庭教育促进法》第十七条规定的九大教育方式方法：（一）亲自养育，加强亲子陪伴；（二）共同参与，发挥父母双方的作用；（三）相机而教，寓教于日常生活之中；（四）潜移默化，言传与身教相结合；（五）严慈相济，关心爱护与严格要求并重；（六）尊重差异，根据年龄和个性特点进行科学引导；（七）平等交流，予以尊重、理解和鼓励；（八）相互促进，父母与子女共同成长；（九）其他有益于未成年人全面发展、健康成长的方式方法。

有关中小学校、幼儿园的责任有五条：一是应当将家庭教育指导服务纳入工作计划，作为教师业务培训的内容；二是可以采取建立家长学校等方式，针对不同年龄段未成年人的特点，定期组织公益性家庭教育指导服务和实践活动，并及时联系、督促未成年人的父母或者其他监护人参加；三是应当根据家长的需求，邀请有关人员传授家庭教育理念、知识和方法，组织开展家庭教育指导服务和实践活动，促进家庭与学校共同教育；四是应当在教育行政部门的指导下，为家庭教育指导服务站点开展公益性家庭教育指导服务活动提供支持；五是中小学校发现未成年学生严重违反校规校纪的，应当及时制止、管教，告知其父母或者其他监护人，并为其父母或者其他监护人提供有针对性的家庭教育指导服务，发现未成年学生有不良行为或者严重不良行为的，按照有关法律规定处理。

4. 参与家庭教育的社会多主体责任

第一，家庭教育指导机构负责对辖区内社区家长学校、学校家长学校及其他家庭教育指导服务站点进行指导，同时开展家庭教育研究、服务人员队伍建设和培训、公共服务产品研发。应当及时向有需求的家庭提供服务，对于父母或者其他监护人履行家庭教育责任存在一定困难的家庭，家庭教育指导机构应当根据具体情况，与相关部门协作配合，提供有针对性的服务。开展家庭教育指导服务活动，不得组织或者变相组织营利性教育培训。

第二，设区的市、县、乡级人民政府应当结合当地实际采取措施，对留守未成年人和困境未成年人家庭建档立卡，提供生活帮扶、创业就业支持等关爱服务，为留守未成年人和困境未成年人的父母或者其他监护人实施家庭教育创造条件。教育行政部门、妇女联合会应当采取有针对性的措施，为留守未成年人和困境未成年人的父母或者其他监护人实施家庭教育提供服务，引导其积极关注未成年人身心健康状况、加强亲情关爱。

第三，妇女联合会发挥妇女在弘扬中华民族家庭美德、树立良好家风等方面的独特作用，宣传普及家庭教育知识，通过家庭教育指导机构、社区家长学校、文明家庭建设等多种渠道组织开展家庭教育实践活动，提供家庭教育指导服务。

第四，婚姻登记机构和收养登记机构应当向办理婚姻登记、收养登记的当事人宣传家庭教育知识，提供家庭教育指导。儿童福利机构、未成年人救助保护机构应当对本机构安排的寄养家庭、接受救助保护的未成年人的父母或者其他监护人提供家庭教育指导。

第五，自然人、法人和非法人组织可以依法设立非营利性家庭教育服务机构。

县级以上地方人民政府及有关部门可以采取政府补贴、奖励激励、购买服务等扶持措施，培育家庭教育服务机构。教育、民政、卫生健康、市场监督管理等有关部门应当在各自职责范围内，依法对家庭教育服务机构及从业人员进行指导和监督。

第六，国家机关、企业事业单位、群团组织、社会组织应当将家风建设纳入单位文化建设，支持职工参加相关的家庭教育服务活动。文明城市、文明村镇、文明单位、文明社区、文明校园和文明家庭等创建活动，应当将家庭教育作为重要内容。

第七，其他社会机构。一是婴幼儿照护服务机构、早期教育服务机构，应当为未成年人的父母或者其他监护人提供科学养育指导等家庭教育指导服务。二是医疗保健机构在开展婚前保健、孕产期保健、儿童保健、预防接种等服务时，应当对有关成年人、未成年人的父母或者其他监护人开展科学养育知识和婴幼儿早期发展的宣传和指导。三是图书馆、博物馆、文化馆、纪念馆、美术馆、科技馆、体育场馆、青少年宫、儿童活动中心等公共文化服务机构和爱国主义教育基地每年应当定期开展公益性家庭教育宣传、家庭教育指导服务和实践活动，开发家庭教育类公共文化服务产品。四是广播、电视、报刊、互联网等新闻媒体应当宣传正确的家庭教育知识，传播科学的家庭教育理念和方法，营造重视家庭教育的良好社会氛围。五是人民法院在审理离婚案件时，应当对有未成年子女的夫妻双方提供家庭教育指导。公安机关、人民检察院、人民法院在办理案件过程中，发现未成年人存在严重不良行为或实施犯罪行为，或者未成年人的父母或其他监护人不正确实施家庭教育侵害未成年人合法权益的，根据情况对父母或者其他监护人予以训诫，并可以责令其接受家庭教育指导。

三、新家庭教育的课程体系构建

要健全学校家庭社会协同育人机制，既要将三种教育属性分清，又要使教育价值追求融为一体，建构课程体系是核心。在新家庭教育实践层面，要做到有制度、有计划、有师资、有活动、有评估，无论是家庭、学校还是各种家长学校、家庭教育指导服务中心、家庭教育培训机构，都必须以课程为抓手。根据新家庭教育实践的需要，笔者提出两种家校社课程体系设计思路，即社会面课程体系和学校面课程体系。这两种课程体系，已经过一定的实践检验，有利于双循环推进。利用大数据管理，在不同的实践主体之间既可交叉融合，又可独立运行。

1. 家庭教育课程体系

习近平总书记说："家庭教育涉及很多方面，但最重要的是品德教育，是如何做人的教育。"[①] 简言之，家庭教育主要是教会做人的教育。

关于未成年人的家庭教育课程内容，家庭教育促进法明确规定如下：

第一，教育未成年人爱党、爱国、爱人民、爱集体、爱社会主义，树立维护国家统一的观念，铸牢中华民族共同体意识，培养家国情怀。简言之，即以"五爱"培养家国情怀。

第二，培养教育未成年人崇德向善、尊老爱幼、热爱家庭、勤俭节约、团结互助、诚信友爱、遵纪守法，培养其良好社会公德、家庭美德、个人品德意识和法治意识。简言之，即培养伦理道德和社会公德。

第三，帮助未成年人树立正确的成才观，引导其培养广泛兴趣爱好、健康审美追求和良好学习习惯，增强科学探索精神、创新意识和能力。简言之，即培养良好的学习态度和好学习惯。

第四，保证未成年人营养均衡、科学运动、睡眠充足、身心愉悦，引导其养成良好的生活习惯和行为习惯，促进其身心健康发展。简言之，即培养良好的生活习惯和生命健康习惯。

第五，关注未成年人心理健康，教导其珍爱生命，对其进行交通出行、健康上网和防欺凌、防溺水、防诈骗、防拐卖、防性侵等方面的安全知识教育，帮助其掌握安全知识和技能，增强其自我保护的意识和能力。简言之，即培养生命安全意识和自我保护能力。

第六，帮助未成年人树立正确的劳动观念，参加力所能及的劳动，提高生活自理能力和独立生活能力，养成吃苦耐劳的优秀品格和热爱劳动的良好习惯。简言之，即培养吃苦精神和热爱劳动的习惯。

上述六个方面，基本概括了未成年人的家教内容，但作为所有家庭成员，特别是已经成为社会公民的家庭成员，这些内容是远远不够的。笔者在本书中提出五大课程，即伦理角色、人际交往、生活情趣、食品安全、生命健康，再加上家庭观、婚育观、生涯规划能力等都应该成为所有家庭成员的必修课程。此外，作为家长，还必须增加有关家庭、家政、家风、家教等内容。

2. 学校教育课程体系

学校教育主要是学科知识教育——以学科课程（包括国家课程、地方课程、校

---

① 中共中央党史和文献研究院编：《习近平关于注重家庭家教家风建设论述摘编》，中央文献出版社，2021，第18页。

本课程）为主，坚持"五育"并举、全面发展的课程目标，保质保量落实新课标。

在实施"双减"政策后，为有效减轻学生的学习负担，有效促进家校紧密合作，学校课程体系应该进行分类构建，具体原则和做法如下：

（1）有关学科知识类课程。以校内课堂教学为主，主要是系统学科知识学习，旨在增长知识，涵养品德，发展智慧，促进身心发展。该类课程内容包括新课标规定的必修必考的以书本知识为主的课程。

分类与选择原则，可以参照新课标要求，将中小学不同阶段的学科课程进行科学分类，归纳到此类课程体系中。此类课程是学校教育的主课，也是在班级课堂教学中必须保质保量完成的必修课，占总课时量的主体部分。此类课程，尤其是小学、初中阶段，必须由学校教师全力以赴地组织实施，而且课后作业均应该在学校完成，作业精心设计，少而精，当面批改，及时辅导，当日清，不带回家。

（2）有关家庭教育类课程。家庭教育类课程以培养品德和行为习惯为主。课程体系内容包括：家庭伦理角色和性别角色认知；人际交往礼仪、语言表达能力；参加家务劳动，培养劳动习惯；自己的事情自己做，培养独立自主的生活能力；勤俭节约，爱惜粮食；食品安全教育，抵制不健康食品和不良生活方式，养成健康的生活态度与习惯；躬行孝道，尊重和感恩父母，学会照顾家里的病人、老人；在传统祭祀节日，跟随长辈参与家祭和公祭活动；跟随父母或家人参加户外体育锻炼活动，学习交通安全知识，培养一两门体育爱好；根据自己的兴趣与爱好，在节假日参加校外非学科类的兴趣与特长培训；以琴棋书画等内容丰富生活情趣，培养审美素质；制订每日回家阅读课外书籍的计划，养成读书习惯；等等。

（3）有关社会教育类课程。社会教育类课程，以促进个体社会化为目的。构建该类课程的基本原则：一是以培养学生的社会实践能力为主；二是以学校为主，需要家长参与或家庭配合；三是离开教室或走出学校才能开展；四是由学校统一组织的面向社会实践的活动内容。诸如社团课程、文艺表演活动、科普活动、法制教育、校外劳动教育、夏令营、冬令营、春游、秋游、革命烈士陵园公祭活动、爱国卫生活动、学雷锋活动、校外科技教育活动、研修旅行、社会考察、军训等，这类课程学习活动，有的是需要家长参与或配合的，有的是需要社会和政府支持的，有些课程还需要聘请家长和校外专家担任主讲教师，都要在学校的学期或年度教学计划中做好周密安排，又要明确各类课程教学的目的。

将学校课程体系划分为三类课程，让每类课程彰显其功能与特色，不仅有利于分类管理和实施，而且能有效配合新家庭教育课程资源共建共享。长期以来，我国中小学以学科知识类课程教学为主，实践经验丰富，形成了固定而高效的课堂教学模式，而且不乏专业素质高、教学成绩特别出色的优秀教师，关键问题是实施"双减"政策后要解决如何精炼课程内容、科学设计作业、提高面批面改技能、更多关注个性化需求培优补差等问题。除此之外，关于家庭教育课程，学校还需做好以下三项工作：一是充实家长学校，为家长提供指导服务，定期举办家长培训班，提高家长对孩子的家教指导能力，要有专业化的课程资源支撑；二是建立课程资源输送平台，满足家庭教育需要；三是依靠大数据对学生在家学习、行为表现进行综合管理与评价。社会教育课程的实施，资源配置和保障安全是重点，学校要主动与政府的相关部门、家长沟通，争取得到强有力的支持。

3. 社区教育课程体系

社区教育是以社区全体成员为对象的公民教育。社区教育的动力机制，在于教育与社区的双向参与并在相互适应中协调发展。社区教育模式具有多样化、特色化优势，有学校型、政府型、民间型，可定期亦或临时组织内容丰富的活动，课程目标是培养和提高社区成员的文明素质和家庭生活质量，促进社区发展。

社区教育作为一种独立的教育形态，其课程有助于促进青少年社会化，是学校教育和家庭教育的补充；有助于提高社区成员获得谋生所需要的知识技能，满足精神文化发展的需要；有助于促进社区经济发展和提高家庭生活质量；有助于推动社区职业教育工作。家庭教育促进法规定在社区设立家长学校，主要课程体系应满足社区所有家庭、家长对新家庭教育变革的需要。

社区家长学校课程体系，以帮助提高家庭家教家风建设能力为主要目标。主要有两大课程模块：一是公民素质教育。包括社会主义核心价值观教育、传统文化教育、爱国主义教育、民主与法制教育、公共道德教育、人口与环境教育、交通安全教育、公共卫生教育、公民人格与心理健康教育、职业道德教育、社会风俗改良、文化娱乐体育等课程。二是家庭教育。包括家庭教育法规与政策教育、家伦理文化传统教育、家庭家教家风建设知识与方法教育、家庭婚姻生活教育、家庭人际关系处理技巧教育、家庭礼仪教育、优生优育与亲子教育、科学养育和婴幼儿早期发展知识教育、赡养老龄人知识教育和老年人心理健康教育、家庭营养与健康教育以及家庭生活技术等课程。社区的家长学校的课程，应以立足社区、服务家庭为宗旨，从社区实际需要出发，有效利用和发挥社区自然环境、物质设备、公共设施等教育资源优势，构建具有区域特色的社区家教课程体系。

建立新家庭教育的课程体系，要将立德树人的根本任务落实在学校教育课程、家庭教育课程、社会教育课程的价值评价中，以此形成纵向服务人生全过程发展，横向服务于社区、学校、家庭对新家庭教育的需要。要加强学校的家长学校和社会的家长学校课程体系的相互融合、相互补充、相互衔接，以此切实健全学校家庭社会协同育人机制，形成具有区域特色的新家庭教育实践创新模式。

党的二十大把新家庭教育纳入文化强国和教育强国的战略部署之中，突出文化治国、科教兴国、人才强国对实现中国式现代化的重要地位与作用，为新家庭教育开辟了新境界。在"十四五"期间，通过健全社会教育资源有效开发配置政策体系，加强社会教育资源建设，形成育人全链条，是各地政府落实家庭教育法和《关于指导推进家庭教育的五年规划（2021—2025年）》的重要内容。

由传统家庭教育转型为新家庭教育，其变革的复杂性、艰巨性不亚于20世纪"普九"工程，必须采取分步走的策略。因为新家庭教育关涉到政府、学校、家庭、社会多主体参与、教育观念更新、资源开发与配置、课程体系建设、体制机制重构等诸多新问题，要完成这一系统工程的基本建设，需要政府精心策划，统筹安排。当前，我国新家庭教育正处于起步阶段，以家庭教育促进法促进家庭教育历史性变革是第一步。在加快制度、政策、法规、资源、课程、师资、设施、平台技术等基础建设的同时，先以狭义的家庭教育为主，坚持以未成年人为教育重点，以家校合作为基础的做法是务实的。但是，我们必须清醒地认识到，新家庭教育是一种全新的家庭教育模式，在实践方面我们不能停留在传统的家校合作层面，更不可以模糊或错误解读学校家庭社会协同育人机制，尽管过去在家校合作方面有很多值得借鉴的经验，但新家庭教育实践模式的特性不可模糊。

在"十四五"期间，我们应该按照《关于指导推进家庭教育的五年规划（2021—2025年）》的要求，通过创建"家庭教育实验区""创新实践基地"，因地制宜开展实践经验、发展模式的全面探索。从传统家庭教育模式中走出来，破茧成蝶，是中国高质量教育体系建设的必然要求。中华民族有历史悠久的家庭教育传统和丰富的经验，有党的坚强领导，有政府的积极主导，有广大人民群众对高质量的家庭生活和精神追求的强烈期盼，只要积极探索，就一定能成功地实现新家庭教育实践变革，在创新发展中形成独具中国家文化特色的新模式。

后 记

中国特色社会主义进入新时代，新家庭教育在高质量教育体系建设实践探索中应运而生，作为一种有别于传统社会家庭教育的新模式，无论从理论到实践，还是从体制到机制，都是我国综合教育改革发展的新课题。2020年初，因我受聘于北师大儿童发展与家庭教育研究院，主笔起草了由中央教育工作领导小组下达的"十四五"家庭教育政策调研报告。这一报告被采纳，其中"健全学校家庭社会协同育人机制"纳入政策层面。此后，我开始对家庭教育变革问题进行研究。在首师大康丽颖主持的"学校家庭社会协同育人机制研究"课题的支持指导下，完成了本书的撰写。

实施"双减"政策，倒逼家庭教育变革必须健全学校家庭社会协同育人机制。要充分体现新家庭教育模式的本质要求，凸显高质量教育体系建设的时代需要，必须推动新家庭教育理论、模式、实践的创新。

为了认识新家庭教育的本质，以家庭教育变革为突破口推进家庭教育、学校教育和社会教育深度融合，推动形成一个高质量发展的教育生态系统，我对新家庭教育的根本遵循、协同育人机制、文化生态、我国家庭教育传统、家庭伦理与教育价值建设以及家庭教育理论与实践模式创新等问题作了理性思考。

在研究过程中，先后得到赵忠心、周洪宇、缪建东、何泳忠、康丽颖、吕同舟、李桂娟、牛楠森、李浩英、王政、房正、田汉族、姚红杰、高慧斌、欧璐莎、郝建玲、孙锦绣、王安荣、闫婷、郭向和、单志艳、谢先刚等师友的鼎力帮助。同时特别感谢《基础教育参考》主编王永丽、《人民教育》主编余慧娟、《中华家教》霍雨佳、《中国德育》主编金东贤，为本书理论创新提供了重要支持。

在本书撰写过程中，中国教育科学研究院基教所李铁安，教育部课程教材研究所郑疆，以及鄂尔多斯市教体局的张燕和赵亚宏，康巴什区教体局李美荣，康巴什区学生发展中心郑维刚，康巴什区青少年活动中心王晓燕等领导给予了积极支持。广州市荔湾区教体局领导和中小学校长也给予了有效的帮助。

在此，谨向以上诸位师友、领导和同仁表示真诚感谢！

毕　诚